黄河流碧水
赤地变青山

梁希先生诞辰140周年纪念文集

中国林学会　组织编写

140th Anniversary of
Mr. Liang Xi's Birthday

THE WAYS 小途　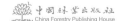 中国林业出版社　China Forestry Publishing House

编委会

主　任
赵树丛

副　主　任
文世峰　沈瑾兰　曾祥谓

主　编
曾祥谓　王　妍

副　主　编
李　莉　韩少杰　李　彦

成　员
（按姓氏笔画排序）

于界芬	于海鹏	于博文	马翠凤	王　妍	王　鑫
王立平	王军辉	王希群	王炜郎	王诗雨	王建兰
文世峰	计玮玮	卢小莉	冯彩云	吕晚馨	朱　凯
朱　炜	刘　国	许　浩	李　飞	李　岩	李　彦
李　莉（北林）	李　莉（学会）	李　颖	李雨洁		
杨绍陇	吴　迪	吴　鸿	吴红军	吴统贵	吴家胜
沈远哲	沈瑾兰	宋　平	张　鸿	张训亚	张孟伯
张晓琴	张瑛春	张德成	陆行舟	陈长松	陈幸良
陈相雨	陈梦秋	邵权熙	季良纲	周晓光	郎　洁
赵树丛	胡文亮	胡运宏	柴新夏	钱一群	姬昕贺
黄　红	彭　琳	韩少杰	曾祥谓	虞　鑫	樊宝敏

弘扬梁希科学精神
担当新时代林业科学使命

（代序）

　　梁希先生（1883—1958年），我国杰出的林业科学家、林业教育家和社会活动家，是我国近代林学和林业的杰出开拓者。他一生大部分时间从事林业教学和林产化学研究，是中国林产制造化学学科的奠基人。新中国成立后他被任命为中央人民政府林垦部（后为林业部）首任部长，是中华全国科学普及协会主席，中华人民共和国科学技术协会副主席，中国科学院生物学部委员，九三学社中央副主席，第一、二届中国人民政治协商会议常务委员，第一届全国人民代表大会代表和中国林学会理事长等职务。他毕生为争取人民民主、发展科学事业和林业而奋斗，功绩卓著，受到国内外科学界、林业界的推崇。在中国特色社会主义进入新时代、林草事业步入高质量发展阶段的今天，我们可以从梁希先生身上汲取科学家精神的丰厚思想营养，以及牢记初心使命、永葆奋斗精神的强大力量。

　　梁希先生一生热爱祖国，追求进步，爱憎分明，刚直不阿；他对工作极端负责，严谨认真，一丝不苟；他学识渊博，造诣精深；他廉洁奉公，严于律己，是一位优秀的民主革命战士和杰出的领导者，是中国共产党的真诚朋友。他以对祖国和人民的深沉情怀和忠诚担当，诠释着一位爱国科学家与祖国同呼吸、共命运的崇高境界，是科学家精神的自觉践行者。

要传承弘扬梁希先生胸怀祖国、服务人民的爱国精神

对祖国无限忠诚，是梁希先生爱国主义情怀的核心要素和突出写照。他年少即忧心国事，早在日本求学时期，就参加了孙中山先生领导的中国同盟会，为革命事业出过力；抗日战争时期，他先后在中国共产党主办的重庆《新华日报》《群众》周刊上，以"一丁""凡僧""阿五"等笔名发表了很多进步文章和诗作；解放前夕，他以行动支持了青年学生们的反内战反饥饿斗争，为迎接新中国的诞生，进行了不屈不挠的努力；新中国成立后，他怀着"为人民服务，万死不辞"的志愿和情怀，走上新中国林业领导岗位，为党和人民的事业鞠躬尽瘁、死而后已。梁希先生始终坚持国家利益和人民利益至上，以科教兴国为己任，将个人理想与国家需要紧密结合在一起，赤子之情表现得淋漓尽致。

要传承弘扬梁希先生勇攀高峰、敢为人先的创新精神

勇于探索、敢于创新、勇攀高峰是梁希科学精神的时代价值。梁希先生是国内第一位讲授林产制造化学课程的人，并首创了林产制造化学学科，他在樟脑（油）凝制、松脂采集、桐油提取、木材干馏、木材物理性质等试验方面取得了丰硕成果，不但有利于教学质量的提高，而且填补了中国当时林业科研方面的空白。在提取桐油方面，他采用溶液浸出法，可获得桐籽中桐油含量的 99% 以上，大大提高了桐油得率，试验成果在当时达到了国际先进水平。他所编写的《林产制

造化学讲义》，将国外的科技成果运用到中国的实践中来，堪称一部内容充实、体例严密、立论精辟、中西交融、图文并茂的林产化学著作，是中国近代第一部内容丰富的林产制造化学讲义。梁希先生对我国林业事业的贡献，不仅是创立了一门学科等教学和科研成果，而在于他的精神和思想深刻影响了一代代林业人。

历史的脚步总是源于先行者。"森林是人类的发源之地，人类之所以发展到现在的地步，都是森林的功劳。"他曾提醒人们，"我们若要教我们中国人做东方主人翁，就万万不可使中国'五行缺木'！万万不可轻视森林！"梁希先生提出了发展森林综合效益和全面发展现代林业的思想，是中国林业事业的开拓者和奠基人。

要传承弘扬梁希先生淡泊名利、艰苦奋斗的奉献精神

新中国成立后，梁希先生勇于挑起了领导全国林业建设的重担。他不顾年老体弱，奔波于长城内外、大江南北，足迹遍神州，擘画新中国绿化的蓝图。在《新中国的林业》一文中，他全面规划中国林业建设的四大任务：普遍护林，重点造林，森林经理，森林利用。他指出美丽的远景："无山不绿，有水皆清，四时花香，万壑鸟鸣，替河山装成锦绣，把国土绘成丹青。"他十分关心维护生态平衡问题，早在新中国成立初期就提出既要保证供应工业建设用材，又要减少农田灾害，多次呼吁："争取做到全国山青水秀，风调雨顺""绿化黄土高原，根治黄河水害"。他还写了《向高中应届毕业生介绍林业和林学》《青年们起来绿化祖国》等文章，争取青年加入绿化大军的行列。晚年的他身体异常消瘦，体重只有35公斤，仍坚持工作，并为《人民日报》撰写了《让绿荫护夏，红叶迎秋》的文章。这是他最后

一篇为林业建设事业而作的文章。住院期间,在病情严重的情况下,他还亲自写信办理请假续假手续,可见他工作纪律之严格。他对事业极为热爱,对工作极为投入,诠释着坚定的理想信念,体现了崇高的大家风范。

要传承弘扬梁希先生甘为人梯、奖掖后学的育人精神

梁希先生把兴教育、育人才作为毕生的追求,为新中国培养了大批林业人才。他注重对学生和助手的思想引导和能力培养,常教导学生:人生学习求知,好比建高楼大厦,必须先坚地基,然后博览群书,集思广益;做人做事,要以人民利益为重,切戒利欲熏心;决不要有任何骄傲、夸张等。他常深入到学生活动中,与学生互动交流,畅叙师生情谊。他写给学生《赠森林系五毕业学生》和《送吴中伦君赴美》两首赠别诗,不仅表达了他对学生的殷切希望,也寄托了他对当时我国抗战和人民解放事业、祖国林业事业的深深关切,更为无数学子留下了师者传承的千古佳话。在三十多年的教育生涯中,梁希以盈盈之关怀,育得桃李满园。在原中央大学时期受教于梁希,后来成为国内林学界知名学者的就有杨衔晋、徐永椿、梁世镇、区炽南、吴中伦、任玮、黄枢、周慧明、程芝等。面对新中国林业人才紧缺,他强调要重视林业高等教育,并推动在华北、东北、华东3个大区成立北京、东北、南京3所林学院,在新疆八一农学院增设森林系,为培养林业高级技术人才奠定了基础,促进了我国在林业教育形式及层次上取得突破性的进展,使我国林业教育体系的形成有了一个良好的开端。

1958年12月10日,梁希,这位人民的林学家、教育家、政治活动家,模范的林业工作领导者,告别了人民,告别了他为之奋斗的林业事业,停止了对"林钟"的敲击。但是,梁希

爱国进步的高尚品格、严谨治学的学者风范和献身林业的精神，将永远为人们所铭记！

2023年12月28日是梁希诞辰140周年纪念日。为学习和缅怀梁希先生的伟大人格，传承和弘扬梁希先生的科学精神，促进林草科技创新和人才成长，推动我国林业和草原事业高质量发展，早日实现先生"黄河流碧水，赤地变青山"的夙愿。中国林学会牵头联合国内主要高校和科研院所开展了梁希先生诞辰140周年纪念文章征集活动，并编辑出版《梁希先生诞辰140周年纪念文集》，由中国林业出版社出版。文集收集了相关文章约30篇，20余万字，全方位论述梁希先生生平事迹、学术成就、爱国情怀和社会贡献，以此回首先生足迹，传播梁希科学精神。这不仅赋予了梁希科学精神新的内涵，对当前和今后一个时期大力弘扬科学家精神，助力生态文明和美丽中国建设更具有时代价值和意义。文集主题鲜明，故事生动，雅俗共赏，在党史、改革史、建国史学习教育活动中，也是一部良好的辅助教材。

梁希科学精神是一面旗帜，昭示着林业人在实现人与自然和谐共生新征程上的根本方向和主要路径。

梁希科学精神是一面镜子，展现着林业人在努力实现美丽中国建设中的历史轨迹和突出贡献。

梁希科学精神是一个标杆，是我们老中青三代人塑造人格、提升境界的典范，是指引我们做人做事做学问的航标灯塔……

中国林学会理事长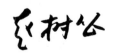

2023年12月

目录

弘扬梁希科学精神
担当新时代林业科学使命
（代序）| 赵树丛 |

梁 希

1883.12.28—1958.12.10

新中国的林业 [1]

梁希

伟大的祖国！人口 47500 万，超过南北美洲各国人口的总和；国土 960 万平方公里，仅次于苏联；信实的历史 3000 多年，为世界有名的古国。

伟大的山！全国 86% 的土地都在海拔 500 米以上，以"山国"名于世。而蜿蜒万里长的长江上游水源地的西面和南面，则峰峦起伏，雪山重叠，其中更有高过 8800 米，在 1717 年早被中国人发现，而过了 175 年，反被英国人写上了自己的名字叫做"额非尔士"的这样一座高高无比的世界第一高峰——圣母之水峰（珠穆朗玛峰）。人们到了四川或西康，站在沿长江或金沙江旁边的地方，可以骄傲地歌唱杜甫的诗："窗含西岭千秋雪，门泊东吴万里船。"

伟大的森林植物！在我们祖国的国土上，有垂直分布于台湾中部，更有水平分布于南自海南岛北至黑龙江的热、暖、

1　编者注：本书所收录的两篇梁希先生著作《新中国的林业》和《让绿荫护夏 红叶迎秋》基本保持文章原貌，对原文个别地方精微做修改；改正了过去文中误排的错字和标点符号；为了方便阅读，统一修改了时间及计量数字的表述形式，将原文中的汉字表述改为阿拉伯数字表述；对文中的计量单位名称没有统改，如"公里"与"千米"、"公斤"与"千克"混用等；对文中非法定计量单位没有改用法定计量单位，只是对首次出现的非法定计量单位（如"亩""斤"等）加了注释。

温、寒的两种森林植物带。有树身之高仅次于世界爷的台湾杉，树干之大仅次于世界爷的红桧（以上两种均就世界针叶树比较）。有树龄已到3000年而现在还活着的阿里山"神木"，比民间相传说的汉柏、唐松、六朝松和清帝乾隆在天目山所封的"树王"还寿长。有生长在全国的木本植物，超过世界上任何一国的树种数目。有外国所无而中国独有的乔木约50种，例如，金钱松、台湾杉、水松、珙桐、杜仲、香果树等。即在最近七八年，四川万县还出现了新种，这就是由南京大学郑万钧教授和中国科学院胡先骕教授共同发表而扬名海外的水杉。此外，出产特种林产品的油桐、油茶、漆树、乌桕、白蜡树、樟树、荔枝等，经济上都有重大的价值。

地大，历史古；人多，山多，树种多，物产多。作为一个人民，生长在这样伟大的祖国的国土上，上登千仞冈，下瞰万里流，洋洋大观，气魄何等雄壮，胸襟何等宽阔，祖国何等可爱。

人民的祖国要人民来治，人民的江山要人民来管，同样，人民的森林要人民来保护，人民的树种要人民来栽培。

人民栽培出来的树木没有人盗伐，人民保管起来的森林没有人破坏，正像人民掌握的江山谁也不敢染指，人民治理的国家谁也不敢侵犯一样。

人民，指的是独立自主的人民，而不是半封建半殖民地的人民。如果是半封建半殖民地的人民，则百分之八十或九十以上的绝大多数被剥削、被压迫，呻吟于封建主义、帝国主义和官僚资本主义的淫威之下，挣扎在贪官污吏、土豪劣绅、刀、兵、水、旱、风、沙、病虫害等天灾与人祸之中，历年有无数农民被迫流亡到水之源、山之顶，走投无路地烧荒、滥垦、种荞麦、栽苞谷、挖草根，毁灭宝贵的森林，破坏肥沃的土壤。反过来又助长了下游地方的水、旱、风、沙的灾害，重新造成千百万流离失所的灾民，又被迫向山上烧荒和滥垦，如此循环反复，山皮越剥越光，穷人越来越多，哪有什么心情来护林和造林？

新中国的林业，就吃了这个先天不足的大亏。蒋介石政府所留给我们的，除掉人迹罕到的地方还有一些残存的天然林外，剩下来的是：40多亿亩[1]茫无边际的荒山，投机倒把操纵木市的木商，巧取豪夺剥削山民的把头，更留下滥伐、盗伐、烧山、垦山的不良习惯。我们接收了这个烂摊子，责任非常重大，工作是非常艰巨的。

譬如说，1950年2月，林垦部在全国林业业务会议上，布置了全国造林任务177万多亩，到年底完成了163万亩，再加上零星植树33400万株，已经超过了任务，我们不能不说各级干部非常努力。但是这个数字，和广大的荒山面积相比较，则造林成绩渺不足道。

护林工作更做得不够。1950年全国因火灾而损失的木材280万立方米，与1949年烧毁立木400万立方米相比，虽已减少了35%，可是从这样一个大得惊人的数目中，仅仅减少35%，问题还是严重。

林野调查，是林业的基本工作，在1950年，除东北动员2000多林业干部，完成了400多万立方米蓄积量的林地调查外，内蒙古在大兴安岭，华北在驼岭和永定河流域，西北在洮河、小陇山、秦岭北坡及天山，此外，如中南、华东与西南也结合了其他机关、学校做了或多或少的调查工作，获得了不少资料。然而，摆在我们面前的几个最大的问题：中国宜林地是否40多亿亩？森林总面积是否13.9亿多亩？木材总蓄积量是否51亿多立方米？我们仍然不能回答。不能回答，如何作出全国性的施业案来？所以，森林调查工作，

1　1亩≈0.067公顷，下同

离我们的目标也差得很远。

伐木和运材，在东北占据极其重要的地位。1950年，有12.8万多农民，使用93991头牲口，提前完成了400余万立方米木材采伐的任务。加上内蒙古和山西，总计1950年国营采伐的木材量450万立方米。这些材积在目前已感供不应求，何况新中国建设高潮快要到来，木材消费量势必突飞猛进，我们如何供应？

在这样一个大时代里来看问题，上面这些工作、这些数字，都谈不到什么成绩。

值得指出的是：一年多以来，中央和各省份各级干部，根据长时期的实际工作，经过无数次的会议，交流了经验，已得到了一致的认识，找出了一条发展新中国林业的途径。这就是毛主席再三教导我们的群众路线。因为大家体会到：在中国，哪里解放得早，哪里土地改革得快，哪里的群众觉悟就高，就容易说服、发动和组织起来，发挥出极大的能力，表现出轰轰烈烈的成绩。护林如此，造林如此，伐木也如此。

依靠群众护林：1950年因森林破坏而损失的280万立方米总材量中，火灾占92.8%。火，在森林中是最可怕的。地广，风大，树木本身就是燃料，真是"星星之火可以燎原"。内蒙古阿尔山去年烧了10多天，巴彦林区烧了12天，如果不依靠群众，是不易扑灭的。1950年为救火而动员的人数，少则1000人，多则数万人，例如，吉林省在4月间有7个县的山区同时起火，省政府主席亲自率领200干部，动员了2万人，终于把火扑灭。而松江尚志县牙不力区的火灾，则全靠400多人紧急抢救，没有烧着林子，这说明了群众的力量。近来，东北和内蒙古作了更进一步的工作，要靠群众的力量，从"救火"做到"防火"，除布置了一系列的政治上和技术上的措施外，更要加强宣传教育，健全护林组织，订立防火公约，使群众把防火当作自己的任务。因此，1950 年山火损失比 1949 年减少 35%，连历史上习惯烧荒的鄂伦春人也渐渐改变过来。

依靠群众造林：新中国的林业，从旧时林场的"死守孤立据点，依赖少数工人"那一套旧作风，改变到发动群众。这是一个大转变。在结合群众利益的原则下，先进行宣传教育，继之以细密组织，加之以技术指导，更依靠党政领导，劳动模范带头，展开广泛的竞赛，使群众自觉自愿地行动起来。1950 年，豫西就是这么搞好沙荒造林；胶东就是这样搞好山荒造林；冀西就是用这个方式在春季发动了 10.2 万多人，完成防护林网 6 万余亩；辽西就是用这个方式发动了 25 万人，获得了全省 1600 多万株造林成绩。群众的力量是惊人的。从旧中国一年一度的植树节，进步到新中国一年三季造林，从各家的门前植树，发展到合作造林，从村庄零星植树，提高到整片造林。这就是使得千千万万亩宜林地有了希望。

依靠群众采伐：由于新中国的工人以主人翁姿态出现，由于封建式把头剥削制根本推翻，由于工人福利事业逐年改进，更由于工程定额和生产定额那一套苏联新制度的采用，所以 10 多万工人发出了无比热忱，用出了最大力量，涌现出了李国有和刘金贵等许多劳动模范，从而产量增，成本减，1950 年有了辉煌的成就。工作时期缩短了：伐木任务在 3 月 10 日完成，比往年提早。流送任务，在 1949 年只完成了 77%，而 1950 年则在 8 月中旬已全部流送出。伐木方式也改良了：过去人怕吃苦，站着伐，伐根高到 70 厘米，浪费；而 1950 年则跪着伐，伐根降低到离地 30 厘米，由此节省木材 25 万立方米。过去工人不爱惜梢头木，随便丢掉，1950 年规定 6 厘米以上的树梢必须利用，节省木材 5 万立方米。此外，如工程量的增高，流送损失率的减少，森林铁道木材运输量的加增等，固然与政治领导和技术改进都有密切关系，但没有劳动大众的高度努力，决不能有这样成就。

1950 年的林业，是万里征途上的第一步，只要依着毛主席的群众路线，脚踏实地，一步步的走得准，走得稳，而且走得紧，则一切良好条件都是属于我们的。物产多，正需要我们来改良品种和制法。森林植物多，正好到处选出最经济最适合的乡土树种来造林。山多，林业工作者才大有用武之地，哪怕是荒山。而人多正是伟大劳动力的来源，条件更好。

走吧！让我们稳步前进，让我们对准目标，在我们面前有：

四大任务：护林，造林，森林经理，森林利用。

一条光明的大道：群众路线。

一个美丽的远景：无山不绿，有水皆清，四时花香，万壑鸟鸣，替河山装成锦绣，把国土绘成丹青。新中国的林人，同时是新中国的艺人。

（原载《中国林业》2 卷 3 期，1951 年）

让绿荫护夏，红叶迎秋

梁希

绿化这个名词太美丽了。山青了，水也会绿；水绿了，百水汇流的黄海也有可能渐渐地变成碧海。这样，青山绿水在祖国国土上织成一幅翡翠色的图案。这种美景，在旧中国不过是人们脑子里的一种理想，而新中国在不太久的将来就可以实现。

伟大的农业发展纲要和社会主义总路线掀起了广大人民的绿化祖国高潮。

12年绿化将达怎样程度，就是说，怎样才可以称绿化？关于这个问题，我们从前的计划是保守的。从前，我们对人口稀少的远山有顾虑；对土壤贫瘠的石山有顾虑；对于大面积沙漠，那更没有提到。

绿化是全国的事，绿化是全民的事，人民有必要绿化全中国，人民也有能力绿化全中国，人民更有迫切的愿望绿化全中国。在这样的优越条件下，在这样的伟大人力下，我们必须重新估计绿化的可能性。

远山能不能绿化？能。湖南会同县和耒阳县造林远征队带了口粮和工具上山奋斗的勇气，贵州80多万野战军在荒山上扎营苦战的干劲，河北平原和半山区群众150多万人带着种子和苗木无代价地支援山区造林的共产主义协作精神，决不是路远所能阻挡的。只要人民决心征服荒山，哪怕天涯地角都可以去。可以说绿化"无远弗届"。

石山能不能绿化？能。湖南祁东县财宏社，今春出动了300多人，向石山斗争2个月，开山凿穴，运搬客土来造林，终于使1000多亩紫色页岩穿上了绿衣。祁东全县就在财宏社的鼓动下，凿石造林2万多亩，群众说："石硬没有决心硬，山高没有志气高。"

沙漠能不能绿化？在社会主义优越条件下，我们没有理由说不能。解放8年来，我国已改造了3000万亩沙荒。甘肃河西走廊本来计划在10年内营造的万里绿长城，今年一春就完成了造林面积的67%；在7月中旬，陕西榆林地区用飞机在5公里到20公里距离的伊克昭盟沙漠边缘，成功地播种了沙蒿19万亩。这些事实，都坚定了我们改造沙漠的信心。我们相信，在党的正确领导下，沙漠是可以变成绿洲的。

上述几个问题以外，还有两个值得注意的问题：一是大平原区，如河北和河南省的绿化问题。人们在京汉路上登高远眺，一望无际，目力可以直达太行山麓，太空旷了。现在，粮食问题已解决，可否各专区、各县定出一个森林覆被率的标准，营造团状或带状的森林，将大平原处处隔断。这可以增加雨量、减少干旱、调节气候，对农田和卫生都有益。另一个问题是黄河中游水土流失地区，可否在粮食只许增加不许减少的前提下，放弃陡坡来造林，把资金、劳力、机器放在较平坦的山田，努力增加单位面积产量，达到或超过《农业发展纲要》所指定的400斤[1]指标。

以上都说造林。造林到此，林业大功告成了没有？没有。以后工作还很多，特别是抚育。第一，太疏的要使它密。除

---

1 1斤=0.5千克，下同。

新造幼林枯死的补植外，像南方某些省的马尾松林，当时已栽得很稀，往后又打枝过度，树冠与树冠不相接近，既不能保持水土，又不能供应通直的用材，这些林地要大大地补植。贵州省的抚育口号很正确，叫作"缺一株，补一株，缺一片，补一片"。第二，太密要使它疏。许多封山育林区和幼林区，要定期疏伐，促进优势木的生长。第三，疏密适中的林地更有抚育的价值。福建南平溪后乡每公顷蓄积量 1000 多立方米的高产杉木林发现后，引起了全国注意，大家正在研究，如何更进一步增加到每公顷 3000、5000，甚至 6000 立方米以上。贵州锦屏县 18 年成材的速生杉木林（称"十八杉"，下类推）发现后，引起了各方竞赛。黎平县提出了"十五杉"，剑河县提出了"八杉"，锦屏县万丰社更提出了"六杉"。高产、速生，关键都在于栽培和抚育。

林业工作是做不完的。绿化，要做到栽培农艺化，抚育园艺化；绿化，要做到木材用不完，果实吃不尽，桑茶采不了；绿化，要做到工厂如花园，城市如公园，乡村如林园；绿化，要做到绿荫护夏，红叶迎秋。北京的山都成香山；安徽的山都成黄山；江西的山都成庐山；各地区都按照自己最爱好的名胜来改造自然。这样，中国 960 万平方公里的国土全部成一大公园，大家都在自己建造的大公园里工作、学习、锻炼、休息，快乐地生活。

（原载《中国林业》1958 年 12 期）

关于梁希的林业思想 [1]

赵树丛

原国家林业局局长
中国林学会理事长

梁希先生是近代林业的百年大家，是新中国首任林垦部部长，是新中国林业的奠基人，也是中国林政体系的缔造者。在他长达四十五年的林业生涯中，有许多经典的文章、报告、讲话，深刻地阐述了人与自然、保护与发展、环境与民生等之间的关系，所体现的林业思想与习近平生态文明思想高度契合，也是我们发展林业的优秀基因。下面，我尽可能地引用梁希先生的原话，从八个方面谈谈对他的林业思想的理解和认识。

国无森林，民不聊生的思想

可简述为梁希的民生林业思想。

梁希出生于 19 世纪末清政府摇摇欲坠的时期，青少年是在中华民族的觉醒年代度过的。那时，社会贤达有识之士都在觉醒呼唤，追寻救国救民的知识道理。受同乡同盟会元老陈其美的影响，梁希加入了同盟会，并到日本学习海军。

---

1 这是作者在首届梁希大讲堂上的报告提纲。

后来，陈其美讨伐袁世凯失败并被暗杀，梁希武备救国的理想破灭。1913 年，梁希进入东京帝国大学农学部林科攻读林产制造和森林利用学，走上了科学救国的道路，也为他的林业思想奠定了基础。

中国林学会的前身是中华森林会，是凌道扬、陈嵘等在 1917 年 2 月创办的，后因经费问题停办。1928 年，姚传法、凌道扬发起恢复中华林学会，同年 8 月 24 日中华林学会成立，姚传法为理事长，凌道扬、陈嵘、梁希等人为理事。1929 年，中华林学会会刊《林学》创刊，梁希发表文章《民生问题与森林》。他从人类文明史的观念出发，指出"森林是人类的发祥地"。他用林业科学特别是林产化学的科学知识，警示"人的衣食住行都靠着森林"，发出了"国无森林，民不聊生"的惊呼。此后，为民生护林、为民生造林、为民生管林、为民生用林，成为他毕生的追求。

治水先治山的思想

这是梁希关于森林与其他陆地生态系统关系，以及林业在国民经济可持续发展中地位的思想，也就是我们常说的生态林业。

梁希认为，有森林才有水利，有水利才有农田。

他指出，"万山皆有甘泉，森林就是水库"。担任林业部长后，梁希把治山治水一同规划，著名的小陇山林业故事，就是他生态林业思想的集中体现。"黄河流碧水，赤地变青山"，也是他的理想。在新中国成立时，他向周总理力陈设立林垦部，也表明了他对林业、水利、农业之间密不可分关系的深刻认识。直到现在，浙江省杭州市还保留林水局的机构。

习近平总书记指出，山水林田湖草是生命共同体。人的命脉在田，田的命脉在水，水的命脉在山，山的命脉在土，土的命脉在树和草。2022 年参加首都义务植树时他又强调，森林是水库、钱库、粮库、碳库。毫无疑问，森林是陆地生态问题最关键的要素。

用辩证唯物主义看待森林的思想

梁希在青年时期就是一个爱国主义者。抗日战争期间，跟随中央大学搬迁到重庆后，在周恩来的直接关心下他接受了马克思主义，而且很快就在思想上有了建树。1941 年，他用"一丁"的笔名，发表了《用唯物论辩证法观察森林》一文，标志着他的马克思主义认识论的成熟。他认为"林学是由森林而生""自然界不受原理支配""自然界和自然整体是完全可以认识的"。担任林垦部部长后，在制定林业规划、颁布林业政策、指导林业工作中，他总是坚持以马克思主义哲学为指导。这是他林政思想的体现，也是新中国成立后林业面貌焕然一新的最主要因素。

树木先树人的思想

中国的近代林业是从梁希这一批林学家开始的：韩安，1911 年毕业于美国密歇根大学农林专业，获得林学硕士学位，翌年回国；凌道扬，1914 年在耶鲁大学获林科硕士，当年回国。他们都先后进入大学任教，近代林学教育自此开端。但直到新中国成立，中国仍然没有一所独立的林业高等院校。

梁希主政林业部的第一个难题就是人才奇缺。为此，他办了三件事：第一，1950 年在北京西山大觉寺办起了全国林业干部训练班，也就是现在国家林业和草原局管理干部学院的前身；第二，向周总理、陈云同志报告，创办了北京、南京、东北三所林业高校，直属林业部领导；第三，在林业部成立了教育司，统抓全国的林业干部教育培训。梁希还亲自到北京给高中生作报告，向他们介绍林学和林业。

到了梁希去世的 1958 年，全国已经有了独立的林业高校 11 所，设在农学院中的林学专业 19 个，在校学生 3 万多人。如今，据 2021 年统计数据，包括中职、高职、本科及以上的林学专业学生达到 133 万人。

人民的林业的思想

这是梁希历史唯物主义思想在林业治理中的体现，也是他对新中国林业权属性质的定位。

梁希认为，新中国的江山是人民的，人民的江山要人民来管，人民的林业要人民来保护，人民的树要人民来栽培。1951 年，他为《中国林业》杂志撰写文章——《新中国的林业》，指出"林业是离不开群众的。从栽植，成长以至采伐，始终与群众的血汗关联。如果不依靠群众而要搞好林业建设，那是不可想象的事"。他提出，"要依靠群众护林，特别是防火和救火"。他还举例说，1950 年山火损失较 1949 年减少了 35%，连鄂伦春人烧荒的习惯都改变过来了。这都是依靠群众的结果。

他提出了要依靠群众造林，依靠群众采伐。他认为林业有四大任务：护林、造林、森林经理、森林利用。而道路只有一条，就是群众路线。他认为林业是最适合社会性的，因为林业是长周期的："我所种者未必由我所收，而我所收者未必是我所种。它，或者是前任所植，或者是大自然留下来的产物。"

梁希人民林业的思想还特别体现在寄希望于青年。他认为"青年象征着一年的早春、一日的早晨，象征着万山的苗、万木的梢""青年造林""造青年林"，可以绿化中国的山，可以绿化人们的心。1956 年，遵照毛主席绿化祖国的愿望，党中央决定在 12 年内绿化一切可能绿化的荒山荒地。梁希和当时共青团中央书记胡耀邦密切合作，并亲自为《中国青年》杂志撰文祝贺五省份青年造林大会召开。他寄望在青年的努力下，实现"黄河流碧水，赤地变青山"的多年梦想。

1956 年开始，青年造林成为全国的一道风景线。1960 年年初，胡耀邦到山东垦利，也就是现在的东营市，与青年团员们共同植树，留下了"青年干得欢，大战渤海滩，造起万顷林，木材堆成山"的激情诗句。直到现在，全国各地仍有青年林、共青林、红领巾林。

让科学为人民大众服务的思想

梁希是一个大科学家，但他始终关注科学知识的普及。1916 年，梁希自日本回国后，第二年就参与了中华森林会的创建，1928 年又推动了中华林学会的恢复建设，1931 年任中华林学会第三届理事，1933 年任中华农学会会长。1941 年，在周恩来的帮助下，中国科学工作者协会在重庆成立，梁希积极加入。中国的民主党派——九三学社，就是在自然科学座谈会和中国科学工作者协会的基础上建立的，许德珩、梁希是九三学社的创始人。1950 年 8 月，他又发起成立了全国科学技术普及协会，并担任首届主席。1958 年全国科普和全国科联合并成立中国科协，李四光为首任主席，梁希是副主席。

他始终认为科学是大众的，科学家应该把它还给大众，"把科学技术普及给劳动人民，才可使科学力量和实践相结合，和生产相结合，才可使我国的科学技术迅速走上世界先进水平"。梁希书写一生，一大批著作都是科普文章。他当林业部部长期间，周恩来总理交代他要写文章，几乎每一次讲话，都有科普的内容。他曾写过一篇《农民需要科学翻身》的文章。他说："现在是毛泽东时代的农民了，政治翻了身，经济翻了身，文化上也正在翻身，今后还要科学翻身。"他要求科技工作者"凡对农民生活及生产有益的科学知识、科学道理、科学成就，科学家（包括农学家）要尽量地写出来，要写得浅近，写得简净，写得显明，要叫农民读了容易懂，要叫农民读了忘记忧愁和懒惰（马雅可夫斯基语）"。

把国土绘成丹青的思想

这也是如今美丽中国的思想。梁希不仅传播了新的林业科学理论，提出了全面发展林业的思想，还用自己的实际行动，号召人们植树造林，装点祖国大好河山，建设山川秀美的新中国。

梁希在长期与大自然零距离接触的实践中，形成了对自然生态的独特审美。早在1929年，他在《西湖可以无森林乎》中就描绘了一幅人与自然和谐相融的生态美景："春水红船，境如天上；秋山黄叶，人人画中。"他认为，西湖之美根本在于西湖的生态环境，在于西湖丰富的森林资源。后来，他在推动新中国的林业建设时，提出要："无山不绿，有水皆清，四时花香，万壑鸟鸣，替河山装成锦绣，把国土绘成丹青。新中国的林人，同时是新中国的艺人。" 这个美好的愿景多年来一直为人津津乐道，成为全国林业界人士向往的奋斗目标。

梁希不仅树立了绿化祖国的远大目标，还找到了实现目标的具体途径：栽培农艺化，抚育园艺化。他希望按照"工厂如花园，城市如公园，乡村如林园"的建设模式，把中国960万平方公里的国土建成一个大公园，让全国人民都在自己建造的大公园里工作、学习、锻炼、休息，快乐地生活。

梁希的林业梦与美丽中国梦高度契合。习近平总书记强调，要让子孙后代既能享有丰富的物质财富，又能遥望星空、看见青山、闻到花香。习近平总书记同时指出："植树造林是实现天蓝、地绿、水净的重要途径，是最普惠的民生工程。"在建设美丽中国的使命召唤下，林业工作者不仅是呵护一草一木的造林人，更是装点祖国锦绣河山的艺术家。

林政独立管理的思想

林业在历史上是与农业、牧业、渔业等一起包含在大农业当中，林学也一直被包含于农学之中。1916年，凌道扬主张林学与农学分立，林学由此有了独立发展的地位。1949年新中国成立，梁希提出成立林垦部，使得林政管理有了独立合法的机构，开创了中国林业发展的新纪元。他们都是近代林学和林业发展史上具有分水岭意义的关键人物。

其实，梁希很早就非常重视林政管理，曾经形象地把中国林业比喻成"一个无衣无食无业无纪律无教育的野孩子"，林政管理就在于教育这野孩子。梁希认为林业不能专归商人经营，也不能专靠老百姓务农之余顺便干干，更不能和垦殖园艺混为一谈，"要独立，要专管，丝毫苟且不得"。总之，政府要负起责任来。

1949年，林垦部成立。在北京东城区米市大街无量大人胡同的一个小四合院门口，挂起了"中央人民政府林垦部"的大牌子。这里既是宿舍又是办公室，部长梁希、副部长李范五和其他干部们共12人住在一起。梁希高兴地说："院子虽小，能装三山五岳；房舍简陋，可装下五湖四海。我们在这里就可以研究中国林业的方针大计，小屋就是个起点。"从此，中国绿色的面积从这里一寸一寸向外，向黄河两岸、向长城内外、向荒山沙地、向辽阔国土的每一个角落。

1949—1958 年短短 9 年中，梁希领导新中国林业在一穷二白的基础上，构建了林业管理组织机构，完成了林业基础普查，确立了林业发展方针，取得了显著的经济效益和社会效益，为新中国林业建设指明了方向，奠定了良好的基础。

　　今天的林业和梁希时代的林业大不相同了。中国的林业产业总产值超过 8 万亿元，森林覆盖率达到了 24.02%，森林蓄积量达到了 194.93 亿立方米，成为全世界森林资源增长最快最多的国家。绿色和生态已经成为了老百姓追求幸福生活的新期待新需求，习近平总书记提出的"绿水青山就是金山银山"，已经成为全社会的共识并且逐步变成现实。但是，我们仍要学习他"天天不懈打林钟"的林业情怀，学习他"识定如胶跟党走"的坚定信念，实现他"黄河流碧水，赤地变青山"的美好遗愿，为推动建设人与自然和谐共生的中国式现代化贡献智慧和力量。

装扮青山惠民生 ¹

赵树丛

原国家林业局局长
中国林学会理事长

2013 年 12 月 28 日，是我们敬爱的老部长、新中国林业事业的奠基人梁希同志诞辰 130 周年纪念日。今天，我推荐他的一篇著作《民生问题与森林》，和大家一起学习领悟，以表达我们对他的深切怀念。

发展林业改善民生，是梁希林业思想的核心内容之一，也是他毕生为之奋斗的重要目标。我们纪念和缅怀梁希，最关键的就是要真正秉承他的思想精髓，努力完成他未竟的林业事业。

森林是人类的摇篮，也是民生的重要基础。梁希早在 20 世纪 20 年代就指出，人们的衣食住行都是靠着森林，国无森林，民不聊生。进入 21 世纪的今天，林业与民生问题联系更加密切，更加息息相关。从物质层面看，林业提供的木材和林产品，可以较好地满足人们对"衣食住行"的基本需求，是经济社会发展不可替代的重要资源。发展林业还可以满足广大农民靠山增收、依林致富的愿望，对促进经济社会绿色

1 这是作者在梁希先生诞辰 130 周年发表在《中国绿色时报》上的署名文章。

发展、循环发展和低碳发展具有重要而独特的作用。从生态层面看，人们对新鲜空气、洁净淡水、负氧离子、生态休闲等生态产品的要求越来越高，生态需求已经成为最基本的民生需求。良好生态环境是最公平的公共产品，是最普惠的民生福祉。抓生态就是抓民生，改善生态就是改善民生。

建设美丽中国，营造天蓝、地绿、水净的美好家园，是人民群众的共同愿望，成为急需解决的民生问题。早在新中国成立之初，梁希就勾画了"无山不绿，有水皆清，四时花香，万壑鸟鸣，替河山装成锦绣，把国土绘成丹青"的美好蓝图，把建设美丽中国作为新中国务林人的神圣追求。今天，我国林业承担着森林、湿地、荒漠三个生态系统和野生动植物及其生物多样性保护的职责，是生态建设的主体，在促进生产空间集约高效、生活空间宜居适度、生态空间山清水秀中扮演着关键角色，是建设美丽中国的主阵地和主力军。

党的十八大以来，习近平总书记就推进生态文明建设发表了一系列重要讲话，揭示了生态决定文明兴衰的客观规律，阐述了生态环境就是生产力的战略思想，作出了生态环境就是民生福祉的科学论断，赋予了林业在实现中国梦中肩负的重要任务，提出了建立生态文明建设责任追究制度的工作要求，阐明了"山水林田湖生命共同体"的内在关系。习近平总书记的重要论述，既是建设生态文明和美丽中国的基本遵循，也是做好林业工作的根本指针。

学习贯彻习近平总书记的重要讲话精神，完成党和人民赋予林业新的使命和任务，要求我们始终把满足民生需求作为林业工作的出发点和落脚点，大力发展生态林业民生林业。要提高思想认识，改善生态是林业的根本任务，改善民生是林业的主要目的，切实做到服务民生抓生态、改善生态惠民生。要大力改革创新，不断丰富生态林业民生林业的实质内涵，完善生态林业民生林业的体系框架。要推进生态林业民生林业的协调发展，全面提升林业的生态、经济、社会功能，充分发挥林业对改善民生的特殊作用。

装扮青山惠民生，是梁希等老一辈新中国林业事业开拓者的主张和愿望，也是我们这一代务林人的光荣使命。让我们高举生态林业民生林业的旗帜，锐意进取，扎实工作，创造出无愧于党和人民的新业绩，努力走向社会主义生态文明新时代。

学习梁希思想，建设生态文明 [1]

赵树丛

原国家林业局局长
中国林学会理事长

2011 年，中央调我到国家林业局工作。虽然我在市县党委政府工作过多年，在省政府也长期主管农业林业方面的工作，但对新中国林业的发展历程还是较为陌生，领导全国的林业，还有很多"短板"。为了更好地丰富自己，适应工作，我挑灯夜读"恶补"自己的林业知识、林业历史、林业政策、林业理论，学习研究林业转型背景、林业改革趋势等，收获多多。最令我震惊的是我读了《梁希文集》。梁希先生"为人民服务万死不辞"的报国精神，"黄河流碧水，赤地变青山"的美丽中国愿景，骑毛驴进小陇山的躬行作风，"把科学技术教给人民"的诲人不倦的学者风范，"国无森林，民不聊生"的林业生态定位，一生研究林业科学、著作等身的巨匠精神，都令我们高山仰止，景行行止。我把梁希先生"无山不绿，有水皆清，四时花香，万壑鸟鸣，替河山装成锦绣，把国土绘成丹青。新中国的林人，同时也是新中国的艺人"这一佳句请泰山脚下的一位长者书写，作为座右铭挂在办公室至今。

1 这是作者在中国林业出版社 2017 年出版的《梁希文选》上的序。

2013 年 12 月 28 日，是梁希先生诞辰 130 周年纪念日，我在《中国绿色时报》发表了《装扮青山惠民生》一文，并向读者推荐梁希的一篇短文《民生问题与森林》，和同志们一起学习梁希先生发展林业改善生态、改善民生的伟大思想。工作中努力推进生态林业民生林业的协调发展，全面提升林业的生态、经济、社会功能，充分发挥林业对改善生态、改善民生的特殊作用。

2016 年 7 月 12 日，我和中国林学会秘书长陈幸良同志专程到浙江湖州，参拜梁希先生的纪念馆。纵览先生矢志报国、奉献林业的一生，深受教育，我仿宋代诗人陆游颂赞名相寇准的诗歌，写下了一首小诗：先生何心后世名，万死不辞报国情。黄河诗句陇山策，信手拈来尽可惊。你看看他那"黄河流碧水，赤地变青山"的豪情，和骑毛驴进小陇山与彭老总商谈不砍伐小陇山森林的决策，哪一件不是我们现在去做也都是惊人之举？

梁希先生是新中国首位林业部长，是近代林业百年大家，是新中国林业的奠基人，他又是中华林学会、中国林学会的创立者之一。今年是中国林学会创立一百周年，我们筹划出版《梁希文选》，以此来纪念中国林学会一百周年，纪念我们敬爱的梁希老部长。让我们学习梁希先生的文章，传承梁希先生的报国思想，以更大热情投身到建设生态文明、建设美丽中国的伟大事业中去！

追怀梁希先生的林学人生，
续写百年林学新篇章

陈幸良

中国林学会副理事长
中国林业科学研究院副院长

　　2023 年 12 月是我国著名林学家、林业教育家、社会活动家、新中国林业的奠基人、新中国首位林垦部（后改为林业部）部长梁希先生诞辰 140 周年。梁希先生是我国林业的一面旗帜、推动社会进步的一代先驱、德高望重的一代师表。他深刻地改变了中国林业的进程，铸就了一座令人们景仰的精神丰碑。

　　追怀梁希先生的人生轨迹，回顾近代以来的百年风云，更加感觉梁希先生思想的深邃、先见的高远、实践的不凡。梁希先生的一生是一本厚重的教科书，也是百年林学在中国开启和兴盛的见证。

开启近现代林学的中国进程

　　近代以来的中国，国难深重，追求国家富强和民族复兴，成为先贤们的理想志向。从 19 世纪 60 年代开始的"洋务运动"到 1898 年"维新变法"；从孙中山先生提出的"振兴中华"到"科学救国""实业救国""教育救国"等思潮的涌现，展现了志士先贤们不懈的奋斗精神。特别是"科学救国"思潮，为我国近代林学的传入和创立奠定了思想基础。

1883 年 12 月，梁希先生出生于浙江湖州。在家学的熏陶下，梁希自幼就有"神童""两浙才子"的美誉，16 岁即考中秀才。如果岁月静好，梁希先生的人生大致是沿着读书、科举、做官的途径发展。但是国运式微，制度腐败，帝国主义的坚船利炮轰开了中国的大门，清政府丧权辱国的应对政策使局势日益恶化。时代的巨变使得他不再安心于书斋。1905 年，梁希告别家乡，考上了浙江武备学堂。他的目的是用枪杆子拯救这个多灾多难的祖国。他在东京加入了同盟会，确立了驱逐鞑虏，恢复中华，创立民国的志向。1912 年，中华民国成立。梁希先生毅然回国成为革命军军官。然而，袁世凯窃取了辛亥革命的胜利果实，使梁希先生异常失望，他走向了"科技救国"的道路。

1913 年至 1916 年，梁希先生攻读于东京帝国大学林科，专业是森林利用、林产制造。自 1916 年毕业回国后，在北京农业专门学校[1]任教，从此开启了他的林学人生。北京农业专门学校发源于 1905 年京师大学堂成立的农科大学。1914 年，农科大学脱离北京大学独立建校，成为我国现代农业高等教育的发源地之一。可以认为，北京农业专门学校的林科教育是我国现代林业高等教育的起点。当时，林科教育聘请了梁希、程鸿书和张联魁 3 名林科教员，他们是最早开启中国近代林业科学的先驱。

当时，林学在中国几乎全是空白。梁希先生大声疾呼建立中国的林学。1934 年 11 月，梁希在《中华农学会报》的 129、130 期的《森林》专刊中撰写的"弁言"中指出："森林本不刊之学也，自入中国，林学乃刊；自林学刊于中国，

1　北京农业专门学校即今日中国农业大学和北京林业大学的前身。

森林乃有专刊；自森林有专刊公于世，而中国之林学乃益见其不专。嗟乎！不祥哉森林专刊也。中国林史有缺，古林政弟弗深考。至于林学，则自欧化东渐始。欧洲各国，林与农各自为政，各自为学，分道扬镳，并行不悖；流及美国，制亦略同。统属于政府，未必统属于农部也，直隶于大学，未必直隶于农科也。即今之金陵大学，华文有农学院之名，而英文仍农林科之旧，可以察其概矣。我国森林机关绝少专名，大都与农业机关合并。合并固未为非也，而流弊为附庸，附庸犹未为损也，而流弊为骈枝，骈枝仍未为害也，而流弊成孽子，孽子从古不易容，容则分家之润而遗嫡之累，又不敢灭，灭则惊天动地而扰六亲，此中国近数年来林业教育林业试验林业行政之所以陷于不生不死之状态也"。明确提出了中国缺乏林学，林学自欧洲渐始，欧美的农、林学是各自为学的。他呼吁尊重科学规律，加强中国林科建设、加强中国的林业部门建设。这个思想深刻地改变了中国林业的格局。

同时期，有一批与梁希先生志同道合的林学先贤，共同在中国开启了林业科学事业的起步。如韩安、凌道扬、李寅恭、姚传法、陈嵘等人。他们均为1880年代左右出生人，都是在20世纪10年代前后赴日本、美国、英国、法国、德国等国留学回国后传播林业科学，是近现代中国林学的奠基人。

例如，凌道扬先生，1888年月出生，广东新安人，1914年获耶鲁大学林学硕士学位，1917年在上海创立中华森林会并任首任理事长，1930年在森林科的基础上创立中央大学农学院森林系。当时，民国政府考试委员会设立法学、教育学、理学、工学、农学、医学、军事学等8门。1930年2月，凌道扬上书民国政府考试院戴季陶院长，请求在考试院中增设林学组，信函中说"林学与农学既有同一之价值，亦有分离之必要，诚以农学经营之对象，在开发平原，林学之经营对象，在开发山地。工作各有不同，目的因之亦异""林学与农学既有过程之不同，查我国以前对于林学，虽不于农家之外另立一门，然在百年以前，欧西亦何尝不然。迨后德人肆力提倡，始行立为专科，驯至今日林学之盛，雄称于世者，盖在于此""林业为国家重要之富源，林学为近世极要之科学，关系民生，宁待多言"。在这批林学先贤的大力呼吁下，林学得以在中国开启。

今天，我们回顾百年林学在中国的发展，莫不感慨林学作为独立的学科，进而推动近现代林业事业的发展是多么来之不易。目前，中国林学已经发展成为包括森林培育、林木遗传育种、木材科学与技术、林产化工、森林经理、森林生态、森林保护、经济林等诸多二级学科在内的学科群。2016—2018 年，中国林学会组织开展了林业科学学科发展研究，对林学全学科和新兴领域开展国际对比研究，研究结论是，我国林学实现了历史性、整体性、全局性的重大进展，林业科学与其他相关学科的交叉与融合日益深化。林业自主创新能力显著提高，正在有力地支撑生态文明、乡村振兴和美丽中国建设。

培养中国林学薪火相传的后继人才

梁希先生把兴教育、育人才作为毕生的追求，使得中国林学事业薪火相传、承继光大。在新中国政务委员会和部长中，能够做"教书先生"长达 30 多年的，估计只有梁希先生一人。从 1916 年在北京农业专门学校林科任教开始，到 1933 年中央大学受聘，直至新中国成立，他任教长达 33 年之久。梁希先生创办了中国第一个森林系，培养了一大批中国林学优秀人才，如郑万钧、吴中伦等，成为现代著名的林学大家。他是名副其实的近现代中国林学的"祖师"。

今天众多的林科学子，追溯起来，都与梁希先生有关，都有一脉相传的亲缘、血缘关系。以我本人为例，我1982年在云南林学院（即现在的西南林业大学）本科林学专业学习，那时，云南林学院有著名的"四大支柱"教授，即徐永椿、任玮、曹诚一和薛纪如先生。他们均是中央大学森林系的学生，或是梁希先生的弟子，或是其助教。他们是我们的老师，有两位先生亲自为我们授课。

民国30年（1941年），中央大学因抗日战争由南京迁往重庆。森林系有五名毕业生毕业。梁希先生赠诗云："一树青松一少年，葱葱五木碧连天。和烟织出森林学，写在巴山山那边。"这五位同学是江良游、贾铭钰、任玮、斯炜，其中的任玮先生便是我们在云南林学院上学时森林病理学老师。

任玮，江苏兴化人，1918年生，1941年毕业于中央大学森林系，1946年获该校农学硕士学位。1947年到云南大学森林系执教森林保护学和树病学。新中国成立后，历任云南大学、昆明农林学院副教授，云南林学院教授、系主任、副院长，西南林学院教授、副院长，是我国林木病害防治方面的大专家。任玮先生在云南林学院时为我们讲授《植物病理学》。

中央大学森林系的毕业生徐永椿，江西省新建县人，1910生，同班只有3个森林系的学生：徐永椿、朱济凡、袁同功。徐永椿毕业后，经老师郑万钧先生介绍到中国木业公司四川分公司工作。1939年7月，徐永椿应林学家张福延（字海秋）教授的邀请，到昆明参加筹建云南大学农学院森林系。云南大学森林系是我国成立较早的森林系之一，是云南林业高等教育的开端，也是云南林学院（现西南林业大学）的前身。在南（云南林学院）北（北京林学院）合并办学期间，徐永椿先生是"本土"上德高望重的教授，1978 年北京林学院回迁以后，他是云南林学院独立办学的主要创始人，是西南林学院首任院长。

1982 年 7 月我在云南林学院学习时，徐永椿先生担任副院长、图书馆馆长。徐永椿先生因为工作任务繁重，没能专门为我们授课，我们使用的是他主编的《树木学》教材。这本教材出版于 1980 年 7 月，我至今仍然珍藏，它的知识点非常精到，插图精美，把我们领入了树木科学的殿堂，奠定了我们的树木学基础。38 年过去了，阅读这本教材，不仅没有丝毫过时之感，更觉一些要点还能超越今人，充分体现出老一辈学者的科学素养和严谨的治学精神。

中央大学森林系的毕业生薛纪如，1921 年出生，河北省临城人。1941 年考入中央大学生物系，因为对植物的偏爱，二年级时转入农学院森林系。1945 年大学毕业后，考取中央大学研究生部，在导师郑万钧教授指导下从事裸子植物方面的研究。1946 年受导师嘱托，独自两次从万县徒步至磨刀溪，采集水杉模式标本，并于 1947 年首次发表了有关水杉的调查报告。薛纪如先生是我国著名的竹类学家。先后命名了 4 个新属（筇竹属、香竹属、铁竹属、贡山竹属），60 多个竹类新种以及中国的新分布的一些属。我在校时经常看到薛纪如先生，他培养的研究生如今成为竹学专家。

曹诚一先生与徐永椿先生是一对伴侣，他们从中央大学农学院毕业后一起来到云南任教。这些先生们将梁希先生的林学事业和治学精神一代代相传，可谓薪火相传，弦歌不绝。

新中国成立后，梁希先生培养林学人才的夙愿得到实现。在他的领导下，1952 年北京、南京、东北三所林学院成立了，并在 13 个农学院校建立了森林系，大力培养林业人才。到 1958 年，全国已有 11 所林业高校和 19 个森林系及几十所林业中等专业学校。

创办中国林学会，共谋森林学术和事业之发达

科技社团是科技进步和人类文明发展进程中一道亮丽的风景线。19世纪70年代初，中国向欧美发达国家以及日本派遣了第一批留学生。他们到国外后发现国外学会结社非常兴盛，因而发出"文明之国，学必有会"的感慨，梁启超提出"今欲振中国，在广人才，欲广人才，在兴学会"的政治主张，孙中山在1895年亲笔撰写《创立农学会征求同志书》，推动成立农学会。 20世纪初，中华大地上出现了中国药学会（1907年）等第一批现代意义上的本土自然科学专门学会。民国初年，学会之盛成为中国一道靓丽的风景线，并在高举"民主与科学"大旗的"五四运动"之后迅速发展起来。

2017年，在中国林学会赵树丛理事长的领导下，我们隆重举办中国林学会成立100周年纪念活动。对中国林学会百年历史做了系统性、全面性的梳理，对林学先贤的生平和学术思想进行了整理和挖掘。其中，在1917年的3月6日上海《申报》上发现了一则启事。其上刊登了一篇《中华森林会记事》，刊登了发起成立中华森林会的启示，发起人为唐少川、张季直、梁任公、聂云台、韩紫石、史量才、朱葆三、王正廷、余日章、陆伯鸿、杨信之、韩竹平、朱少屏、凌道扬等14人。皆为当时的名人名家。其中，唐少川为民国首任内阁总理；张季直即张謇，为晚晴状元；梁任公及梁启超，著名的思想家政治家，维新派代表。在祖国山河破碎，民生凋敝、千疮百孔的情况下，我们的前辈先贤怀着拯救中国"木荒之痛"的情怀，结社"共谋森林学术和事业之发达"，体现了知识分子的"先天下之忧而忧"的责任担当。当时由凌道扬出任中华森林会首任理事长。

1921年，中华森林会创办了中国第一份专业林业科学刊物《森林》，由黎元洪题写刊名。这对宣传近代林业科学知识、

促进林业科学发展起到了推动作用。由于当时中国战乱频繁，中华森林会不得不中断活动。1928 年，梁希先生倡议组织起"中华林学会"，并担任常务理事，负责指导林学杂志工作。《林学》办刊期间，留下很多有价值的林业文献资料。梁希、凌道扬、陈嵘、李顺卿、李代芳等都发表文章，为我国林业建设和教育建言献策。中华森林会的先贤前辈并未因学会活动停止而放弃振兴林业的梦想，继续通过各种形式践行强烈的历史责任感和浓厚的家国情怀。

在梁希先生负责的中华林学会时期，坚持科学救国、革新图强的办会初心，召开多次年会，并投身于林业宣传。1930 年，农矿部成立首都造林运动委员会，印发了陈嵘、凌道扬、姚传法等编写的造林宣传小册子，向群众进行造林宣传。与此同时，中华林学会开始"走出去"，参与国际学术交往活动。1930 年 4 月，中华林学会派代表赴东京参加日本农学会年会特别扩大会并作演讲，这是中华林学会首次参与国际学术交流活动。1932 年，凌道扬代表中国赴加拿大出席泛太平洋科学协会第 5 次会议，并当选协会林业组主任。在战火纷飞、交通艰阻的困苦时期，中华林学会作为经济窘迫的学术性团体更是举步维艰，但就是在这样的环境下，林业界的先贤前辈坚守初心，不畏艰险、执着追求，为林学会的存在和发展奔走呼号，为中国林业科学事业的发展鞠躬尽瘁。

1949 年 5 月上旬，梁希先生作为民主人士在北京参加了中央人民政府筹备会议。在 9 月召开的第一届全国人民政治协商会议上，他提议成立林垦部。周恩来采纳了他的意见，并提名梁希为林垦部部长。梁希回复周恩来："年近七十，才力不堪胜任，仍以回南京教书为宜。"周恩来看后提笔写了一句话，鼓励他"当仁不让"。梁希先生看了回条，激动地写下了："为人民服务，万死不辞"交给周恩来。从此，开始了他开创新中国林业事业的征程。

1951年，梁希先生采纳了陈嵘、沈鹏飞等在全国林业工作会议上重建林学会组织的倡议，林学会恢复重建，定名为中国林学会，梁希先生任第一任理事长。中国林学会的成立，使有着30多年历史，从崎岖中走来的中华森林会、中华林学会走向新生。梁希先生提出了"普遍护林、大力造林"等为林业奠基的建议，积极参与新中国成立之初的林业大政方针制定。中国林学会制定了章程，创办了《林业科学》，在全国部分城市建立分会，发展会员，学术交流、科学普及和外事工作等迅速开展起来。

1958年9月至1966年6月，中国林学会共召开12次重要学术讨论会，13次学术报告会、座谈会和经验交流会，对毛竹、森林病虫害、森林土壤、荒山造林等重要话题进行了深入讨论。1962年在北京召开的学术年会，参加代表达350余人，为我国林业发展提出了重要建议，提升了学会的社会地位，是林学会发展史上浓墨重彩的一笔。

梁希先生林学人生的启示

梁希先生的一生见证了中国近现代的风云变幻。他是百年林学的奠基人，中国林业教育的先驱。他曾经说过："我在旧中国教了30年的书，培养了那么多的学生，就是想改变中国林业面貌，想让中国的黄河流碧水，赤地变青山。"他的一生是一部中国近现代林业史的缩影，也是一部中国近现代社会变革的见证。

2019年和2021年，中国林学会与南京林业大学、北京林业大学分别编创了话剧《梁希》上演。两部剧作均撷取真实可靠的历史文献资料，讲述了梁希先生为祖国山河辛勤奉献的一生。令人十分惊奇的是，两部剧在剧情上没有任何雷同，在片段和细节描述上，饶有兴味，充分说明梁希先生的一生是传奇的一生，不平凡的一生。

1951年3月，梁希先生在《新中国的林业》一文中，为中国河山描绘出了一幅瑰丽的远景："无山不绿，有水皆清，四时花香，万壑鸟鸣，替河山装成锦绣，把国土绘成丹青。"这段名言，一直鼓舞着广大林业工作者为新中国林业美好的未来而奋发努力。

梁希先生辞世前夕，《人民日报》发表了他最后一篇文章《让绿荫护夏，红叶迎秋》，文中写道："绿化这个名词太美了。山青了，水也会绿；水绿了，百川汇流的黄海也有可能渐渐地变成碧海。这样，青山绿水在祖国国土上织成一幅翡翠色的图案。"这是梁希先生最后的心声，也是他一生的钟爱。

为纪念梁希先生，2004年，中国林学会设立了"梁希科学技术奖"，成为中国林业科技的最高奖项、激励林业科技创新的航向标。数所林业高校举办了"梁希班"，培养林学优秀学子。2022年，梁希的故乡—湖州成为中国林学会"梁希科学技术奖"颁奖地、"梁希大讲堂"的举办地。中国林学会与湖州市人民政府决定共建梁希纪念馆。2023年，"梁希纪念馆"成为全国科学家精神教育基地。

回顾梁希先生的林学人生，回顾百年林学事业在中国的奠基和开创，我们感怀万分。我们要学习他"为人民服务万死不辞"的高尚情怀，深刻认识肩负的历史使命，勇于探索、敢于创新，勇做新时代林草科技创新的排头兵，要把论文写在祖国的大地上，把科技成果应用在实现现代化的伟大事业中，把人生理想融入实现中华民族伟大复兴的中国梦的奋斗中。

要弘扬他科学求实、严谨治学的精神，坚持解放思想、独立思辨、理性质疑，认真求证，坚决反对虚假科学，坚持立德为先、诚信为本，仰望星空，脚踏实地。要弘扬他不断学习、终身学习的精神，静心笃志、心无旁骛、力戒浮躁，甘坐"冷板凳"，肯下"数十年磨一剑"的苦功夫。要弘扬他甘为人梯、奖掖后学的精神，提倡学为人师、行为世范，关心和爱护青年人才，把发现、培养青年人作为己任，为青年人才施展才干提供机会和舞台，甘做致力提携后学的"铺路石"和领路人。

纪念梁希先生，回望中国林学百年历史风云，我们油然升起一种沉甸的历史责任感，也不禁产生"苟日新，日日新，又日新"，创新推动中国林学事业发展的现实紧迫感。面对新时代新任务新挑战，我们要向老一辈林学家学习，永立潮头，进一步开创百年林学事业的新篇章，为林业科技自立自强，建设生态文明和美丽中国奋斗不息！

梁希改习林科与
主攻林产制造学的原因探析

杨绍陇

南京林业大学

在时间的社会建构中，纪念日是人们对事件或人物进行记忆的一种时间符号，是人们形成集体记忆不可或缺的载体。特别是"逢五逢十"的纪念日，更为人们所重视。今年12月28日是梁希诞辰140周年纪念日，为纪念这位杰出的林学家、教育家和社会活动家，特作此文以表敬意与缅怀！

梁希一生从林，其主要功绩集中体现在为祖国林业事业发展所作的杰出贡献。在人们看来，梁希取得的成就，自然与其早年改习林科的抉择密切相关，甚至可以说，改习林科是梁希人生的一个重要转折点。但凡研究梁希和有意深入了解梁希者，都希望弄清楚他改习林科的真正缘由。目前，关于该问题的答案存在着两种说法，但都不足以令人信服。因此，对梁希改习林科的缘由问题有必要进行深入的探讨和分析，以为人们更加全面深入地了解梁希的生平事迹和弘扬梁希精神提供些许有益的参考。

本文以史实为依据，拟从行为科学的视角对梁希改习林科的相关问题做如下分析和探讨。

关于梁希改习林科缘由现今说法的述评

在公开的文献中，有关梁希的个人经历介绍的最早文献，是发表于1948年第3卷第5期的《科学时代》上，由黎集撰写的《中国森林学导师梁希先生》一文，其中写道："梁先生在民国前廿八年出生于浙江吴兴。……最初梁先生是由清廷以官费送到日本去学习海军的，但随后他决定弃军习农，转入东京帝国大学专门攻读森林。从日本回来，继而再赴德国，在萨克森省（Saxone）的森林学院研究了5年。"其中提到了梁希"学习海军""弃军习农"和"转入东京帝国大学专门攻读森林"等经历，没有涉及转学的时间和原因。

现有关于梁希改习林科原因的两种说法，是此后30多年和近50年才出现，笔者分别称之为"日本士官歧视之说"和"银杏树启发之说"。从出现的时间来看，前者先于后者。

"日本士官歧视之说"，首次出现是在1983年12月由中国林业出版社出版的《梁希纪念集》的两篇文章中，分别为作者张楚宝和程跻云合写的《缅怀中国著名林学家梁希教授》一文和由张楚宝撰写的《梁希先生年谱》。在前一篇文章中写道"他因不满学校（指士官学校）对中国学生的歧视，毅然退了学，转入东京帝国大学，攻读林科"。在《梁希先生年谱》中记录为"1913年，三十岁。因不满日本士官学生歧视欺侮中国学生，改入东京帝国大学农学部林科攻读，这是梁老生命史上一个重要转折点"。此后，但凡提到梁希学林的原因，大多沿用此说。

"银杏树启发之说"首次出现于1997年，在中国林业出版社当年10月出版的著作《中国林业的杰出开拓者——梁希》中，作者先后描写道："院落里生长一株约300年树龄的银杏。梁希的父亲常叫孩子们到银杏树下读书练字。……梁希的父亲认为，银杏树体内有一种力，人借了这种力，就会灵智聪颖。或许，梁希对绿化的认识就是从这株银杏开始的。""不知是故乡的老银杏在冥冥中召唤他，还是他在小的时候真的从老银杏那里借来了力量，1912年，梁希再次东渡扶桑，1913年入东京帝国大学农学部林科，攻读林产制造学和森林利用学。梁希由武备救国到献身林业，这是他在人生道路上发生的重要转折。"此种说法出现以后，也被广泛采用，尤其是近年来出品的一些以讴歌梁希事迹的舞台话剧、音像视频等文艺作品中多有体现。

对于上述说法，笔者认为两种结论都不够准确，过于牵强。具述如下。

首先，"受日本士官歧视"与梁希"选习林科"之间不存在必然的逻辑关系。

就梁希在士官学校"受歧视"一事而言，虽然在此前文献包括梁希自己文章中都没有涉及，但根据当时中国落后的客观事实，华人学生在日本受到歧视的可能性是存在的。因此，可以认为，"受歧视"一事并非作者有意杜撰，也许就是事实。因为作者系亲聆过梁希教诲的学生，在过往的师生交流中得知该信息是极有可能的。

在认定"受歧视"事实存在的基础上，也很难证明在士官学校受到歧视是梁希转学林科的原因。从当时诸多实例看，在日留学的中国学生，所学的学科或专业，除了林科以外还有其他多种学科可选择，如农科、医科、地质学等。仅以当年先后在日本留学的梁希好友许璇和章鸿钊为例，许璇学的是农科，章鸿钊学的是地质。如此看来，学林并非当时梁希的唯一选择。换言之，即使他"因受歧视放弃学军"，也并不意味着"必然选择学林"。

虽然，不能说明"受歧视"与梁希"转学林"之间不存在直接因果关系，但不可否认二者之间没有任何联系。也许

"受歧视"是梁希放弃学军的主要原因，正是有了放弃，才有了重新选择的余地，也给选学林科创造了机会。

导致出现这样的认识的原因，在很大程度上可能是由于资料的缺乏。梁希一生大部分经历都发生在清末和民国时期，在那个大部分时间都处于战乱的年代，要留下一份完整的个人档案记录几无可能。后来，新中国成立以后，虽建立了档案制度，其中包括干部个人档案制度，但时间较长、加之管理不善，又造成了不少资料的散失。因此，关于梁希的详细背景资料缺失的情况就可想而知了。如此说来，在资料不全的情况下，作者能将梁希年谱初步整理出来已实属不易。

其次，"银杏树启发之说"不具客观性。

"银杏树启发之说"是继"日本士官歧视之说"之后出现的又一种说法。提出这一观点的作者在作品中没有沿用此前说法，大概也是发现了"日本士官歧视之说"中逻辑关系上存在的局限。梁希选择学林是受老家屋前银杏树启发的这一说法，的确很有创意。但笔者认为，这是一种主观的构想，即使这一构想是建立在梁希老家屋前客观存在的一棵银杏树的基础上，也难以让人们完全相信它的合理性。因为，在梁希的所有文章中，没有发现他提及过老家银杏树的任何信息。自己没有说过，只能是后人强加于他的了。对于这种说法，用于文艺作品创作以达到某种艺术效果可以理解，但不可当作史实信息加以传播。

梁希当年"改习林科"的原因探析

行为科学认为，人的行为是人在意识指导下的、主动自觉的行为。而人的意识则是由意向和认知两大因素构成，因此，也可以说人的行为是意向和认知两大因素相互作用的结果。从这一理论出发，就梁希改习林科这一决定而言，应与梁希所持的一心救国的意向（即志向），及其在日本学习期间受孙中山和章太炎的思想、国内科学救国思潮等影响而形成的新认知有关。

1. 一心救国是梁希青年时期坚定的意向

意向是指人们对待或处理客观事物的行为倾向，是人发自内心的某种需求对外在环境做出的反应。在某种意义上，体现在人生价值追求和事业选择领域的意向，也就是个人的志向。

梁希早年的人生意向，就是"一心救国"的高远志向。他的这一志向从以下两方面得到体现。

一是一介书生，弃文从武。

梁希青少年时代正值清王朝走向衰落，中国半封建半殖民地化程度日益加深的年代。甲午战败，八国联军攻占北京，清政府腐败无能，一系列以割地赔款和丧权辱国条款为主要内容的不平等条约的签订，使中华民族面临日益严重的生存危机。救亡图存成为中华儿女的时代使命。作为热血青年，梁希积极投入到这场救国运动之中。1905 年，22 岁的梁希毅然考入浙江武备学堂学习军事，以图通过强军实现救国的目标。

武备学堂是在洋务运动中，清政府仿照外国陆军学校办法建立的新式陆军学校。洋务运动又称自强运动，是晚清洋务派以"自强""求富"为口号利用西方军事装备、机器生产和科学技术以挽救清朝统治的自救运动。武备学堂的建立正是当时强军的一项举措。近代第一所武备学堂是光绪十一年 (1885 年) 李鸿章奏设的天津武备学堂，之后清政府令各省添设武备学堂，各省均仿照天津武备学堂办法设立学堂，江南陆师学堂、浙江武备学堂、山西武备学堂等随之诞生，其中浙江武备学堂于 1897 年 4 月创立。武备学堂主要教授天文地舆、格致、测绘、算化及西洋行军新法等课程及相关军事技能，以培养新的军事人才。

梁希考入浙江武备学堂学习军事的救国道路选择，从两个侧面体现出梁希的远大志向和家国情怀：首先，他一介书生选择学军，说明他心系国家，志存高远。梁希天资聪颖，16岁就已成为秀才。科举制度被废以后，原来的秀才通过科举步入仕途之路已不存在。由于父亲早逝，家境条件已不复从前，也无力支撑梁希自费出国留学。但是，凭梁希的条件可以选择当个教师，起码也可以做个塾师。然而，他并不甘心于此，而是体认到在国难当头的情况下，作为热血青年应有的担当，追求有更大的作为。其次，从处理"国"和"家"的关系来看，梁希当时22岁，已成家，且第一个孩子已于同年出生，在一般人看来，此时作为丈夫和孩子父亲，应以照顾家庭为要。如果在当地做个老师，既能发挥自己才华优势，也能照顾家庭。而梁希的选择则说明，此时在他心中"救国"比"顾家"更重要，或者说"家国同在，以国为先"，这是梁希的家国情怀的突出体现。

梁希早期这种一心救国的坚定意向的确立，可以认为，一方面应源于其书香世家良好的家庭教育；另一方面，应与梁希自身的聪颖、悟性及其对当时社会环境的灵敏反应分不开。这一意向，对之后他人生道路上的每一重大选择，都有着重要影响。

二是应邀作文，推崇革新。

清宣统元年（1909年）梁希回乡参加好友吴兴权的追悼会，并应邀撰写祭文。文辞中除了对好友的追思，同时也对当时保守的社会风气发表议论。据《双林镇志》记载："在双林镇吴兴权追悼会上，梁叔五撰祭文，诵于肖像前，声泪俱下，听者感动。"祭文中有云："视彼西邻，辈起伟人，每资学理，引任革新，奋始瘁终，移俗化民，不借权势，功成志伸。故夫一人任一国之责，而一夫力运万钧，岂吾国而独无?!""吾侪俯仰时艰，似伤煨烬，纵不自菲，曷期猛进！呜呼！吾乡青年向学犹若踌躇，视学阶为阮仕，谬引重而推誉，而或惩新锢旧，其需其徐，嬉游岁月，饮博居诸，其父兄以游学费财为掷牝，以体育偶损为前车，隔绝风气，老成自居，加以巷议街谈，所恶疮痏，说撠无稽，诋欺任臆，以忌成毁，以阿取媚。"文中大意是：西方国家伟人辈出，不断追求革新，移风易俗，教化人民，推动了社会的进步。难道我国就没有这样的杰出人才吗？进而，他对当时一些青年人在艰难的时势中随波逐流、自我禁锢、因循守旧、不求进取、嬉游岁月等不良现象进行了批判，实际上是号召大家要善于学习，追求革新。文章不仅富有文采，其中更显现出作者梁希的高尚人生志向。

2. "三大因素"促成了梁希的认知改变

与意向相对应，影响人的行为的又一重要因素是认知，它是个体认识客观世界的信息加工过程和结果。笔者认为，在梁希转习林科问题上，有三大因素对其认知产生过重要影响。

一是孙中山和章太炎的革命思想对梁希认知的影响。

梁希于1906年被资送日本留学，翌年考入士官学校学习海军。在救国的认知上，此时梁希的思想认识似乎还停留在"武备救国"层次上。

早在梁希赴日之前的1905年，孙中山已在东京领导建立了以"驱除鞑虏，恢复中华，创立民国，平均地权"为宗旨的中国同盟会，并在东京出版的《民报》上宣传革命。1906年，章太炎应孙中山之邀赴日本，参加同盟会和担任《民报》主编，并于当年7月15日在东京留学生欢迎会上发表讲演，主张革命推翻清王朝腐朽统治。同年 12 月 2 日，孙中山在东京《民报》创刊周年庆祝大会上也发表号召革命的演说。从梁希与同乡陈其美一同加入了同盟会一事上看，梁希自然对这些活动抱有极大的兴趣并积极参与，无疑在其中了解了孙中山和章太炎等民主革命家的思想。通过对孙中山和章太炎的革命思想的接触和理解，应该说梁希深受启迪，进而改变了此前"武备救国"的认知，真正认识到"革命救国"才是更加重要的方向。可以认为，此时梁希已实现了他从"武备救国"到"革命救国"的认知转变。辛亥革命爆发后，梁希随即回国参加革命，就是这一认知转变后所采取的实际行动。

另外，在《民报》创刊周年庆祝大会上，孙中山在演说中讲到三民主义中的民生主义时，强调："凡是大灾大祸没有发生的时候，要防止他是容易的；到了发生之后，要扑灭他却极难。""革命的事情是万不得已才用，不可频频伤国民的元气""我们革命的目的是为众生谋幸福"等，这些思想让梁希开始认识到民生问题的重要性，为后来学习林科以服务民生做了思想铺垫。

二是国内"科学救国"思潮对梁希认知的影响。

鸦片战争之后，在"师夷长技以制夷"和"中学为体、西学为用"的思想指导下，洋务派发起自强运动，掀起了学习西方科学技术的热潮。甲午战争后，日益深重的民族危机感使"科学救国"成为了爱国知识分子的一种救国方案选择。维新思想家通过译书、办报等手段，掀起了科学宣传活动：首先，翻译西方自然科学书籍。正如梁启超所说"译书为强国第一义"。1896 年，上海创立了专门的出版机构——六先书局。该书局"专售格致、化学、天文舆地、医学、算学、声学、水学、光学、热学、气学、电学、兵学、矿学，一应新译新著洋务各国，无不搜集完备"。其次，创立学会，推动科学知识的传播。在康有为、梁启超等人的倡导和影响下，诞生了中国最早一批自然科学学会，如1896年成立了以发展农业科技为宗旨的上海农学会等。据统计，这一时期在全国创立的自然科学学会有50多个。第三，创办报刊，促进科学宣传。维新思想家特地创办专门性科学类报刊，如《格致新报》《知新报》等。《知新报》"专译泰西农学、矿学、工艺、格致等报，而以政事之报辅之"。 维新思想家对科学的深入宣传，使人们越来越意识到科学在救亡图存中的重大作用，较为明确的"科学救国"主张应运而生。1902年，严复提出"以科学为艺，则西艺实西政之本"，即"科学"是国家发展的根本。1905年，康有为提出"科学实为救国之第一事"被认为是"科学救国"思想正式诞生的标志。作为一种较为明确的科学救国思想，康有为对科学内涵与科学重要性做了阐释，他认为科学包含应用科学与自然科学知识，即"政律之周备，及科学中之化光、电重、天文、地理、算数、动植生物"；还提出了实现科学救国的具体途径，主张将科学应用于实业，"炮舰农商之本，皆由工艺之精奇而生；而工艺之精奇，皆由实用科学，及专门学业为之。"此外，他还提出创办实业学校等方式提高国民的科学知识，以实现科学救国。

也许在梁希早期的思想认识中，武备救国似乎显得更加迫切，对科学救国的认知还未上升到一定高度。当他走出国门以后，看到日本当时各项科学技术之发达，同时又在与同时期在日本学习的中国留学生如许璇、章士钊、侯过等密切的交往交流过程中，也受他们的学科背景的影响，逐步认识到科学技术之于救国的重要性。另据王希群等编著的《梁希年谱》中所记，梁希于1909年8月入日本第八高等学校农科学习这一事实，可能就是梁希在受孙中山、章太炎革命思想影响后，进而在科学救国思想影响下作出的一个重大抉择。

三是民国初年长江严重灾情对梁希认知的影响。

辛亥革命爆发后，梁希回国参加革命，同时目睹的另一番国情应是促使梁希选择转向学习林科的主要动因。

早在辛亥革命爆发之前，一场特大水灾席卷了长江中下游，其中江苏、安徽两省受灾最重。在江苏，大水灌入南京城，学堂停课，商店停市，米粮绝迹。安徽无为县更是一片汪洋，村落庐舍全被淹浸。无家可归的灾民或蜷伏高地，或麇聚小舟，渡江觅食者达数十万众。面对如此严重的灾情，清政府派邮传部尚书盛宣怀担任筹办江皖赈务大臣，又派冯煦担任江皖查赈大臣，前往灾区查赈散赈。但是，由于国库空虚，赈款严重不足，更加以赈济效率低下，清政府在江皖的救灾收效甚微。

就在无数灾民苦苦挣扎于死亡线之时，辛亥革命爆发，中华民国南京临时政府成立。民国元年（1912年）春，长江中下游地区水灾依然严重。临时政府成立后，灾荒成为摆在革命党人面前亟须解决的问题。据《临时政府公报》第四十号记载："窃维江皖两省为扬子江下游门户，连年水患频仍，偏灾时遇迨至去秋淫雨连绵，江潮暴发，箍江大岸冲决无算，上至皖南各府，下逮镇扬苏常，袤延千余里，淹没百余处，汪洋一片，遍地哀鸿。"为此，南京临时政府成立以孙中山大总统为正长、陆军总长黄兴为副长的"救灾义勇军"，以"专司挑筑扬子江下游被冲圩堤"。

南京临时政府成立后不久，南京临时政府陆军部正式致电各省军政府都督，令其裁撤军政分府。通告指出："现战事已将告终，民政应设专员，军政应筹统一，军政分府多属无用，希贵都督酌量情形，将所属军政分府分别裁撤，以一事权。"梁希所在的军政分府随之撤销后，回到了家乡。梁希家乡地处受灾严重的长江下游太湖湖畔的湖州，每每长江发生灾情，家乡都难以避免。家乡的灾情和救灾义勇军的作为，梁希都看在眼里。但在梁希看来，眼下的救灾之举仅为权宜之计，要从根本上解决水患，真正缓解民生之苦，需要有更科学的方法。

除了孙中山的三民主义和科学救国的思想基础以外，实际上梁希在日本对有关科学知识已有所了解，特别是在与好友许璇（东京帝国大学学农科）、侯过（东京帝国大学学林科）等人交流中，对森林防止水灾的作用应该有所了解，但认识可能还不深入。面对此情此景，作为防止水灾的一种更科学的方法——培育森林和发展林业的重要性，在他的意识中才真正地上升到从未有过的高度，从而才深刻地意识到了林业科学是解决民生问题的一条重要途径。后来梁希发表的《民生问题与森林》《有关水土保持的营林工作》等文章中，都清楚地印证了他的想法。

在当时日本和西方国家农林科学教育已经相当普遍实行的情况下，中国的农林科学教育还只是在少数学堂中开有为数不多的几门课程，特别是高等农林教育几乎还是一片空白。这对一心救国的梁希而言，为弥补我国林业科学极端落后的缺口，改学林业科学的念头也许就此而生。此时，在梁希看来，学习林科、振兴林业、防止水灾以缓解民生之苦，也是救国之道；也因此才有他再赴日本，开启在东京帝国大学学习林科的历程。

梁希专攻森林利用与林产制造学的原因分析

关于梁希专攻森林利用和林产制造学，应是在他学习了林科一段时间之后，基于对林业科学知识体系的深入了解后才做出的决定。

当时日本林业科学教育体系已经比较完善。根据著名日本林学家本多静六在《森林效用论》一文中的有关介绍，他将林学定义为："林学者，研究经营林业，使森林及其产物直接间接适于吾人之用之理论及方法之学也。……林学非一学科之学术而成一大学术系统，其中包括多数分科。"当时日本的林业教育分为预科和本科，预科的知识主要包括数学、物理、化学、动物学、植物学、矿物学、地质学、土壤学、气象学、经济学等；本科知识体系主要由三大科组成：森林生产学（包含造林学、森林保护学、森林利用学）；森林经营学（包含测树学、森林经理学、森林管理学）；林政学。此外，还设有林学辅助学科，如财政学、法学大意、农学大意、工学大意等。从中可见，在该知识体系中，所说梁希专攻的森林利用学和林产制造学，属于"森林生产学"这一大科，且"林产制造学"应包含在"森林利用学"分支学科之中。

从梁希经历来看，他早年致力于救国的志向坚定，因此选择专攻森林利用学和林产制造学，应主要是其后来对于林科知识体系及其价值的认知有了新变化，从而促成了他在专业方向上做出这样的抉择。具体分析如下：

首先，从梁希之前选择学习林科的目的来看，选习林科是为振兴林业、防止灾害、缓解民生之苦，以实现救国之志。也许当初他所理解的林科知识似乎主要是侧重于造林和森林保护，森林利用的因素考虑得较少。当他经过一段时间学习，意识到了森林生产学中的森林利用学的知识，对于森林保护同样具有重要意义。其意义在于森林的科学和合理利用，可以提高森林资源的利用率，从而减少对森林的采伐以达到保护森林资源的目的。因此，专攻森林利用学的目的与选习林科的初衷并不矛盾。

其次，从当时日本和西方的森林利用实际情况来看，森林利用技术的应用已经相当普遍，森林工业已较为发达。在当时的日本，木材加工领域已做到用松木和榉木生产电车、紫杉做铅笔、桦木做火柴、胡桃木做成飞机螺旋叶片等；林产化工方面有树脂单宁制造、樟脑油的提取等。这些生产技术与产品都与国家经济社会发展、百姓的生产生活密切相关。相信这些森林利用的实际状况，对于梁希的专业思想的形成是有启发作用的。

再次，从当时中西方比较来看，西方国家的工业化已达到了相当水平，无疑科学技术在其中发挥了重要作用。而中国尚处于极端落后的状况，学习借鉴近代西方科学技术才初步形成一种思潮，科学技术的普及和应用尚处初级阶段，这意味着科学技术包括森林利用学对于中国社会发展而言，有着极大的需求。

此外，当时在日本、美国和欧洲留学的中国留学生中，学习林科的人相对较少，且专攻森林利用学的更少。从当时早于梁希之前回国的林科留学生韩安、陈嵘、凌道扬等（后来都成为中国著名林学家）实际工作后的学术专长看，都主要集中在造林学、林业政策等方面，森林利用学方面的人才尚属空白。

因此，也许正是基于上述的分析，使梁希在森林利用学和林产制造学的学科价值的认识上有了新认知，并结合当时国情以及社会发展的需要，才选择该专业领域作为主攻方向。

后来的事实说明，梁希选择主攻森林利用学和林产制造学是富有远见和正确的决定。在他后来长期从事的林业教育和林业科学实践中，不仅奠定中国林产化工学科基础，培育了一批人才，还在桐油和樟脑油等林产制造技术的研究等方面取得了一批重要成果，有效地服务于国民经济建设。对于梁希在学科建设上的贡献，著名林学家马大浦曾评价说："先生自 1916 年起先后在北京农业专门学校、浙江大学及中央大学等校的森林系任教三十余年，专授及其他森林工业等方面的课程，最后在中央大学森林系内将这方面的课程发展成为森林系的一个专业组——森林利用组，专门培养森林利用方向的学生，并在森林系内设立森林学研究所培养硕士研究生。我国大学森林系分组授课及设所培养研究生，均自先生任教中大时开始的。《森林利用学》及《林产制造学》这两门森林系必修课程，在解放前各大学森林系由早期很难开出，到后期能陆续开出，得力于先生谆谆教诲，积极培养人才，立功匪浅。也给解放后高等林业教育能够独立建院，扩充专业门类，特别是森工各专业建立了基础。"

结 语

通过以上分析，可以认为此前关于梁希改习林科缘由的两种说法虽被广泛采用，但存在着一定的局限。本文对于该问题分析的结论是：梁希当年改习林科的抉择，是由他早年一心救国的坚定志向，以及他后来受孙中山和章太炎革命思想、科学救国思想、民国初年长江灾情影响形成的新认知共同作用的结果。总体而言，可以这样认为，在影响梁希选择攻读林科的决策诸因素中：一心救国的坚定志向是这一行为选择的前提；孙中山和章太炎革命思想是该行为选择的重要思想基础；科学救国为该行为的选择指明了路径；目睹家乡的灾情是促使其行为选择的关键动因。至于专攻森林利用和林产制造学，主要是由于梁希本人在经过一段时间林科学习后，在对林科知识体系深入了解的基础上，基于森林利用学与当初选学林科目的一致性，以及国家社会发展对森林利用学的需要的综合判断后作出的选择。

像梁希一样爱科学爱林业

季良纲

浙江省科学传播中心
浙江省科普家学会

2020年是一个特殊的年份，突然而至的疫情袭来，完全打乱社会生活的一切节奏，许多人都被迫困守在家中，以毅力与勇气挣扎着，开始了与疫情搏击的艰难的日子。值得庆幸的，我承担的"浙籍科学家传记丛书"的创作任务，终于有了一个可喜的结果，《大地之梁——梁希传》由浙江科学技术出版社正式出版。捧着散发着油墨气息、花费了一年多时间写就的这本书，内心的确十分激动，这是我与痛苦搏击后获得的一份难得的喜悦！广泛收集研究资料，创作一本梁希先生的传记，记述一位浙江籍科学家的传奇人生，展示他在科学研究、科学教育、社会活动、诗歌创作等领域的不平凡经历。在翻阅资料、搜检那些久远的记忆，追寻那早已模糊的背景，在那些动荡不安的岁月里，梁希先生在理想选择、爱国情怀、个性发展、科学研究、教书育人方面所展示的人格魅力，越发清晰起来；其道德文章、人生态度、敬业精神，仿佛化作了一页页一行行的字迹，在字里行间，在充满岁月气息的照片里，闪烁着独特的光芒，给人以警醒，让人感悟，使人不由自主地产生由衷的敬意！

（一）

北京大学陈平原教授在《晚清的魅力》中写道："我经常将晚清与五四两代人放在一起。借用福泽谕吉的话，这两代人的共同特点是'一身而历两世'。"他还说，这些徘徊于古今、中西间的身影，显得格外敏感、幽深、复杂多变。晚清及五四那两代人，都拥有"路漫漫其修远兮，吾将上下而求索"的信念。这种求索的姿态，着实让人感动。他们在怀疑中自我抉择，承担绝望中抗争的痛苦。从这些人的命运、境遇、精神和趣味之中，你或许会看到诸多熟悉的蛛丝马迹，你所忧虑的事或许也曾被他们所忧虑。的确，在晚清到民国巨大时代变迁的大背景下，多少有志的知识分子，都经历极为艰难的抉择，有人隐遁，有人沉沦，有人奋起，也有人九分兼济天下，却又给自己留下一方净土。

我斗胆将梁希先生归于这一群体，因为从他的非凡人生经历、思想演进中，发现了许多那个时代人的特征，有鲜明的代表性。他从浙江大地起步，从传统书香子弟到现代知识分子，一生所历，无论科学教育、科学研究，还是林业行政管理，始终遵循着"科学"与"民主"这条主线，自觉地将个人发展与国家命运紧紧结合，进行了不懈地艰难的探索。"弃文从武"是这样，"弃武从林"也是一样；致力科研、教书育人是这样，走向追求民主，敢于牺牲也是这样；在人民当家作主的新中国，依然是以国家人民利益为生，本着科学理性的态度，彰显着鲜明的个性，敢于据理力争，表现了那个时代正直知识分子的独特风貌。综观那个时代的群像，他不是最激进、最前沿的那些，无疑是走得最平实、最稳健的那种，其心路历程经过了幽暗、失意、苦闷，最终顺着历史的洪流，勤恳向前奔跑，走得更远也更有影响，赢得了更多人的尊敬与怀念。这批人中，不少人从晚清革命到读书留学，从学术研究到民主抗争，分分合合，怨恨情仇，在1949年这场大变革前作出了不同的抉择，或北上，或南渡，或出洋，或淡出。梁希先生原本一介书生，自名"凡僧"，看似不如一些人活跃激进，但是，他以林学专家、民主教授的身份，毅然一路北上，并被委以重任，成为新中国的一部之长，一跃而成为同辈中的佼佼者，在北上人群中具有了标志性的意义。

梁希先生的一生，历经清末革命、民国创立、北洋政府、国民政府、中华人民共和国等历史阶段，有着乡绅子弟、晚清秀才、武备军人、大学教授、林学专家、学会理事、民主人士、党派领袖、政府部长等多种身份、多种社会角色的转换，不平凡的生活学习、教育科研经历，心怀美好理想的长期探索，映照着"跨越两个世代"知识分子的独特人生。

"从民主救国、科学救国到赞同只有社会主义才能救中国，这是近代中国进步知识分子共同的经历。梁希的一生，非常典型地体现了这个过程。梁希是我国久负盛名的林业科学家、林业教育家，同时，也是一位著名的社会活动家，更是一位优秀的民主革命战士、中国共产党的真诚朋友。"1983年12月，中共中央政治局委员方毅在梁希百年诞辰纪念会上的这段话，是一段评价极高的公允之论！

他走过的这段历史，遭遇了各式人等，经历了许多大事，也有着各种复杂的感受：有梦想冲天的"武备"岁月，有理想破灭的痛苦与绝望，有看破世事、甘做"凡僧"的寂寞，有埋头科研、不事权贵的专注，也有前途迷茫、渴望光明的"苦闷"，但是，时代变革的洪流推动着他向前，逐渐复苏了青年时代的激情，引导他奋不顾身地融入其中，进出"起看星河含曙意，愿将鲜血荐黎明"的强烈心声，毅然"北上"，勇敢"出山"，达到了人生的新高度新境界。他与同时代的所有敲击"林钟"的人一起，奋力推进科学梦想的实现，在林学思想、林业教育、林产化工、学会管理、公众科普等领域，推动了中国林业开拓性发展，实现了理想与现实的完美结合。

从这个角度看，梁希无疑是那个时代执着的追梦人，是科学精神的实践者，也是最值得尊敬的科学家！

（二）

在写作过程中，我查阅了大量与梁希先生有关的图书、资料、研究论文和他的友人、学生撰写的纪念文章；在浙江大学、南京大学、中国林学会等官网上，以及浙江省图书馆，查阅、核对涉及的重要信息，查阅多个时期的报刊、图书和湖州地方志等资料，以佐证事实，解答疑惑，确保重要事件准确无误；多次专程赴双林镇、梁希纪念馆，访问他在湖州的亲人，寻找梁家老宅，察看银杏树、老街、河塘、桥梁，聆听当地老人讲述故事，写了《一棵银杏的故事》发表在2020年第一期的《浙江林业》杂志上。

一年来，我得到各方面的支持和帮助，在大家的齐心协力下共同促使这一件事的圆满完成。浙江省科普协会副理事长兼秘书长赵宏洲先生，与我多次交谈，提出了许多很好的建议意见，了解询问创作中的疑惑，一起赴湖州梁希纪念馆调研，专程拜访梁希先生的孙女梁伟华女士，获得对于创作传记的授权和支持。梁希森林公园管理处、梁希纪念馆对创作给予大力支持，徐新泉、朱炜两任管理处主任提供许多梁希先生的珍贵资料和图片，将馆内珍藏的资料借给我查阅。中国林学会郭建斌热情地发来了一批工作图片，并提出很好的建议。浙江省科学技术出版社负责策划、编辑、校对的潘黎明，以及为设计提供帮助的季桂虹等为图书的编辑设计等做了大量的工作，并提出许多好的创意。

《大地之梁——梁希传》出版后，得到了各方的好评和肯定。浙江林学会获悉，浙江省林业厅科技处处长何志华亲自到我办公室表示祝贺，并详细了解我的创作经过，肯定我做了"他们一直想做而没有做成的事"，当场采购了五百本，分发给全省林学会会员学习使用。九三学社浙江省委过维雅秘书长也给予大力支持，也购置三百多本图书作为社员学习资料，帮助社员了解九三学社创始经历和梁希先生的重要贡献。湖州市党政部门领导认为，这是为湖州当地文化宣传做了一件好事，副市长兼公安局局长张宏亮专门约我交谈，了解创作经历，询问梁希先生生平经历和对我国林业事业的巨大贡献。湖州科技馆邀请我共同策划"湖州籍林学大家梁希陈嵘事迹展"，作为弘扬科学家精神的重要方式，准备在中小学校巡展；双林镇及时启动了梁希故居修复工程，将包括那棵银杏树在内的周边环境进行整治，拆除故居边上的民房，专门开辟梁希故居纪念展示场所。中国林学会陈幸良秘书长、曾祥谓副秘书长等给予关心和好评，将传记作为大会入袋资料，用于 2022 年在梁希先生故乡湖州召开的梁希科学技术奖颁奖大会，让每一位梁希奖获得者人手一本，期望梁希精神根植于广大林业工作者心中。中国科普作家协会在 2022 年世界阅读节期间，将《大地之梁——梁希传》推荐为百部优秀原创科普作品，位列十七位；浙江省科学技术出版社在"百名社长推荐好书"活动中对该书进行了专门推荐。浙江省科普作家协会将此书评为第五届浙江省优秀科普作品金奖。在长沙举办的中国科协第23届年会上，我做了题为《讲好科学家故事，弘扬科学家精神》论坛报告，分享创作体会，文章收录湖南科学技术出版社出版的《机遇：科学艺术融合发展》一书。2023 年在杭州举办的第二届全民阅读大会上，我再次做了专题演讲，《新阅读》杂志以《讲好科学故事，促进科普阅读》为题进行专题报道。

（三）

与此同时，曾任科学普及出版社暨中国科学技术出版社社长、中国科学技术馆党委书记的苏青研究员，热情地为该书写了长篇书评《一代师表栋梁英，精神不朽品德晶》，充分肯定了创作意图，详细分析了写作创新特点：一是立体写人，纵向写史；二是聚焦科技，落笔人文；三是删繁就简，细处铸魂；四是尊重历史，合理想象。在此，我特意将书评的主要的观点摘录如下，使大家进一步通过阅读科学家传记，了解梁希先生的传奇一生。

《大地之梁——梁希传》不仅书写了梁希从武备救国、科学救国到爱国奉献、责任担当的辉煌人生，塑造了他毕生从事林业科学教育丰满的科学家形象，彰显了中国知识分子独有的家国情怀；也展现梁希与中国现代史上的许多重大事件、重要人物、重大活动之间千丝万缕的联系。传记勾勒出他所处的时代背景，展现他在历史大潮中的思想演变，挖掘他在特定时代、特定环境、特定事件进程中的价值和作用，为读者奉献了一部鲜活的社会进步史、思想发展史、科技教育史，可谓立体写人，纵向写史。

《大地之梁——梁希传》虽然写的是科技人物，着笔充满人文意味。书名"大地之梁"，别有深意，既是源自梁希姓氏，也暗喻他作为林业科学家为林业事业作出的巨大贡献。全书每一章都以"嘉木名诗"开篇，精心选取一种名木，配以描写该名木的诗词作为引子，以"林人树语"解读名木所蕴含的寓意，可谓别开生面、别具特色、别有意境。如第一章"书香少年"选的是"树中珍品"银杏，配以宋代葛绍体《晨兴书所见》："等闲日月任西东，不管霜风著鬓蓬。满地翻黄银杏叶，忽惊天地告成功。"通过名木、名诗诠释生命的盛衰过程，描写四季的变化更替，为梁希日后的成长、发展做出铺垫，给人以珍惜时光、不负光阴的启迪。全书通篇紧扣一个"林"字，很好地体现了作为林业科学家梁希传记的特色，以及林业科普读物的特点。

梁希喜欢写诗，人称"森林诗人"，常常以诗记事、抒情，"一路行来一路诗"，是一位非常有诗意、有情怀、有人文底蕴的科学家。全书特意设立"森林诗人"一章，解读梁希的主要诗作，彰显他对森林、林产和林业教育科研的深厚感情，增进读者对他诗意人生的理解，让读者领悟文学底蕴、人文情怀和文化浸润对一个人的全面发展所起到的重要作用。

书评还写道；梁希的一生是热爱祖国、热爱科学、热爱林业、热爱教育的一生，可谓经历丰富、征程曲折、事业辉煌、人生精彩，可书可写的内容非常多。全书提纲挈领、删繁就简、采撷精华，谋篇布局"追梦林人""林化先驱""林学名家""学会掌门""九三领袖""民主教授""政府部长""科普名家""一代师表"等章节，突出了他作为林学科学家、林业教育家、新中国首任林垦部部长、社会活动家这4个最重要的角色，用有限的篇幅构筑起了一个丰满、立体、全面、真实、可信的科学家人物形象。

全书注重实地观察，善于发掘史料，通过细节描写来丰富全书的脉络、主线，营造传记的人文氛围，彰显传主的性格品行。图书开篇描写了梁希故居老宅仅存的一棵银杏树，讲述了梁希童年的生活趣事；书末附件中收录散文"一棵银杏联想"，记述这棵银杏树的来历、现状及参观者的感悟。

一株银杏，前后出现，首尾呼应，突出"林"字主题，贯穿全书主旨，足见作者用心之良苦。

为了彰显梁希作为科学家求真务实的品德、作为政府官员顾全大局的操守，"政府部长"一章，详细记述了梁希在黄河三门峡水利建设工程决策过程中的态度变化，分析了他的认识变化的深层原因。他观点鲜明，态度坚决地认为，在泥沙送河问题没有得到有效解决之前，在水情最为复杂、最为凶险的黄河中游建造大坝，失败是必然的。待中央确定了工程建设方案，他又能以国家利益为重，保留个人意见，积极配合，尽力补救，积极倡导在黄河上游植树造林，建设西北防护林。

人物传记必须尊重历史，需要在浩如烟海的史料中认真辨析、去伪存真，对史料中记述不全或与历史不尽相符之处，采取认真考证、适度存疑态度，既如实记载，又给读者和相关研究者留下思考、探究空间。1906年，梁希被选送日本留学，最初入日本士官学校，不少回忆资料都记述他在那"学习海军"。但是，作者查阅了大量资料后，发现那个时期的日本士官学校只培养陆军军官，设有步兵、炮兵、骑兵等科，并没有海军科，故予以考证辨析，有利于人们更好地尊重历史真实。

在基于事实和史料的基础上，对梁希在重要人生转折关头或重大历史事件中的思绪和心境，做了合理的想象描写，使得传记更加生动亲切。如1916年梁希在日本东京帝国大学农学部林学专业学成回国，在海轮上的心理描写；1943年周恩来等人在重庆新华日报社驻地为梁希60岁祝寿的场面；1945年毛泽东"重庆谈判"期间秘密会见了梁希在内的民主党派人士，以及周恩来点名梁希担任首任林垦部部长，是他人生选择的重要时刻，对他的思想立场和事业发展等，起到极为重要的作用，作者结合在场人员的回忆、历史记录等重要资料，对特定情境下人物心理、言行等进行了适度的描写刻画，使人物形象更加真实丰富，也更具感染力。

苏青还特意以词牌《画堂春》为名，填词一首，表达了对梁希先生的敬仰之情："江南望郡栋梁丁，青春热血国倾。育林兴会普科行。一代师英。传记平生书就，浓情翰墨盈萦。精神不朽品德晶。青史垂名。"对梁希先生的不平凡的一生，再次作了形象的概括和高度的评价。

（四）

2013 年，国家设立了首个全国生态日，生态文明建设进入新阶段；在梁希先生诞辰 140 周年纪念之际，我们以各种形式纪念这位伟大的林业科学家、教育家和社会活动家，追忆他对于林业的感情，对科学的不懈追求。我愿以这一本《大地之梁——梁希传》，表达对他的深深敬意和怀念！

斯人已去，风范长存！大力弘扬科学家精神，促进科技创新发展，是实现科技自强自立、建设世界科技强国伟大征程的必然要求。期望更多的林业工作者、林学研究者和科普工作者，始终追随梁希先生的足迹，研究他的林学思想，传承他的科学精神，创作更多形式的图书、绘本、剧本、诗歌等科普作品，或者以展览、演出、讲故事、沙龙活动等方式，将梁希先生"无山不绿，有水皆清，四时花香，万壑鸟鸣，替河山装成锦绣，把国土绘画成丹青。新中国的林人，同时也是新中国的艺人"的美好理想，进一步发扬光大，久远传承，引导人们牢固树立和自觉践行"绿水青山就是金山银山"的理念，热爱科学，热爱林业，向往绿色，探索自然奥秘，建设美丽家园，为奋力实现中国式现代化作出新贡献。

国家名片上的梁希先生

王希群

中国林业科学研究院林业科技信息研究所

新中国成立以来，党和政府极为重视科技工作，培养了一大批科学家，他们以坚定的爱国主义、顽强的探索精神、踏实的勤奋工作，为国家的经济建设，民族的科技振兴作出了卓越的贡献。为展现他们的辉煌业绩和伟大精神，国家邮政部门从 1988 年开始有计划地发行了《中国现代科学家》纪念邮票，到 2022 年共发行九组 38 位中国现代科学家，每一位入选者都堪称国之脊梁，更是中国科学事业由弱到强的典范和缩影。其中，2006 年发行《中国现代科学家（四）》纪念邮票一套四枚，邮票图名分别是梁希、茅以升、严济慈、周培源。邮票主图为梁希先生像和其亲笔签名，背景配以由几何图形组成的林木图案，由上海印钞厂著名雕刻专家徐永才完成。这套邮票的特点：一是为配合中国科学技术协会第七次全国代表大会的召开而发行的；二是以写实素描手法刻画科学家的半侧面或正面头像，利用线条的交织组合和光影的浓淡搭配传神地展现科学家们的形象，并以淡彩简笔符号象征各科学家的研究领域；三是亲笔签名的设计丰富了素材构成；四是采用胶雕套印。

梁希先生是中国杰出的林学家、教育家和社会活动家，中国近代林学的开拓者，林业界德高望重的一代宗师和新中国林业事业的奠基人。新中国成立后，他先后担任首任林垦部（后改为林业部）部长、中国林学会第一届理事长以及中国科学技术协会副主席、中国人民保卫世界和平委员会常务委员；曾当选为中国科学院第一届学部委员，第一、二届全国政协常委，第一、二届全国人大代表，九三学社副主席、监事等。梁希先生1958年12月10日去世，享年75岁，12月14日中共中央、国务院在北京中山公园中山堂举行公祭，九三学社主席许德珩在悼词中称颂梁希"是一位热情的爱国主义者，是一位有骨气的民主主义革命战士"。1983年12月15日，在全国政协礼堂，由九三学社中央、全国政协、中国科学技术协会、中国林学会、中国农学会共同举行的梁希同志诞辰一百周年纪念会上，时任中共中央政治局委员方毅赞扬梁希是"中国共产党的真诚朋友，我国林业界一代师表，我国科技界的一面旗帜"。2003年12月28日，由中国科学技术协会、国家林业局、九三学社中央委员会共同主办的"纪念梁希先生诞辰120周年暨梁希科技教育基金成立大会"在北京人民大会堂隆重举行，全国人大常委会副委员长、九三学社中央委员会主席韩启德，全国政协副主席、中共中央统战部部长刘延东，中国科学技术协会主席周光召出席。韩启德在致辞中称赞梁希是"我国杰出的林学家、教育家、社会活动家、九三学社德高望重的领导人"。

为了纪念这位著名的林学家，中国集邮总公司、北京市邮票公司和他的家乡浙江省湖州市邮政管理部门，在邮票发行之日制作了首日封和极限片，之后中国科学技术协会、中国林学会也制作了纪念封。2023年是梁希先生诞辰140周年，现将有关图片呈现出来，以飨读者。

《中国现代科学家（四）》首日封

2006年5月13日，中国科学技术协会和国家邮政局在中国科技会堂举行了第四组《中国现代科学家》纪念邮票首发式，为配合邮票的发行，中国集邮总公司、北京市邮票公司分别制作了首日封（图1、图2）。

《中国现代科学家（四）——梁希》大版首日实寄封

2006年5月13日，广州叶伟德制作了《中国现代科学家（四）——梁希》20枚大版首日实寄封，实寄封加贴长城80分盖有"北京2006 05 13 20 林业大学1"的收寄日戳（图3），极为珍贵，北京林学院（现北京林业大学）也是在梁希先生的倡议下于1952年创办。

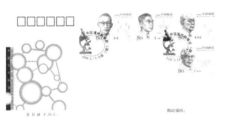

图1 中国集邮总公司《中国现代科学家（四）》首日封

图2 北京市邮票公司《中国现代科学家（四）》首日封

图3《中国现代科学家（四）——梁希》大版首日实寄封

《中国现代科学家（四）——梁希》纪念邮票首发纪念封

2006 年 5 月 13 日，国家邮政局、浙江省邮政局、湖州市人民政府联合在梁希先生的出生地"千年古镇"浙江省湖州举行了梁希纪念邮票首发式，湖州市邮政局特制了《中国现代科学家（四）——梁希》纪念邮票首发纪念封和绫绢封各一枚（图4、图5）。

中国科协第七次全国代表大会首日封

2006 年 5 月 23 日，中国科学技术协会第七次全国代表大会在北京人民大会堂开幕，《中国现代科学家（四）》成为一份贺礼。为了纪念大会召开，中国集邮总公司制作了首日封，封上采用的邮票为林学家梁希（图6）。

中国林学会百年华诞纪念封

2017 年 5 月 6 日，中国林学会成立 100 周年纪念大会在北京人民大会堂召开，共庆中国林学会百年华诞，中国林学会专门制作了中国林学会百年华诞纪念封（图7）。百年会徽象征中国林学蒸蒸日上，兴旺发达。

图 4 湖州市邮政局梁希首日封　　　图 5 湖州市邮政局梁希绫绢首日封

中国科学技术协会第七次全国代表大会纪念

邮政编码：

图 6 中国科学技术协会第七
次全国代表大会首日封

图 7 中国林学会百年华诞纪念封

图 8 中国 · 中国现代科学家（四）
梁希极限片

图 9 浙江湖州 · 双林梁希极限片

062

图 10 北京 · 和平里梁希极限片

图 11 北京 · 科学会堂梁希极限片

图 12 北京·科学院梁希极限片

林学家梁希极限片

为了纪念梁希先生，由湖州邮政局和集邮爱好者选择在梁希先生生活和工作的足迹的附近邮局制作了极限片，分别是中国·中国现代科学家（四）（图 8）、双林浙江湖州·双林（图 9）、北京·和平里（图 10）、北京·科学会堂（图 11）、北京·科学院（图 12）。

2006 年 5 月 13 日，梁希、茅以升、严济慈、周培源纪念邮票首发式在中国科技会堂举行，有关单位的领导出席首发式并分别介绍了四位科学家生平事迹，中国科学技术协会与国家邮政局领导为邮票揭幕，四位科学家亲属代表为邮票首日封揭幕。这 12 枚梁希先生的首日封、极限片，从一个侧面展示出梁希先生为中国林业奋斗终生的精神。人民永远铭记他。

梁希森林公园建设的回顾

陆行舟

湖州市梁希森林公园管理处

湖州市梁希国家森林公园，以先生为名，为纪念先生而建立。公园内的梁希纪念馆，则是所有林业人纪念梁希先生的殿堂。

森林公园的建设

四十年前的一天，一座 3 米多高的汉白玉雕像伫立在湖州市南郊。这是著名林学家、林业教育家、社会活动家梁希先生的雕像。雕像的落成，也标志着以梁希先生命名的森林公园在他的家乡正式建成。森林公园位于浙江湖州市苕溪河畔的鹿山脚下，是在梁希先生百年诞辰之际，家乡人民在全国各地近 50 个组织、单位及个人的助力下，精心选址、规划建设的以纪念人物为主题的森林公园。它的落成是对先生最深切的缅怀。

20 世纪末，因国家重点交通项目杭宁高速公路需穿过森林公园主体区域，公园土地被征用。在各方呼吁下，2009 年，湖州市委、市政府决定重新规划，在原址附近再建梁希森林公园，将其定位为国家级森林公园，列入市重点工程建设项目。项目于 2011 年启动，经过 3 年的建设，梁希国家森林公园一期于 2014 年 12 月 28 日正式开园接待游客。园内有五木（金钱松、湿地松、悬铃木、落羽杉、樟树）参天耸立，正合梁希先生"一树青松一少年，葱葱五木碧连天"之意。走在梁希森林公园，很容易想起东坡先生那首著名的《定风波》："莫听穿林打叶声，何妨吟啸且徐行。竹杖芒鞋轻胜马，谁怕？一蓑烟雨任平生。"

漫步在公园，郁郁葱葱，绿荫蔽日。这里没有北方园林的恢宏大气，也不同于苏州园林的精致典雅，却有一番自然幽静、沉稳内敛的韵味。公园内有林间栈道可曲径通幽，有溪畔亭台可曲水流觞，周边数千亩天然次生林植被群落，季相变化明显，呈现芙蓉争春、翠竹消夏、枫叶迎秋、青松傲雪的迷人景色，在不同的季节里，都能领略到独特的山野情趣。登临石鼓山、和尚山俯瞰，层峦叠嶂、连绵起伏，潺潺的溪水，清澈静谧的湖泊，远处清丽湖城尽收眼底。

梁希纪念馆

坐落在灵兰山谷南侧的梁希纪念馆，是现有唯一一个以纪念梁希先生为主题的人物纪念馆，也是整座森林公园的灵魂。纪念馆以梁希生平事迹的宣传教育、梁希文物资料的征集保护、梁希思想作品的科学研究为主要任务，集收藏、展示、研究、交流和服务等诸多功能为一体，运用翔实的资料、艺术的构思、高科技的手段，反映梁希精神，弘扬生态文化。

梁希纪念馆远离城市的喧嚣与嘈杂，静驻于青山翠谷之中。其设计本身充分考虑建筑与环境的协调统一，外墙饰有黛色毛石，屋顶及墙面间配以朴实无华的原木切面，加之饱经风雨形成均匀质感的暗红锈板，使得整个建筑显得简朴、含蓄，却又独具韵味，宛如一幅纯净素雅的水墨画。馆内结构也独具匠心，自然天光巧替灯光投影，玻璃幕墙引入窗外如画风景，开放的半室外空间，随意的流动展线，打破了传统展馆中几乎封闭固定的引导路线，也一改以往沉重刻板的纪念方式，营造出一个轻松、自然的休闲空间。室外则蓄满一方碧水，微波荡漾，与纪念馆建筑的倒影相映成趣。梁希先生的雕像静伫在亲水平台，身旁三只洁白的小鹿陪伴，先生手搭一件风衣，似乎是在巡山路上驻足小憩，与同行者诉说"无山不绿，有水皆清，四时花香，万壑鸟鸣，替河山装成锦绣，把国土绘成丹青"的美好愿望。

步入梁希纪念馆，不再是中规中矩的传统陈列，而是具有现代设计感的时尚空间；不再是整个展板的图文堆砌，而是留有空白的无限遐想。徜徉在纪念馆的各个展区，有实物、照片、文稿、视频、艺术品等通过时空交错的方式展现梁希生平、梁希思想，展现中国林业的发展历程；有放映厅循环播放历史纪录片《梁希小陇山考察记》，讲述解放初期西北拟开发小陇山森林，以供应修建天宝铁路的枕木，67岁的梁希先生考察小陇山时一路艰难跋涉、呕心沥血，提出"把小陇山的经营方针由伐木改为重点护林和造林，远调东北的枕木进关，支援西北"的建议，最终为西北人民护住了一片绿色，为黄河保住了一股清流；有安静惬意的临水书吧，书香茶韵在不经意间放慢人们匆匆的步伐。在这里，可以用脚步丈量历史的深度；目光所及，是林学的广度；心中所念，是梁希先生生态思想的厚度。

近年来，梁希纪念馆作为"全国林业科普基地""浙江省科学家精神教育基地""浙江省科普教育基地"等，承担科学技术协会、九三学社、高校及科研院所等单位的研学活动140余次。每年举办艺术展览教学、古树名木图展、梁希纪念日活动、林业书画摄影展、自然科普研学等活动，通过打造科学家精神宣讲、科普展览、自然教育公开课等系列生态文化产品，宣传了湖州本土文化、生态文明和梁希科学家精神，在提高了人们的精神文化水平和艺术品位的同时，增强了生态意识，传播了科学思想，弘扬了科学精神，促进生态、文化、产业三大体系建设和谐发展。2022年，中国林学会将湖州市作为梁希科学技术奖颁奖地；2023年，梁希纪念馆成为全国科学家精神教育基地，必将大力弘扬以爱国、创新、求实、奉献、协同、育人为内核的科学家精神，彰显普及科学知识、倡导科学方法、传播科学思想、弘扬科学精神的典型示范带头作用。

纪念与传承

当森林公园的第一块基石深深楔进鹿山脚下的那片泥土，梁希先生的家国情怀、林学思想、科学精神开始复苏，在每一位务林人的心底播下了传承的种子。

"梁希的一生，是怀抱林业理想的一生。这源于对林业的研究、教育和行政管理，他是新中国林业思想的开创者和实践者。"青衿之志，履践致远。正是先生不忘国忧的爱国情怀，让他在林学这条道路上越走越远，科学救国，成为他的毕生追求。他数十年教书育人，弦歌不辍，先后在北京农业大学、浙江大学、中央大学从教，培育了大量的林业人才，不少学生师承衣钵，成了林业教育家、科学家。他治学严谨，学识渊博，深受学生爱戴，尊称"梁师"。新中国成立后，先生成为首任林垦部部长，他把一生抱负和林学思想都用在开拓新中国林业建设的伟大事业中。面对多年战乱造成的积贫积弱，到处荒山，新中国建设又急需大量的木材，他亲赴华北、东北、西北、浙江等地实地考察和调研，提出了"普遍护林，重点造林，合理采伐和合理利用"。他说："贮林于山，等于贮金于银行。银行有款只取不存，势必用尽。我们希望山中林木取之不尽用之不竭，故一面伐木，一面必须及时造林。"梁希先生的治林思想，到现在也是普遍适用的真理。他的关于森林与民生、森林与环境、森林对水土保持等诸多论述和观点传承至今，对森林生态经济学和现代生态林业理论的形成与发展起到重要作用。

先生离开我们已 65 年了。斯人已逝而风骨长存。他的一生，已经浓墨重彩地写在中国林业史上；他的思想，深深镌刻在每一位务林人的心里，传承梁希先生的精神，继承他的意志，便是对他最好的纪念。中国林业，从开始筚路蓝缕，以启山林，到如今薪火绵延，芳华代灼。先生期望的河山锦绣、国土丹青的愿景在当代生态文明的建设中已然实现。先生的在天之灵，应该是极为欣慰的。

弘扬梁希精神，踔厉奋发前行，以科技奖励助力林草事业高质量发展

王妍[1] 陈幸良[1] 曾祥谓[1] 吴红军[2] 王军辉[2] 周晓光[3] 王立平[4]

[1]中国林学会
[2]中国林业科学研究院
[3]浙江农林大学
[4]北京林业大学

梁希先生在我国林业界享有崇高的威望，梁希科学精神一直激励着林业后辈人才勇毅前行。梁希科学技术奖（以下简称梁希奖）是为纪念梁希先生而设立的我国林业行业最高层次的科技奖项。

1985年，梁希先生的学生、中国林学会名誉委员、泰籍华人周光荣先生捐赠10万元，建立了梁希纪念基金。中国林学会在该基金基础上设立中国林学会梁希奖，制定了《中国林学会梁希奖奖励条例》，奖励范围包括营林、森林工业和软科学三类成果，奖励不分等级。从1993年至2002年，中国林学会梁希奖共评选了四届，共有23项成果获奖。在国家取消部门科技进步奖的评选后，为了适应国家科技奖励制度改革的新形势，2002年8月在中国林学会第十次全国会员代表大会上，时任理事长江泽慧提出了建立梁希科技教育基金的倡议，之后募集到基金500多万元。2003年12月28日，纪念梁希先生诞辰120周年暨梁希科技教育基金成立大会在北京人民大会堂隆重举行。2004年10月，梁希科学技术奖

正式获得科技部的批准和注册。梁希科学技术奖包括梁希林业科学技术奖、梁希青年论文奖、梁希科普奖和梁希优秀学子奖，分别对科研成果、学术论文、科学普及以及林业后备人才进行奖励。

党的十八大以来，在国家林业和草原局的关心指导下，中国林学会深入贯彻落实习近平总书记关于生态文明建设和科技强国的一系列重要讲话和指示批示精神，认真践行"绿水青山就是金山银山"理念，勇担时代赋予的光荣使命和历史责任，勇于创新，大力弘扬梁希科学精神。2019年根据林草科技创新的需求和梁希科学技术奖发展面临的任务，对《梁希林业科学技术奖奖励办法及实施细则》进行了全面修订，增加形成了自然科学、技术发明、科技进步和国际科技合作四个类别，更加完善了林草科技成果的奖励体系。

梁希科学技术奖大力激励广大林草科技工作者的创新激情，以科技奖励助力林草事业高质量发展，为我国林草科技创新和林草事业高质量发展作出了积极贡献。

打造品牌，质量为先，构建中国特色林草科技奖励体系

党的十八大以来，中国林学会在林草科技奖励体系建设和组织评奖过程中，着力打造梁希奖品牌的行业影响力、社会知名度、战略支撑力，使之成为我国林草行业唯一的全国性科技奖最高奖项，成为代表林草行业最高科技水平，引领林草科技创新事业的方向标。为完善奖励体系，中国林学会与国家林业和草原局科学技术司深入研究，强化顶层设计，开展奖励改革，修订完善奖励办法，优化评价导向，构建符合林草科技发展规律的、具有鲜明特色的林草科技奖励体系，深入实施创新驱动发展战略。梁希奖得到了国内外的高度认

可和广泛赞誉，在国家科学技术奖励工作办公室组织的近几次社会力量设奖考评中，均被评为优秀，其中在 2017 年全国 200 多个社会力量设奖中排名第 9。

推动优秀林草科技成果产生。梁希奖始终坚持以服务国家重大战略和行业发展需求为己任，积极发挥其引领带动作用，自 2005 年设立以来，成功举办 13 届，评选表彰了 1184 项优秀成果。其中近十年来，林业获得国家科学技术奖的 17 个奖项中，有 16 个项目曾获梁希奖。梁希奖鼓励协同攻关，2016 年以来，90% 的梁希奖一等奖项目都是由来自不同单位的科学家协同攻关，并以此为契机形成了多个科技创新团队，极大推动了林草科技创新水平。

更加重视原创性成果。根据林业和草原科学学科发展的现实，梁希奖积极开展奖励改革，2019 年，在梁希林业科学技术奖中增设自然科学奖、技术发明奖和国际科技合作奖。根据分类、多元评价的原则，梁希林业科技进步奖按照 3 个奖励等级，梁希林业自然科学奖和技术发明奖按照 2 个奖励等级，梁希林业国际科技合作奖按照不分等级的方式进行奖励。科学分类和奖励级别的设置，进一步激发了创新活力，促进了技术发明和成果转化，推动了原始创新和科技自立自强。

积极服务林草事业。切实保证奖励质量，扩大奖励领域，提高奖励标准，鼓励全社会关注并投身林草事业。奖励范围由原来的林业行业扩展到草原、国家公园、自然保护地等领域；评审年限由每两年评审一次改为每年评审一次，一等奖数量由 6 项增加至 10 项。在国家林草局的大力支持下，梁希奖一等奖的奖金大幅提高，达到国家科技进步奖同类奖项水平，提升了科技创新人才的荣誉感和获得感。

进一步提升社会影响力。梁希奖先后被列入国家高校"双一流"学科评价体系以及科研单位和高等学校绩效评价指标体系，为科学、全面、公平开展评价工作贡献力量。国际合作奖的设立，进一步提升了我国林草事业的国际影响力。

创新引领，勇攀高峰，支撑林草事业高质量发展

党的十八大以来，我国林草科技事业取得长足进步，科技创新捷报频传，重大科技成果不断涌现，林草科技工作者发扬梁希科学精神，拼搏奋发，推动了林草事业高质量发展。

着力引导开展林草行业基础研究，夯实林草高质量发展基础。林草基础研究是开展林草科学研究的基石，中国林学会贯彻落实《国务院关于全面加强基础科学研究的若干意见》精神，梁希奖鼓励深入开展林草种业自主创新、森林质量精准提升、生态保护修复等基础理论研究。开启了杨树、毛竹、核桃、油茶等重要品种基因组学研究，建立杨树、云杉、楸树、核桃等树种国家级种质资源库，提出杨树、楸树等树种多级选种新程序，挖掘培育出杨树、杉木、桉树、落叶松、楸树、云杉、核桃、油茶等重大新品种，支撑了我国林木良种使用率由51%到65%的跨越，助力我国成为全球四大林木育种研究中心之一。

着力引导核心关键技术攻坚，促进林草产业提质增效。服务能源和木材安全等国家重大战略，引领开展林草资源低碳高效利用关键核心技术研发，助推林草产业实现"绿水青山就是金山银山"的"两山"转化。农林剩余物制备活性炭关键技术，实现了低质原料高值化利用，每年节约木材5000万立方米左右，节水1.8亿立方米；新型无醛人造板、木质材料连续化制造关键技术、结构材分等装备制造的突破，促进我国高端活性炭产品、生物质材料、无醛人造板、结构用

木质材料产品及设备等自主研发浪潮，为林草产业提质增效提供科技支撑。杉木、竹资源等树种高效、定向培育关键技术体系的突破，数字化森林资源监测技术的建立，缩短监测周期到3—6个月，全面推进森林经营转型升级和林业信息化管理水平，形成中国特色森林经营理论和技术体系。长江经济带、浑善达克沙地等典型区域生态修复技术及森林重大虫灾防控技术体系、县级森林火灾扑救应急指挥系统的建立，推动山水林田湖草沙综合治理。

着力引导开展特色经济林业发展，科技助力乡村振兴。围绕服务乡村振兴战略，引导开展特色经济树种品种选育、规模化育苗、丰产栽培、机械化采收、深加工等技术研发，林下经济、特色花卉、竹笋产业高效培育和高值化加工利用技术开发。集成特色经济林良种选育和丰产栽培、加工利用技术体系，创建了远缘杂交、倍性和分子辅助育种技术体系，培育出核桃、油茶、柿、枣、仁用杏等特色经济林良种33个，推广应用100余万亩，建立林药种植示范基地8个，铁皮石斛、红花玉兰、毛竹等基地或科技园340余万亩，累计新增产值超40亿元，为乡村振兴贡献科技力量。

着力引导深化国际科技合作交流，推动林草国际合作。梁希奖自2019年设立国际合作奖，共评选出在推动我国森林经理、林木遗传育种、木材科学与技术、林业经济管理等领域发展作出突出贡献的外国科学家5人，推动各国与中国林草业科技合作。国际科技合作奖获得者德国林业专家海因里希·斯皮克（Heinrich Spiecker）教授，长期与中国林业科学研究院在科学研究、人员交流、人才培养等方面开展合作，推进建立了差异化多目标森林可持续经营示范技术体系，培训了来自全国各地的林业工作者4500余人次，建立了100余个典型林分类型经营示范片区，将"文章"写在中国大地上，并利用各类国际交流机会积极宣传中国林业建设成就，增进了世界对中国森林和林业发展的了解，提升中国林业国际话语权。

繁荣科普，激励青年，促进林草人才的快速成长

发展林草事业是生态文明建设的主要内容和重要举措，梁希奖以推进林草科普活动，着力培养林草后备人才为抓手，积极发挥其推进生态文明理念落地、提升全社会生态意识和全民科学素质方面的作用。

科普奖引领林草科普活动。习近平总书记强调，科技创新、科学普及是实现创新发展的两翼，要把科学普及放在与科技创新同等重要的位置。梁希科普奖自设立以来，已连续开展十一届评选工作，共表彰 200 多个林草科普作品、活动和人物，有效调动社会各界参与林草科普工作的积极性，并成为引领我国林草科普事业发展，推进林草创新发展的重要载体和力量。

青年论文奖激励青年勇于创新。青年科技人才既是科研队伍的生力军，也是科技创新的主力军。梁希青年论文奖以引导广大林草青年科技工作者聚焦林草学科前沿、热点、难点，积极推动林草科学理论与方法的创新、发展，产出高质量、高水平的研究成果为宗旨，自设立以来，共开展了八届评选，表彰奖励 1300 余篇优秀论文，大大激发了广大林草青年科技工作者创新热情，为推进林业和草原科技创新发展作出了重要贡献。

优秀学子奖培育林草后辈人才。习近平总书记强调，青年强，则国家强。梁希优秀学子奖的设立，为促进林草青年学子全面发展，激励林业及相关专业的本科生、硕士生和博士生等在校生，牢固树立"奉献、创新、求实、协作"的科

学精神，培养和造就一批品学兼优的创新型林草人才发挥积极作用。截至目前，梁希优秀学子奖已开展了十一届评选，表彰奖励了 500 多名林业优秀学子，为林草事业高质量发培育了大批后备力量。

林业和草原事业是生态文明建设的重要土体，也是乡村全面振兴的支撑产业，更是推动形成人与自然和谐发展新格局的重要阵地。梁希奖将以习近平新时代中国特色社会主义思想为指引，贯彻落实党的二十大精神，团结引领广大林草科技作者，继续弘扬梁希科学精神，坚持树木树人并重，坚持科技科普并举，为实现"黄河流碧水，赤地变青山"的美好目标，为林业和草原事业高质量发展，实现高水平科技自立自强，建设人与自然和谐共生的现代化作出新的更大贡献。

无报便无会：
梁希《中华农学会报》
办刊实践初探

虞鑫　陈长松

南京林业大学人文社会科学学院

1937 年，梁希在为《中华农学会报》第 1-150 期汇编索引时，在篇首弁言表达了"无报便无会"的观点[1]。这是他第一次鲜明地表达办刊思想。遗憾的是，梁希在弁言中对此观点并没有作过多的铺陈，在主持《中华农学会报》期间也没有详细阐述过办刊思想。然而，"无报便无会"的观点充分反映出梁希对《中华农学会报》的重视，他将其视作中华农学会存在的根基。作为近代历史最久、会员最多、组织最为稳固、会务最为活跃的全国性农学团体，中华农学会被公认为国内农学研究之"总枢"，在近代历史上具有举足轻重的地位，而《中华农学会报》不仅是学会最先开办的事业之一，还是学会传播学术、组织会务的媒介，相伴学会生发演变的始终。

梁希在人生的不同阶段和历史的不同时期也都与《中华

---

1 事实上，中华农学会成立之初即重视发刊工作，如"会报为传布学术之利器，本会事当以兹为嚆矢。"《第四年度纪要》，《中华农学会报》第 3 卷第 1 号，1921 年 10 月第 10 集，第 27 页。陈嵘亦言："无报便无会……报之关系于本会岂不大哉！"《中华农学会报成立十五周年之经过》，《中华农学会报》1932 年 8 月第 101、102 期合刊，第 7 页。

农学会报》保持着紧密的联系，尤其是 1928 年刊发第一篇译作《农学于农业》于《中华农学会报》后，他先后任编辑、主编、理事长与副理事长，对会报的发展作出了重要贡献。由此，讨论梁希《中华农学会报》的办刊实践对于梁希个人与中华农学会的发展都具有重要的意义。目前学术界不乏以梁希单独作为研究对象的成果，相对而言对于《中华农学会报》的研究较少，而将两者结合作为主题研究的文章更是阙如，这就让本研究具有了一定的创新意义。

限于篇幅，本文主要从学术刊物的视角[1]，讨论梁希从1928 年担任会报编辑至 1942 年梁希转任副理事长期间的《中华农学会报》与《中华农学会通讯》办刊实践，认为梁希对《中华农学会报》的贡献具体表现在四个方面：一是译介作品，将科学的精神、学理和方法引入中国农业；二是强调实地调查，刊发调查报告，基于中国实际展开农学研究；三是组织编发专刊，发行农学丛书，推动农学各学科的专门化；四是借助年会形成学术交流的常态化，推进学术事业的"新进展"。

译介作品，将科学的精神、学理和方法引入中国农业

邹秉文认为，德国农业的发达在于"科学与经验之联合"；吴觉农认为，中国农业落后的原因在于"不能利用科学的精神"。这是学会会员的共识，也因此，中华农学会立会之初，即确立"学理农业"的办会目标，欲将科学的精神、学理和方法引入中国农业，促进本土农业研究和改良。而要达成这一目的，自然要从译介作品入手，将其时域外先进的农学知识引入中国，为中国农业注入科学的精神、学理和方法。据统计，30 年间所出版的 190 期《中华农学会报》中，有译作

---

1 《中华农学会报》既是会刊也是学术刊物，既可以从学术视角考察刊物的学术性，也可以从会刊视角考察刊物的组织性。

305 篇，另外还有 154 篇介绍西方国家的农学研究与农事经验的文章。当然，随着本土农学研究的逐步"学理化"，《中华农学会报》译文数量逐步减少，但是这种重视西方农学译介的传统却一直延续到 1937 年。总体来看，梁希主持《中华农学会报》期间，译介作品有如下特征。

译文选题丰富、内容多样，且目的性强，涉及农学各个分支学科。例如，农业化学方面有陈方济翻译的日本学者今井道的《日本土性调查事业》，周建侯翻译的日本学者铃木幸三的研究《动物体内 Carotinoids 之经路》等；作物学方面有胡昌炽翻译的日本学者末松直次的《关于作物之耐病性问题》，卢守耕译自日本遗传学杂志的文章《野生稻与栽培稻杂种之性状观察》等；蚕桑方面有夏振铎翻译的日本学者宗正雄的研究《论家蚕后天之免疫》，胡鸿均翻译的日本学者川口荣的研究《单性生殖蚕之细胞学的解析》等；林学方面有曾济宽翻译的日本学者菊池秋雄的研究《森林植物带之分布与果树栽培带之分布》等；园艺方面有胡昌炽翻译的日本学者浅见与七的文章《日本果树园艺之过去与将来》等。梁希本人也是积极的译作者，如《德国采脂（松脂）之新方法》《盐酸刺激法所得松脂之性质》《关于（二次乙二氧化物）之分解云杉材与天然木素组成之研究》《木材制糖工业（即木材制造食量）》等。值得注意的是，这是国外新近发表的学术期刊的论文，梁希还专门做了试验予以验证[1]。可以说，国外最新成果的译介可以为中国农业科技人员提供及时有效的试验研究指导，推动中国本土农学发展的进程。

此外，还增设"摘要"。1929 年第 67 期《中华农学会报》

1　《采脂》和《松脂之性质》两篇文章的原文都是由德国 Hessen land 于 1936 年分别发表于《德国化学会报》和《应用化学杂志》。此时身在重庆的他在松林坡上（重庆沙坪坝）的松树上用盐酸刺激法采集松脂，得率与对照树相比，约增加 25%，而松脂分析结果，松香与松节油的性质基本不变。

增设"摘要"栏目，向会员广泛收集有价值的中外杂志文献，并要求所有国外文章均要译成中文。该期的出版时间正好是梁希担任《中华农学会报》主编不久之后，表明梁希非常重视推动国外学术研究的普及。通过这种"摘要"的形式收集研究资料，是一种门槛较低、效率较高的实效性强的方式，能够有效地传播外国的学术研究。

强调实地调查，刊发调查报告，基于中国实际展开农学研究

中华农学会立会之初便将"农业调查"定为八项事业之一，并分为会员自由调查、委托调查，借以尽辅导社会之义务。科学考察是农林业科学家进行研究和实践的重要手段之一，考察报告不仅记录了各地农林业的生产状况、耕作方式、农林业科技等方面的情况，还涉及当时农村经济、社会和文化等多个方面的内容，不仅为研究当时中国农村问题提供了宝贵的资料和参考，还为制定政策和开展科学研究提供了基础。

1928 年梁希担任主编前，《中华农学会报》刊登了共约 19 篇"农业调查"。梁希担任主编后，调查栏目地位更加突出。这种趋势的出现主要源于在早期西方理论的译介进入国内之际，必须对国内的实际情况进行全面深入的了解，才能有针对性地对西方理论进行改良，并将其有效地应用于中国的实际情况之中。1931 年，林学家周桢和林刚刊载《考察浙南森林概况报告》，供关心林业者之参考。1932 年蚕业科学家杨邦杰和桂应祥的《关于广东蚕及蚕业之初步考察》中详细刊载了广东"本地蚕之起源、本地蚕之发达史、本地蚕之特征、及本地气候与养蚕之关系"。1934 年，全国经济委员会棉业统制委员会、江苏省建设厅、江苏省棉产改进所、江苏省立

棉作试验场，及上海银行农业部等各机关，为了解江苏省盐垦区情况及推广改良棉种，提倡棉花运销合作，特组考察团进行实地考察。调研完毕后由棉业专家施珍撰写《江苏省盐垦棉区考察报告》，将考察经过和考察意见刊载于1934年的《中华农学会报》。

梁希本人也积极撰写调查报告。有资料显示，梁希一生中科学考察次数甚多，遗憾的是留下文字的科考报告甚少，以新中国成立前而论只有两篇，其中于1948年所著的《台湾林业视察后之管见》因《中华农学会报》的停刊而未能发表于此。梁希《两浙看山记》真实地记录了20世纪20年代末期浙江部分地区农业林业的悲凉状况。《两浙看山记》记录了梁希在两浙考察过程中发现的五个重大问题，即放火烧荒问题、水灾泛滥与围山造田问题、惊人的荒山问题、治安问题和不作为与乱作为的问题。"浙江无林业可言，更何林业史可述？"梁希的考察结论非常直白，失望之情未加任何掩饰，充分体现了个性。《两浙看山记》这份考察报告的意义十分重大，不仅是为后世留下了一份20世纪20年代末期浙江部分地区社会、治安、民生、民情、农业、林业等诸多方面的真实记录，更是揭示了民间放火烧荒的陋习及其危害，解说了围山造田产生的缘由，以及围山造田与水灾之间的逻辑关系，同时以大量的考察事实证明，社会的种种乱象皆源于各级国民政府的不作为与乱作为。

组织编发专刊，发行农学丛书，推动农学各学科的专门化

中华农学会虽名为农学会，但研究范围并非狭义的"农学"，而是现代意义上的"农学"，"以关于农林畜牧蚕桑水产诸学术为限"，亦即农、林、蚕、畜、水产五科。而随

着现代科学技术的发展与现代学科的专业分化，"农学"也呈现出进一步分化的态势。1920年，农学会学艺部进一步细化为农学、林学、畜产兽医、农艺化学、蚕丝、水产和生物地质等7股。到了1927年，更进一步增至12股，农艺化学股、农业生物股、农林工学股、作物园艺股、畜牧兽医股、森林股、蚕业股、水产股、农业经济股、农业教育股、农业推广股、农村社会股，其中后四4股属于新增的"社会组织"层面，前8股则是此前7股（属于"技术"层面）的细分。在此背景下，可以讨论梁希任编辑、会长期间的编发专刊、发行农学丛书对现代农学学科专门化发展的意义。

梁希担任《中华农学会报》主编期间，积极创办主题专刊，如《植物病虫害专号》（第118期）、《园艺专号》（第126/127期）、《中华农学会第17届年会论文专号》（第128期）以及《森林专号》（第129、130期合刊），其中《森林专号》尤为有名。作为林学家，梁希对中国近代的林业发展深深担忧。在他担任《中华农学会报》主编后便积极规划森林专刊，1934年11月推出《森林专号》，共刊载林业论文22篇。梁希在篇首弁言中指出林业学术的发达需要刊物，"我国森林机关绝少专名，大都与农业机关合并……事业不动，则学术不昌，学术不昌，则著述不易，而刊物不多……"，他还指出当局对林业的不重视是"中国近数年来林业教育、林业试验、林业行政之所以陷于不生不死之状态"的根源。《森林专号》探讨了民国时期林业建设过程中的许多实质性的重大问题，报道了国内外最新的有价值的科研成果，记载了一批重要的科研资料和研究方法，交流了不少学术见解，对提高科研水平，推动林业生产的发展，充实林业教材，培养林业人才，活跃学术氛围以及促进国内外学术交流都起到较大作用，受到国内外读者的重视和欢迎。

在主编学科专刊以外，以梁希为代表的《中华农学会报》编委会成员们还致力于各学科的专著研究，在学会内设立专门的农学丛书委员会，组织发行农学丛书向外出售。通过中华农学会成立二十周年之际刊布的《已发行及预备编著之丛书一览表》可得知，至 1936 年年底，丛书委员会将已发和待发的丛书分为六类，分别是农业经济类、农艺化学类、农业生物类、作物园艺类、畜牧兽医类和森林类，梁希的《森林利用学》作为森林类的著书此时也正在编辑中。从数量上看，森林类与农业经济类并列第一，均设有九本丛书，森林类能在中华农学会的核心农学学科中分得属于自己的一席之地，其中必然少不了连续担任主编和总理事长的林学家梁希的努力。

借助年会形成学术交流的常态化，推进学术事业的"新进展"

中华农学会以"研究学术，图农业之发挥；普及智识，求农事之改进"为宗旨，年会则是实现这一宗旨的"发动机"，是学会精神之最先表现者，"本会既以研究农学改进农业为职志也，斯项精神之最先表现者，厥为年会"，每届年会除了报告和讨论会务、选举领导人的例行事务外，最重要的环

梁希担任主编和理事长时期的《中华农学会报》学科专刊发行情况统计表

年份	期数	专刊号
1933 年	第 114 期	作物育种专号
1933 年	第 118 期	植物病虫害专号
1934 年	第 126/127 期	园艺专号
1934 年	第 129/130 期	森林专号
1936 年	第 146/147 期	农艺化学专号
1936 年	第 150/151 期	畜牧兽医专号
1936 年	第 154 期	农业经济专号

节就是宣读学术论文与专题讨论，"奇文共赏，疑义相析，形神融注，肝胆披沥，古讲学修禊之风，斯则治而为一也"。年会的成效则通过中华农学会刊行的杂志及报告表现出来，相关论文通过会刊或报告予以刊登。年会不仅保证了中华农学会组织的运行，而且使全国农业科研人员之间的学术交流成为制度。

梁希在担任会报主编和理事长时期，对年会不仅十分重视，而且很多事情亲力亲为。梁希曾积极参与第十三届年会的筹备工作；第十六届年会，梁希在作为主席团成员出席大会的同时，还担任了论文股委员；在第十七届年会，梁希在担任主席团成员和年会筹备委员的同时，还宣读了论文《松脂试验》（后发表于《森林专号》）。1937年抗日战争全面爆发，中华农学会西迁重庆后，尽管面临会员流散、资金匮乏、场地受限等一系列现实问题，梁希仍能排除万难举办年会。1939年第二十二届年会，到场会员和来宾共百余人，论文及提案共百余件，"盛况不减往昔"，梁希作为总理事长致开幕辞，并在论文会上宣读了《四川木材物理性质之研究》《中国十四省油桐种子之分析》《川产木材干馏试验报告》3篇论文。

事实上，在此期间，年会论文数量逐渐递增。1933年6篇，1934年32篇，1935年66篇，1936年106篇，1937年因时局缘由骤降至18篇。单论数量，年会论文已取得长足进展；从质量论，专门研究渐增，泛泛而论渐减；就学科来说，学科分布均匀且不断拓展。如1935年7月，杭州第十八届年会，提交论文比上年增加一倍，研究领域遍及农、林、牧、副、渔、蚕桑等部门。1936年8月，镇江第十九届年会，提交论文高达106篇，农业经济20篇，森林14篇，作物及育种20篇，园艺7篇，特用作物5篇，农艺化学18篇，蚕桑13篇，畜牧兽医 1 篇，昆虫与植病 8 篇。上述论文会议之后多数都在会报发表，极大提升了学术研究的水平，学术事业获得了"新进展"。

应该说，《中华农学会报》带有集体领导的色彩，《中华农学会》的栏目与主体内容也具有承继性，但站在中国近现代社会发展变迁以及中国近现代自然科学发生发展的历史视角，我们仍能发现梁希主编和任会长期间《中华农学会报》的"变化"。仅从刊物的学术性考察，梁希时期的《中华农学会报》注重译介作品，将科学的精神、学理和方法引入中国农业；强调实地调查，刊发调查报告，基于中国实际展开农学研究；组织编发专刊，发行农学丛书，推动农学各学科的专门化；借助年会形成学术交流的常态化，推进学术事业的"新进展"。上述方面反映了梁希"无报便无会"的办刊思想。而主编、主持会报的经历，也为梁希宣传林业思想提供了阵地。

旧书札里寻历史：
梁希致章鸿钊书信探微 [1]

马翠凤　王鑫　张孟伯　卢小莉　刘国　柴新夏
中国地质图书馆

085

　　章鸿钊（1877—1951 年），字演群，后改为爱存，笔名半粟。浙江省吴兴县（今湖州市）人，著名的地质学家、地质教育家、地质科学史专家、中国近现代地质学创始人和奠基人之一，中国地质学会首任会长，开中国地质科学史研究之先河，对早期中国地质事业作出了重大贡献。梁希比章鸿钊小六岁，且又是同乡，因此二人的交往由于兴趣相投，故很是默契，加之各自深厚的文学基础，相同的海外留学经历，一直交织在他们的往来之中。

同乡与诗友

　　作诗填词，二人共同的兴趣。在章鸿钊六十六岁所写的《六六自述》中曾多处提到著名林学家梁希："予时与叔五往还唱和，尤以咏菊诗多。盖叔五尚未忘去冬半粟斋头之残菊也。其因爱花而及友钦，抑爱友而及花钦……犹忆叔五留

　　1　本文为国家社会科学基金项目"科学家书札特藏资源挖掘与应用研究"(20BTQ070)成果。作者注：文中所引梁希先生诗词、史料等内容均来自收藏于中国地质图书馆的梁希致章鸿钊的信函与章鸿钊的《六六自述》。原文未做修改。

德时，每月必有绘叶书投予，每叶必题一二好词，多或三加首，或数日一至，或间日一至，甚或一日数至。于是予得绘叶书愈多，好词亦愈多，乃为专备书册储之，一册储满，又易一册，至再至三，暇时展而玩之，既爱其人，又爱其诗，并得饱览海外之妙绘，其为乐乃真无已时也。""民国十九年，予于闲居中偶动吟思，便与梁叔五、徐子球[1]两兄往来唱和为乐，亦不计其工拙也。两君皆予旧友，叔五时在南京，与子球初不相识，两人每得佳句，辄由予居中传递。古人所谓神交，信有之矣"。

梁希对章鸿钊曾将自己所寄的"绘片"（即现在所称的明信片）结集成册，精心收藏后这样写道："我兄欲将弟所呈绘片一一收入画册，爱屋及乌，可谓无微不至。将来弟归国时，重检前书，不知发何感想也。""知无聊绘片竟蒙华装，且邀专宠，这样那里敢当，用杜撰一词，厚谢盛意！"

梁希自己也将"数年来所得章半粟、吴君毅[2]二兄见惠锦片，陆续搜集，煌然成册。慕其字，爱其诗，思其人，不独羡其片之佳丽而已。因名其书曰'章吴锦鳞编'而缀以句。"

梁希与章鸿钊合影

梁希从德国塔廊寄给章鸿钊的照片

梁希游撒逊名山照片做成的明信片

1 徐子球（—1931年），马相伯（1840—1939年）之婿。马相伯为中国著名教育家，复旦大学等学校创始人兼首任校长。
2 吴永权（1886—1961年），字君毅，四川人。曾任北京法政大学教务长、四川大学法学院院长兼政治系主任等职。

诗文传友情

章鸿钊曾用"其如物理学中之万有引力耶"来形容他与梁希之间的友谊。从梁希写给章鸿钊的诗文中，也可见二人关系非同一般。1923年3月，梁希前往国外学习时，在题为"别章爱存前辈"的诗中写道："十年黄海曾逢我，万里苍颜又别君。官柳有情含绿意，春花散影落红曛。请看倦翮归林鸟，应笑无心出岫云。人世百年今欲半，骊歌能复几回闻。"初到德国后，梁希在信札中又写道："我要见先生的手示还早得狠哩，在这个时期，只有往，没有来，真正寂寞的狠。""假中有柏林之游，归来得诵瑶章，欣喜无既。"书札中表达出目断鳞鸿的心情。

回国后任教中央大学时，二人也常书信往来，如梁希写道："每星期六必返中华农学会宿舍，一进房便要看案上有无半粟斋来书，这回又有了，一壶浓咖啡，几块白太面麭包，喫一口，看一句，昔人汉书下酒，吾何让焉……"，可见二人交情匪浅。

在书札中梁希称章鸿钊"我尘老哥、我尘吾兄、爱存我兄、演群老兄、演哥、半粟斋主人、爱存学长乡先生"等款式百出的称谓，也足见二人的亲密程度。因此，相互之间可谓无话不谈，所见所闻随时都有交流。在一封介绍当时德国流行舞蹈的情况时，不仅有详细介绍，还附上几首诗句加以形容。

梁希在德国留学时，正是查尔斯顿舞[1]传入欧洲盛行之时，梁希也受此感染，将此事告知好友章鸿钊，并音译成"虾蟆骸"。同时就"虾蟆骸"做了详细的讲解，说："Charleston（德音读「洒列斯东」）在德国曾风行一时。去年夏季至今年春尽，凡戏场、电影馆、杂耍场，无处无「洒列斯东」。普通跳舞

1　查尔斯顿舞，是美国1920—1930年代流行的一种节奏轻快的摇摆舞，以南卡罗来纳州查尔斯顿城"Charleston"命名。

场中，则舍去一切旧法，悉张双股而学黑人。各大旅馆、大咖啡馆音乐队有罗致一二黑人在内以作广告者，道上妇女有在电车（火车……）停留场试行此舞者，洋服店中有大贴广告售所谓「洒列斯东裤」（其实与寻常裤子一样）者至今夏此风渐熄。此技出自北美 Charleston，两足自指至踵成八字形，两腿自踵至膝，又自膝至臀，皆成八字，反覆鼓动，形若虾蟆，音乐亦阁阁作蛙声，原为黑人舞，一九二六年传入欧洲，风行一时，原名 Charleston 从其地，此名「虾蟆腿」，象其形。"并以各种舞蹈为题材赋诗多首，有"管弦急急鼓逄逄，声在灯昏酒乱中。今夜了知郎半醉，与郎试箇小旋风（有时旋风乐作，则舞场灯火故意半减或照以五色回旋电光）"来形容"旋风（Walzen）"舞；也有"莫笑奴家古塚狐，天魔犹自傍文殊。何妨黄白跳梁戏，一试人间小丈夫"来形容"狐跳（Fox）"舞；还有"切切清音叩小弦，悠悠慢舞绕华筵，十分儒雅风流地，一种金迷纸醉天"来形容"汤谷（Tango）"舞；更有"广寒仙子貌如花，身讬银蟾踏桂华。从此霓裳歌舞地，人人张股学虾蟆。华灯万点照明姬，阁阁声中舞态奇。举国若狂成底事，远来笑杀黑人儿"来形容"虾蟆骸（Charleston）"舞。

　　二人的交往"无话不诗"，诗及其浪漫的存在于他们的往来之间。如章鸿钊所说："叔五得予诗后不数日即报以诗三章。""而情感所至，亦偶填一二小词以见志焉，此诚消遣之良法也。"在诗词间，二人的诗赋才华、文人气质、文学修养得到充分展示。以诗词为载体，在方寸之间传递着山水田园、咏物言志、咏史怀古、离情别恨等思考和关注，且学问典故、生活琐事、风土人情、轶闻趣事、人生意义、学术思想等事事皆可成为他们诗词的丰富写作素材和题材。

　　在一封书札中，提到章鸿钊所寄茶叶和书收到后，被一个德国老教授索去邮票，布袋也赠予助手。"最可笑者，老教授细阅尊书，爱不忍释，曰好纸好字。弟不解彼何因而赞及字也？"

1937年6月，因"南京中央日报有投稿论恋爱者亦名凡僧"，与梁希笔名相同，故二人就此互赠诗"相戏"谑。表现了科学家们不仅有一丝不苟、认真严谨的形象，也有普通可爱的一面。

在德国与朋友张少涵[1]相见时，因张少涵说梁希瘦，便作诗自嘲："鹤骨凌竞画不成，天涯落魄一身轻。此中未带吟诗苦，愧杀人呼太瘦生。"梁希的原话："少涵见予大惊，谓予太瘦。"作此解嘲。

一次在与人评花时，梁希误将白樱花识为梨花，遭朋友吐槽"林学家不识樱花"后，写成了"白雪春樱莫自豪，一枝何似玉梨高。从无人指鹿为马，偏有时僵李代桃。望去花花迷月旦，评来草草失风骚。况教占得山林席，鉴别何能谬一毫"，自释"为人所笑，赋此自箴"。

梁希还以"山茱萸"为题材，作诗曰："眼前弱柳黄金条，欲来未来春含娇。万卉不动待花朝，此中茱萸何天骄。"并在诗后科普解释道："山茱萸先叶而开小黄花，前人有视作秋花者，如薛逢诗'紫椴黄花故国秋'是也，或者茱萸之别种耳。弟所见者皆早春开黄花秋季结红果，与商务印书馆植物学大辞典所载相合。德国无梅花，灌木中惟山茱萸开花最早。"

对于诗词的喜好，二人皆认为："人生总要寻一种廉价娱乐，日日读硬性的科学书，亦嫌太不调和。"这在章鸿钊的《六六自述》和梁希的书札中都有印证。

1　张贻惠(1886—1946年)，字少涵，安徽人。物理学家、教育家。首先在国内高等院校开设原子构造论课程(即原子物理学)。

诗文中显大志

由于二人所处的是一个内忧外患、连续动荡不断的特殊年代，其家国情怀的表达也一直贯穿往来之间。比如梁希留学期间的多封书札中就表现出对国内方方面面的关注。对国内局势的担忧有："外有强力，内有武人，风潮早已压平。""国事有大变迁，不堪想不愿谈。惟希望万人咒骂之最恶军阀，有不攻自倒之一日而已。"对教育的担忧有："军阀、财阀如此跋扈，恐全中国教育皆入外人手中矣。学风年来固愈出愈奇，然平心而论，青年有何罪恶？恶在伟人大帅耳！用功也寻不出个好学校，则趋而入斜径矣，伤哉伤哉！"

梁希在书札中写道："民国二十五年张眼第一件事，便是与三千里外故人唱和，毕竟这个年头笑又不得，啼又不敢，除了歪诗以外还有什么消遣呢？"其中虽说是写诗作为消遣，实则是对军阀统治的不满。五卅惨案发生后，曾写道"英美日高压中国学生劳动者，闻之发立"，以及"民无宁岁野无遗，太息青天白日旗"等诗句。通过对老友的诉说，字里行间表达了一个远在异国他乡、秉持着强烈社会责任感的科学家对于民族兴衰、政治局势、现世境遇的思考与担忧，寄托了民国时期中国科学家浓重的忧国忧民情怀。

抗日战争时期，梁希随中央大学迁入重庆后用多首诗表达对日寇侵华的愤慨，体现了强烈的民族情感，如在一首题为《豆油灯》中就写道："豆油燃为灯，灯光小如豆……我实资寇粮，今竟困于寇，避寇乃西迁，徒骂寇如兽，薄海无天日，何况黄昏候，油灯犹微明，劝君且将就。"如此种种，不胜枚举。

章鸿钊也感慨道："科学果得为求真理之唯一途径否耶？……旷观世界大势，崇拜强权，埋头武备则如彼，芸芸众生，醉生梦死，迷不知返又如此，而予亦个中一分子耳。

回头猛省，瞿然以惊。"在抗日战争胜利后，章鸿钊以自然之理分析谴责了德、意、日同盟国之所以战败，不是因为其武器不精良，而是因为他们发动战争是侵略，是逆天而行，违背了自然之道。

在梁希的书札中还可以看到很多有趣的、带有深深的个人特征和时代烙印的地名和人名翻译，例如，来不去兮（即莱比锡）、佛兰府（即法兰克福）、苟德（即诗人歌德），等。值得一提的是书札所用的纸笺、明信片也带有那个时代的烙印，反映了当时的社会实况，极具文献、艺术与文物价值，承载了二人之间许多丰富而美好的元素，其各自所处的不同环境，也让他们的往来书札呈现不同的面貌与内容，使我们可从方寸间探寻到属于那个时期的、属于二位科学家的千姿百态。

梁希：
家国情怀满胸襟的森林诗人

王建兰

中国林业科学研究院研究生部

作为寂寂无名晚辈，知道梁希，首先源于书籍阅读。20世纪80年代，在中国林学会有幸读到《梁希文集》，得知林业部的成立，梁希功不可没。

其次源于与梁希之孙中国林业科学研究院（简称中国林科院）林业科技信息研究所职工梁锭为邻。20世纪80年代末，我们作为隔壁邻居居住在中国林科院早已不见踪影的简陋的西平房内。梁锭长得特别像他爷爷。让我感觉特别神奇，充满传奇色彩的部长之孙竟然就在我们身边。

再次源于工作。从事宣传工作近20年，宣传中国林科院院史、林业研究所所史、林产化学工业研究所所史时，宣传中国林科院知名专家，查阅系列资料时，总"见"梁希。他是首任林垦部部长，是中国林科院多位老领导、老专家的老师或同事，如郑万钧、朱惠方、吴中伦、黄枢等；阅读中央大学等史料时，均见其身影和足迹。

怀揣报国梦想，深具家国情怀

从武备救国、民主救国、科学救国到赞同只有社会主义才能救中国，这是近代中国进步知识分子的共同经历。梁希一生就是如此。他历经戊戌变法、辛亥革命、二次革命、北伐战争、抗日战争、解放战争、新中国建设，是跨世纪的革命老人。从参加同盟会到加入九三学社，从参加孙中山领导的旧民主主义革命到参加中国共产党领导的新民主主义革命、社会主义革命，为社会进步、民族解放和社会主义建设事业奋斗一生。

他才气过人，16岁轻取秀才，享有"两浙才子"之美誉。他始终追求进步，有深厚的家国情怀。年少时曾梦想习武强国："冲天飞翔少年心，武备学堂一年间。"但经过一段时间的实践与探索，发现此路不通。后立志科技救国，两次东渡日本、远行德国，学习西方科技。在日本参加中国同盟会，从事革命活动，为革命事业辛勤奔走。

抗战时期，偌大中国，已无处安放一张安静的书桌。梁希任职的中央大学，与清华、北大、南开大学一样，不得不辗转西迁。初至重庆，以为能躲避纷飞战火，能在艰苦的条件下把科学教育坚持下去。但迁至重庆的中央大学未能幸免炮火紧随。日本侵略者冒犯天怒，残忍制造历时六年八个月、死伤无数、惨绝人寰的重庆大轰炸，给人留下了充满惊恐和仇恨的记忆。同时，反动势力猖獗，恐怖事件时常发生。

1941年，皖南事变后，梁希心情异常沉重。他经常思考一个问题：中国的前途在哪里？当看到由周恩来等创办的中国共产党第一张全国公开发行的报纸《新华日报》时，他豁然开朗，对共产党人提出的"为农为苦工"的国策挥毫激赞："黄鹤楼前一纸风，飞飞风动入巴中。吾曹反帝反封建，国策为农为苦工。星汉迢迢星拱北，鲁阳叱咤日回东。写来不少惊人事，汗马勋劳汗简功。"从此，他成为了《新华日报》的忠实读者。他对朋友说："中国有灯塔了，中国有希望了，中国的希望在延安！"他向周恩来、林伯渠表达想去延安参加抗战和革命的愿望，但周恩来、林伯渠鼓励他留在重庆更好地发挥作用。在他的带动下，潘菽、金善宝等科技界人士近20人组成的"自然科学座谈会"大部分科学家留在了重庆，参加爱国民主运动。皖南事变后的一个夜晚，梁希还冒着生命危险掩护了受敌人追捕的共产党员。

在共产党人的帮助指引下，梁希孜孜不倦地学习马克思主义，思想境界更为开阔。他应邀负责编辑《新华日报》的《自然科学副刊》。1941年，他以读书笔记的形式写就《用唯物论辩证法观察森林》一文。文中指出要顺应树木生长发育的客观规律，号召人民起来把腐朽没落的蒋家王朝推翻，促进新生的人民民主政权诞生。周恩来评价这是自然科学家联系实际的良好开端。

梁希爱憎分明，对国民政府的腐败与无能表示极端不满和公然反对。1942年的一天，蒋介石去中央大学视察，各部门紧张准备，唯有梁希紧锁化学馆，揣上钥匙，悄然离去，给至化学馆的蒋介石吃了闭门羹。

1943年，梁希60岁生日，周恩来、邓颖超、董必武等中共领导人在新华日报馆召开自然科学座谈会，并设酒席为他祝寿。周恩来举杯："中国需要科学家，新中国更需要科学家，不管道路如何曲折，新中国总要到来，现在是举步维艰，到那时就大有用武之地了。"梁希高兴地说："有了这样一个大家庭，真使我温暖忘年！"

为了扩大党的抗日民族统一战线，他与金善宝、潘菽、竺可桢、李四光、任鸿隽、严济慈等100多位著名科学家一道成立了"中国科学工作者协会"。经周恩来、潘梓年授意，自然科学座谈会成员，先后以个人身份参加了由许德珩、潘菽、黄国璋等发起的民主科学座谈会，使民主科学座谈会成为了一个以科技界、文化教育界高级知识分子为主体的民主政团。1945年2月，重庆文化界草拟《陪都文教界对时局进言》（简称《进言》），要求成立有中国共产党参加的民主联合政府，梁希在《进言》上签名。国民党右翼写信劝梁希发表声明予以否认，他复信说："名系我亲手所签，全非由人代笔。如欲发表声明，亦仅此而已矣。备承关注，谨表谢意。"

重庆谈判期间，毛泽东、周恩来等开展了大量的统战工作，邀请许德珩、梁希、潘菽等民主科学座谈会负责人交流会谈，鼓励他们成立永久性的政治组织，团结起来进行斗争，由此九三学社建立。梁希为九三学社主要发起人之一。

1946年，中国共产党从重庆高校中秘密选拔一批优秀青年输送到解放区执行外事任务，其中有本为中山大学学生，因慕梁希转至中央大学森林系，后成长为中国林科院院长的黄枢。黄枢等五位同学被选去延安，临行前梁希激动地紧握黄枢等同学之手，勉励说："到解放区去，好得很！为人民服务，大有用武之地。"

1949年，他在中国人民政治协商会议第一届全国委员会上提议成立林垦部，被周恩来当即采纳，并提议他为林垦部部长。面对党和国家所赋予的重任，年已66岁的他表示："为人民服务，万死不辞。"

以诗文歌赋言志，才华冠绝文采斐然

除了对梁希深厚的家国情怀敬佩、赞赏外，对他享有美名的诗词歌赋更是叹服不已。梁希受过国学熏陶，有着非常好的文学功底，那倚马可待的诗歌展现了他的才华冠绝。有人曾说："梁希不成为林学家，也会成为诗人。或者说，梁希既是林学家，又是诗人。"

他的诗歌从针砭时弊到怀念故人，从所见所闻到所做工作，从勉励学生到对学生寄予殷切期望，从平凡杂物到些许小事等，或写景或抒怀或议论，引经据典，内容丰富，文美风清。

他针砭时弊，借诗讽喻，表现了一个真正知识分子的优秀品格。1932年，因国民党利用职权排挤进步教授，他同金善宝等60多位教授一起辞职以示抗议，在西湖边赋诗讽喻："湖上起风波，湖边饮太和，南国山河小，东林意气多……"痛斥国民党当局对高等教育的无知和反动派利用各种手段互相争权夺势的勾当。又如"纷纷割据久成风，人物由来一理通。不见钻天坡上下，冷杉杉木各称雄"，表面是写山高风大形成的森林生态奇特景观和钻天坡森林植被的分布特点，实则暗讽各路军阀割据的混乱局面。

他公平正义。作为新中国林业部长的他有一次在西北调研时入住杨虎城将军公馆止园，写诗12首，睹物思人，有感而发："夜深啼血杜鹃红，魂断渝州路不通。慷慨捐生黄祖席，祢衡毕竟是英雄。"借祢衡之典，缅怀杨虎城将军英雄业绩，感叹世事沧桑，表达对将军的敬佩和失去将军的沉痛心情，同时也表达了对国民党反动派残害民族英雄的无比愤慨。

他珍友重情，其中许多诗歌和散文表达了怀念故友。他的好友、著名农学家许璇溘然而逝时，他一连写了10多首诗进行悼念："皇天独厚君，使君先我死。不然君哭我，心痛亦如此。"并专门为其出了一期纪念刊，情深义重可见一斑。

他豁达乐观，激情满怀。新中国刚成立时，条件匮乏，外出考察辛苦而危险，但他以诗怡情，诗里字间丝毫不见旅途劳顿之烦恼。1950年，他赴西北黄河流域考察，他将所见山水风光、古木寺院、碑林桥梁、历史遗迹，以及途中所见之人、所遇之事，均融入诗中，共创作 30 多首，编辑成了《西北纪行》。诗风平实朴素，彰显着部长诗人的独特情怀。

同年，年已 67 岁的他到甘肃小陇山考察，堂堂部长骑驴上山，颠簸不堪，但他却喜滋滋的吟诗曰："高山流水路悠悠，红栎青松割漆沟。添个白头驴背客，许教入画更风流。"更有坐货车下乡调研："今宵又作货车人，人货纵横错杂陈。客本无奇居亦可，元来故事出三秦。"甚至雨后误车，他也为诗："雨淋枯木湿寒鸦，枫未经霜菊见花。又是一天虚度了，黄昏人报不通车。"他率领考察队伍由陕西进入山西，在潼关冒险夜渡黄河时，看到 8 位船夫操桨前行，喊号而进，浪急船颠，惊险而壮观，即兴赋诗《潼关渡黄河》以记之："仰天大笑出潼关，滚滚洪流落照间，不许老夫心不壮，中原如此好河山。黄河东去落天涯，淘尽英雄汰尽沙，八楫中流横夕照，关东大汉唱伊哑。"真是一路行来一路诗，豪迈、乐观、激情跃然纸上，感染着每一位同行者，给大家莫大的精神鼓励。同时，也真实地反映了新中国成立之初，百业待兴、条件艰苦的现实状况。

他乐于与同道好友以诗酬唱，分享创作之乐，曾将《西北纪行》寄给好友兼诗人侯过一起欣赏品鉴。侯过随后作四首七言诗答赠。他看后，又作《次韵报子约》。你来我往，尽显文人雅士之情趣。

他最让人热血沸腾的励志诗可说是新中国成立前夕所写的《迎曙光》："以身殉道一身轻，与子同仇倍有情。起看星河含曙意，愿将鲜血荐黎明。"全诗充满了昂扬斗志和凛然正气，表明在时代大转折的紧要关头，诗人不畏黑暗，敢于斗争，心向光明，勇于牺牲的革命精神。感动了当时无数进步师生，获得了人们的高度赞赏。

钟情林业，鞠躬尽瘁

梁希现存诗歌中，不少内容都与森林、林政、林人有关，通过描写森林之景，抒发爱林之情，被大家誉为"森林诗人"。

1941年夏，中央大学森林系的5名学生毕业，他赋诗欢送："一树青松一少年，葱葱五木碧连天。和烟织就森林字，写在巴山山那边。"抗战胜利后，学生吴中伦赴美留学，他赋诗送行："大火西流七月光，碧天无语送吴郎，定知三载归来后，沧海茫茫好种桑。"以林喻人，以木拟人，对林业的高度重视和对学生的殷切希望赋诸笔端。吴中伦没有辜负导师的期望，学成归国，和导师一样成为了中国科学院首批学部委员（院士），担任了中国林科院副院长。

正因其人格魅力和深厚学识，深受青年学生爱戴，不少人"因慕梁希之名"重新选择学校和专业。如前文提到的黄枢。如林产化学加工专家程芝，本是考上了同济大学化学系，听说梁希是"著名的森林化学家"，后转至中央大学学习森林化学。森林植物学家、竹类专家薛纪如，木材加工工业生产技术管理教授级高工李继书等均如此。

梁希对森林有着特殊的情怀，可以说情满林间。对林木繁茂的自然景观，以及山清水秀的田园风光和山村美景，或直接描写、或触景抒怀，如《下青城山》《阿里山三代木》《防风林》等取景自然，均为佳作。

他常常借诗表达人与自然相处的和谐之美："点点芦花浅浅湾，田家桑竹两三间。乐山人说江南好，我说江南似乐山。""江烟碧似天边水，山石红于日暮霞。居士分明香里过，不知何处木犀（樨）花。"俨然一幅幅自然意趣的溪畔山居图，清新怡然，令人神往。

1948年，他应台湾林产局之邀访台，开展为期5周的林场及山林管理所考察，每到一处，他都诗兴大发，所见云海、河流、公路、林木，甚至废材、寺庙、招待所等，都是其诗歌素材，一路共作诗 39 首，被刊登在当时的《林产通讯》上，后被编印成《台湾纪游》集。其中，有赠别诗 11 首，真挚地表达了同为"林人"的特殊情怀。在《赠王国瑞所长》中写道："苍苍树海绿成荫，一寸河山一寸金。岂有王戎偏爱李，入林无限护林心。"表明了对国土光复的喜悦，赞美了"护林心"的可贵，巧用"王戎识李"的典故，寓意深远。

有时，他也忧心忡忡，在《伐木》《浇荒》等诗歌中，描绘了农民为生活所迫乱砍滥伐、烧山种地的现象，表达了他对农民的同情，以及对破坏森林现象的无比痛心。

有时，他慷慨激昂。1946 年，在《〈林钟〉复刊词》中，他抨击蒋介石政权的反动统治，鼓励人们起来推翻旧制度，为振兴中国林业而奋斗！提出了"黄河流碧水，赤地变青山"的宏伟目标。

除诗歌之外，他还把对森林的热爱之情，化成一篇篇充满理想主义的美文，既有对旧社会林业不振、满目疮痍的痛心，也有对新中国林业发展美好远景的讴歌。曾经呼唤青年起来绿化祖国："青年，象征着一年的早春，一日的早晨，象征着万山的苗，万木的梢，又由于天真和纯洁，象征着百川的源，百壑的泉。"让我想起 1957 年毛泽东主席在莫斯科大学接见中国留学生时发表的著名演讲："世界是你们的，也是我们的，但是归根结底是你们的。你们青年人朝气蓬勃，好像早晨八九点钟的太阳。希望寄托在你们身上。"

在《新中国的林业》一文中，作为部长的他描绘了新中国的林业远景："无山不绿，有水皆清，四时花香，万壑鸟鸣，替河山装成锦绣，把国土绘成丹青。新中国的林人，同时也是新中国的艺人。"多美丽的憧憬和规划啊！

他十分关心新中国生态平衡保护问题。1958 年，在《人民日报》上发表了《让绿荫护夏，红叶迎秋》，最后一次描绘了新中国林业宏伟蓝图："绿化，要做到栽培农艺化，抚育园艺化；绿化，要做到木材用不完，果实吃不尽，桑茶采不了；绿化，要做到工厂如花园，城市如公园，乡村如林园；绿化，要做到绿荫护夏，红叶迎秋。北京的山都成香山；安徽的山都成黄山；江西的山都成庐山；各地区都按照自己最爱好的名胜来改造自然。这样，中国九百六十万平方公里的国土全部成一大公园，大家都在自己建造的大公园里工作、学习、锻炼、休息，快乐地生活。"他最后一次畅想："绿化这个名词太美丽了。山青了，水也会绿；水绿了，百水汇流的黄海也有可能逐渐地变成碧海。这样，青山绿水在祖国国土上织成一幅翡翠色的图案。"将浪漫主义和现实主义表现手法完美结合，诗意盎然的文字和美丽风景，以及积极乐观的心态跃然纸上。

读梁希的诗歌可以感受到，他毕生燃烧着像火一样的热情，感染每一位勤勉向上的后辈；读梁希的文章可以感受到，他始终闪耀着生生不息的理想光芒，激励着每一位奋力前行的人们。

今天，我们自豪地告诉梁希部长，"绿水青山就是金山银山"已成为中国人的共识，部长所描绘的林业美景已一步步实现或正在努力实现。

梁希"碧水青山"林业思想[1]

樊宝敏

中国林业科学研究院林业科技信息研究所

　　梁希（1883 年 12 月 28 日—1958 年 12 月 10 日），浙江省湖州市吴兴县双林镇（现湖州市南浔区）人，林学家、林业教育家、新中国首任林垦部部长。1913—1916 年赴日本东京帝国大学攻读森林利用学。1916—1923 年，在北京农业专门学校任教。1923—1927 年赴德国塔朗脱高等林业学校（现德累斯顿大学林学系）研究林产化学。回国后，先后任北京农业大学、浙江大学森林系教授、主任。1933—1949 年任中央大学农学院院长、森林系教授。1935—1941 年任中华农学会理事长，中华林学会理事，中国科学工作者协会总会理事长。中华人民共和国成立后，1949—1958 年，任国家林垦部（后为林业部）部长，并任中国林学会第一届理事长。1950 年被选为中国科学技术普及协会主席，1955 年当选为中国科学院生物学部委员（院士），1958 年被选为中国科学技术协会副主席；长期担任九三学社副主席，当选全国人大代表，全国

1　本文为国家社会科学基金项目"中国共产党林草政策史研究"（编号：21BDJ092）阶段成果。

政协常委。梁希长期坚持教学和科研工作，培育大批林业栋梁之才，并在林产化学领域取得一批研究成果。他是中国近代林学的开拓者，新中国林业事业奠基人。

20世纪80年代，由梁希的学生们整理出版《梁希文集》《林产制造化学》《梁希纪念集》。1987年，在浙江省湖州市南郊建有梁希国家森林公园，占地739亩；公园内建有梁希纪念馆，2014年底开馆。今年是梁希先生诞辰140周年，学习和研究梁希林业思想，不仅以作纪念，而且对于推进新时代林业发展和生态文明建设具有重要现实意义。

认知森林重要价值：国无森林，民不聊生

梁希高度重视森林，认为森林关乎民生，可防天灾，能产财富，森林及林业在国民经济和国家社会主义建设上具有重要作用。他指出，"全国数亿公顷的山地和林地，都等待着林业工作者去研究、发掘、经营、改造和更新，为祖国消灭天灾，为人民增加财富。"林业兼具为农业和工业服务的性质，"林业本身一部分属工，一部分属农。林业工作的目的，一部分是为社会主义工业化服务——保证供应工业建设中的木材需要；一部分是为农业服务——改造自然，保障农田水利。"

1. 森林与民生

梁希认为森林事关人民生活的多个方面。1929年，梁希在《民生问题与森林》中指出，在原始时代，"森林是人类的发祥之地。人类所以能够发达到现在的地步，都是森林的功劳。"在农耕时代，农林分业，"农业家管着'衣''食'，林业家管着'住''行'"。19世纪以后，"森林不但管着'住''行'，并且管着'衣''食'的一部分。"总之，"衣食住行都是靠着森林。国无森林，民不聊生！""我们若要

教我们中国做东方的主人翁，我们若要教我们中国的春天挽回过来，我们万万不可使中国'五行缺木'！万万不可轻视森林。"

2. 森林与灾害和农业

梁希在 1949 年 12 月《目前的林业工作方针和任务》中谈到，旧中国"留给林业界的，除了少数交通阻塞的原生林外，就是千千万万亩赤裸裸的荒山"。由于没有森林覆盖，产生了许多灾害。"千千万万亩荒山，把肥沃的土壤，经过长时期的变化，统统流送到江里、河里和海里""千千万万亩荒山造成了飞沙""千千万万亩荒山更造成了水旱灾"。

关于森林对农业的关系就更重要。他说："有森林才有水利，有水利才有农田。这是大家知道的。中国连年闹水灾，闹旱灾，就是吃了荒山的亏。""森林是一大半为农田服务，与人民生活分不开的。"

1954 年 1 月，梁希撰写《森林在国家经济建设中的作用》，对森林的作用做了全面的论述，中华全国科学技术普及协会以单行本出版。他指出，"森林是创造自己环境的林木整体。也可以说，森林是森林本身和它的环境的统一体。""正因为森林与它的环境起着相互作用，所以它对于水、旱、风、沙等灾害有相当的控制能力，从而对农田水利有显著的效用"。当时，生态学的理论在国内还未流行，梁希的这种森林与环境相统一的思想，一是自身长期林业工作的积累和感悟，二是受苏联莫洛佐夫等林学家们的理论的影响。他从森林对农业建设的作用的角度，论述了森林可以防止旱灾、防止水灾、防风防沙。他说，"山深林密的地方，多云，多雾，多雨，这是大家都体会到的。""森林是可以增加降水量的"，还引用苏联专家的观点加以佐证。他指出，"森林是自然界中调节水的循环的工具之一。据苏联林学家说，如果林地面积占土地总面积的29%，而又分布适当，就可以避免水旱灾。"

3. 森林与工业

梁希认为，森林与工业有重要关系。梁希指出，"必不可少的交通和工业用品，如枕木、桥梁、码头、船舶、矿山、房屋、家具、电杆、造纸、农具等，还是要用木材的。这种用途，在目前的情况下，必须靠本国供给。将来建设发达、工业兴盛，则木材需要更多。"梁希论述了森林主产物（木材）对工业建设的作用。他指出，"工业越进步，文化越发达，生活越向上，则木材需要量越多。"一是目前的工业建设需要木材，二是将来的新兴工业也需要木材。如木纤维可以制人造丝和人造羊毛，木纤维可以制各种新型工业品，木材可以代替淀粉，木材可以代替钢铁，木材干馏等。他认为，"木材对工业建设的重要性仅次于钢铁和煤。"同时，他详细阐明了森林副产物在国民经济中的作用。所谓副产物是指木材以外的林产，包括树皮、树叶、树脂（树胶）、树实、树枝等。他列举了几种重要的副产物，包括桐油、茶油、樟脑和樟油、松香和松节油、栓皮、杜仲、五倍子。他还预测说，"今天隐藏在深山幽壑的数以千计的不著名树种，将来随科学的进步，工业原料的翻陈出新，必将有别的树木，也像杜仲和五倍子一样，被人们发掘出潜在的性能，一跃而为现代化的重要工业原料。"

描绘林业美丽远景：无山不绿，有水皆清

1. 远景目标

在1946年，作为中央大学农学院森林系教授的梁希，就向中国的林人们提出宏伟的奋斗目标，即让"黄河流碧水，赤地变青山"。中华人民共和国成立后的1951年，身为林垦部部长的梁希，又为新中国林业规划了任务、道路和远景：

"四大任务：护林，造林，森林经理，森林利用。一条光明的大道：群众路线。一个美丽的远景：无山不绿，有水皆清，四时花香，万壑鸟鸣，替河山装成锦绣，把国土绘成丹青。新中国的林人，同时是新中国的艺人。"

梁希所指的目标是绿化全中国。1958 年，梁希在写的最后一篇文章《让绿荫护夏，红叶迎秋》中饱含深情地说："山青了，水也会绿；水绿了，百水汇流的黄海也有可能渐渐地变成碧海。这样，青山绿水在祖国国土上织成一幅翡翠色的图案。"他强调要绿化全中国。他说："绿化是全国的事，绿化是全民的事，人民有必要绿化全中国，人民也有能力绿化全中国，人民更有迫切的愿望绿化全中国。"他指出："远山能不能绿化？能。""石山能不能绿化？能。""沙漠能不能绿化？在社会主义优越条件下，我们没有理由说不能。"同时，他还提出了两个值得注意的问题，即大平原区，如河北省和河南省的绿化问题；黄河中游水土流失地区，放弃陡坡来造林的问题。这也正是 40 年后国家启动实施退耕还林工程的早期设想。他还写道，除了造林，还有抚育。第一，太疏的要使它密；第二，太密要使它疏；第三，疏密适中的林地更有抚育的价值。绿化，要做到木材用不完，果实吃不尽，桑茶采不了；绿化，要做到工厂如花园，城市如公园，乡村如林园。各地区都按照自己最爱好的名胜来改造自然。"中国 960 万平方公里的国土全部成一大公园，大家都在自己建造的大公园里工作、学习、锻炼、休息，快乐地生活。"

2. 阶段目标

梁希还指出了阶段性绿化目标。1956 年，梁希高度赞扬中国共产党 1955 年 7 月通过的包含"绿化黄土高原，根治黄河水害"的规划。他说，"黄土高原的水土保持，是根治黄河的一项关键工作"。而"造林，就是保水保土的最有效而且最经济的办法"。"黄河流碧水，赤地变青山，全流域74万多平方公里面积内的山光水色将焕然一新，将骤然改变面貌。而且由于山区防止水土流失，还可以庇护农田，减免灾害，保障农作物的丰收。好处还不只此，由于森林资源增加，出产的木材又可以支援工业建设。""一幅美丽的黄河远景，要在党和政府领导下，由千千万万体力劳动和脑力劳动者的伟大力量来实现。"

在《青年们起来绿化祖国》一文中，他提出，"要绿化村庄，绿化道路，绿化河岸，绿化城市。要绿化中国的山，从而绿化中国的水。要配合林业机构，在12年内培养起10500多万公顷的森林来，从而在50年后替国家添加几十亿、几百亿立方米的木材蓄积量来。"

梁希在1956年第一届全国人民代表大会第三次会议上作了《争取做到全国山青水秀风调雨顺》的报告。他说，"中国是世界上荒山最多的一个国家，12年绿化10500万公顷，只是一个开端，此后还有7000万、1亿，甚至2亿公顷的荒山等着我们。""而且，留下来的7000万、1亿或2亿公顷，是群众力量所不到的深山、远山，或者是石山，是造林技术上成问题的盐地、碱地，或者是沙地。工作比头12年更繁重更艰难。"但他相信，"后来的林业工作者，头脑更聪敏，技术更高明，经验更丰富，力量更雄厚。等到力量更雄厚，我们一定能够绿化头12年不能绿化的荒地荒山，能够改造12年没有造好的林相，能够改变气候，征服自然，做到全中国山青水秀，风调雨顺，人寿年丰。"

谋划林业良好开局：护林造林，合理利用

1949年9月新中国成立前夕，梁希参加中国人民政治协商会议，并参与制定《中国人民政治协商会议共同纲领》，

其中规定林业工作方针为"保护森林，并有计划地发展林业"。中华人民共和国成立后，党和国家成立专门的林垦部（1951年11月改为林业部），委任梁希为林垦部部长。1950年3月，梁希领导制定了全国林业建设的总方针，即："普遍护林，重点造林，合理采伐与利用。"

1. 普遍护林

根据新中国之初的森林状况，梁希强调林业工作首先要保护森林。他说，"我们看到各省天然林和人工林严重地被毁坏，觉得护林比造林更重要。"护林任务主要有六方面：一是根据地方实际情况分别制定护林暂行条例；二是发动群众、教育群众、组织群众开展护林运动；三是根据实际情况必要时得武装护林；四是严格执行"护林者奖毁林者罚"的规则；五是禁止滥伐滥垦；六是注意森林火灾，严禁放火烧山。基本经验是依靠群众护林。如"内蒙古阿尔山去年（指1950年）烧了十多天，巴彦林区烧了十二天，如果不依靠群众，是不易扑灭的"。他还主张建立保林护林组织，防止森林病虫害。贯彻护林政策，必须统一伐木，统一木材调配。各地区各部门提倡用煤，以减少因燃料而引起的滥伐。在小陇山等西北林区，应"发动民众、军队，包括少数民族，保护森林，建造森林"。解决林火问题的有效措施是，需要向主要林区内部修筑公路，要在林区边沿的交通要道上派驻军队，要购买直升机作为救火人员下地扑火之用，还要购买报话机等。

梁希积极提倡对自然风景区的保护和经营。他认为，"杭州之西湖，有山有水，美矣；而山无林荫，水无树影，可谓尽善矣乎？未也。"应发挥森林的美化环境、提供良好的旅游和休憩场所的社会效益。

2. 重点造林

在新中国成立之前，梁希就对造林育林营林问题提出系列主张。1929 年，他针对浙江林场的情况，指出经营林业可采取四种形式：公家直接经营、督促民间经营、民地官营、指导民间合作造林。主张浙江在造林中应重视天然林的抚育。认为"造林不限于植树"，有些山地，似荒非荒，总有一些杂草和树木，只要停止剪伐，稍加抚育，就可以培养成森林。这样做"所费者小，所得者大"。1939 年，梁希主张"用国家力量来经营森林，同时，推动和奖励民营造林。"1948 年，梁希在视察台湾林业之后详细提出林业经营等意见。他主张，按照施业案合理经营森林。编制施业案以后，要按年严格执行，做到"按部就班，有条不紊"。经营林业，择种为先。应根据树种特性、适应性、造林目的进行选择。因地制宜选定林种和作业方针，发挥森林的多种效益。台湾除经营经济林以外，"治水林、保安林、海岸防沙林，均宜并重，不可偏废"。河流两岸陡峻的地方，应划入保安林。斜缓地区的森林宜多采取带伐、择伐或天然更新的伞伐作业，少采取皆伐作业。有的地区应限制采伐林木。为了防风固沙，还应营造防风林。发挥优势，发展特种林木。如台湾省可发挥独特而有利的自然条件，应造樟树、柚木、桃花心木、紫檀、铁刀木、毛柿、阿仙药、鸡纳树、橡胶树等经济林。

在新中国成立之初，梁希认为造林主要包括六个方面的工作。一是保安林，如防风林、防沙林、防洪林。二是封山育林。三是经济林。靠近都市，注意薪炭林和果木林。四是辅助农民广植特用林木。例如，油桐、核桃、乌桕、樟树、橡胶树等。五是发动和组织群众推行造林任务，鼓励乡村合作造林。六是采种育苗，供给造林。在 1950 年华北春季造林总结会上，梁希强调以大面积造林为主要方向，同时发动群众小片造林与零星植树。认为军队造林是一支不容忽视的力量。还应有计划有重点地发展私营苗圃，强调大力开展雨季造林。

梁希强调营造大规模防护林。他提出，"为了克服沙漠袭来的沙，为了制止黄河流出的沙，我们必须……有计划有步骤地在西北营造防沙林带和黄河水源林。"梁希在1950年考察小陇山后认为，"在西北，应以建造防护林为首要任务，采伐还是次要的。"1951年，梁希就提出"要开始进行大规模造林"，极富远见地提出"在西北区和东北区西部，造成大规模防沙林带"。他说，"希望在30年内，经过造林及封山育林，把全国40多亿亩的宜林荒山荒地消灭50%左右，内地沙荒及村庄附近的山荒全部消灭，大小河流的水源林基本完成"，在西北和东北建设防沙林带，"使我国森林面积本来占国土面积5%，能提高到20%。"他的这一设想，为1978年国家启动实施三北防护林工程确立了思想基础。他指出，造林指的是大片造林；"重点，是指风沙水旱等灾害严重的地区，以解除灾害为目的，营造防沙林和水源林。"在淮河、黄河、永定河、辽河及其经常泛滥成灾的河流上游山地，营造水源林，河流两岸则营造护岸林。在长江以南，则领导和帮助群众营造用材林及油桐、樟树、漆树及橡胶树等特种经济林。经验证明，合作造林、封山育林都是好的造林方法。大力营造东北西部防护林带，造林计划中要做到有地点、有目的、有进度，要提高造林成活率。梁希重视黄河中游黄土高原地区的造林工作，曾于1952—1953年到泾河、延水、洛河和无定河流域考察，并撰写考察报告，分陇东山区等五个区提出林业工作意见。

为实现林业五年计划，梁希1955年提出积极进行山区生产规划工作，发动群众大力造林，稳步开展封山育林工作。为搞好水土保持工作，国家还必须在各省造大面积的示范林，指导群众认真抚育，投资经营大面积的国有林。还必须建立造林和营林机构，下设工作站。

3. 合理采伐与利用

在新中国成立之前，梁希就强调永续利用森林，使造林与伐木保持平衡。他认为，"造林面积，应按每人木材之消费而定。"绝不可忽视采伐后的更新造林问题。如阿里山林场"伐木之后，继即造林，每年须造一定年伐量之幼林，如以年伐量10万立方米计，则年须造林1000公顷（针叶树造林经40年后每公顷约可收材积100立方米计），至40年时，须领有4万公顷之林地，方能周转"。必须注意，采伐以后即依照施业方针及时更新造林。节约木材，合理利用木材。例如，造纸原料不应限于大材铁杉，可以改用20—30年生的马尾松和杉木。铁路枕木防腐处理后使用，以延长使用年限。不宜用红桧、扁柏等上等材作枕木，选用经过防腐的铁杉、松、相思树或其他次等木材即可。尽量利用阔叶材，并可将阔叶材制成胶合板、胶合木、压榨木等，扩大阔叶材的用途。尽量利用废材，做到物尽其用。

在新中国成立之初，梁希认为利用主要包括三个方面的工作。一是伐木务须依照一定计划。二是伐木后必须配合造林。三是经济地合理地使用木材，并尽量地利用森林副产品，以期林业工业化。西北林区考察后，他认为，主要问题之一是建立西北统一的木材调配机构，贯彻护林政策，实现统一伐木。国营森林采伐事业主要是在东北和内蒙古。梁希赞成，采伐作业方式不断改进，伐根从70厘米以上，降低到20厘米以下，梢头木在6厘米以上的全部利用。东北的森林工业从旧式经营进步到成本核算，从掠夺式采伐进步到合理采伐。梁希认为，东北采伐较多的木材，一为保证国家工业建设，二为促进木材生长量，三为改良大小兴安岭的林相。为了节约木材，必须发展制材事业。为了综合利用木材，东北还要发展其他木材工业和林产化学工业。

每个时代都有它的困难和矛盾，当时的林业也如此。1954 年，梁希认识到，新中国成立 5 年来，存在"（森林）更新跟不上采伐"的缺点。认为："这样采伐下去，再加上火灾损失和虫害损失，中国森林将越来越少。这是很危险的。"为了探索解决这一矛盾的方法，1956 年 5 月至 1958 年 2 月，曾由林业部和森林工业部分别负责造林和采伐工作，但这样做也同样无济于事。

此外，梁希高度重视林业调查设计工作。他认为"林业调查设计工作者，是林业的开路先锋"，沙荒变田园，深山变市镇，"这些大事业，都必须从调查勘测开始"。

打造林业科教文基础：创造经验，培养青年

1956 年，梁希在第一届全国人民代表大会第三次会议上说："在这十二年（指 1956—1967 年）内，我们最重要的任务是：第一，创造先进经验；第二，培养青年专家。有了经验，有了青年，就可以五年又五年，一代又一代，连续不断地工作下去。"

1. 创造先进经验

新中国成立之初，社会主义建设经验严重缺乏，各部门强烈要求在借鉴苏联经验的同时，创造适合我国的先进经验。作为林业部长的梁希也是如此。在 1950 年第一次全国林业业务会议上，梁希提出会议的第一项中心工作就是报告各地林业工作情况，交流经验。他希望到会的全体同志热烈地提供意见，交换经验，使大会开得圆满有成效。重视创造和吸收经验。在这次会上，他还说，"各区各省都希望中央颁布森林法规，但全国性的法规，不是仓卒（促）之间所能草率制定的，而护林等工作却是刻不容缓，因此我们仅提出讨论纲要，要求大家讨论出一些比较切合实际的原则，回去以后，

斟酌实际情况，制定暂行办法，认真执行，吸收经验，以便进一步制定全国性的法规"。

梁希强调"把技术经验提高到理论水平，使与实际结合，与群众结合"。他说，"近年来各省推广雨季及秋季造林的经验，已充分证明只有以实际事例，深入宣传教育，打破传统旧习与保守思想，使群众养成一年三季造林的习惯，才能更快地恢复与发展华北的森林。"在《西北林区考察报告》中，他专门总结经验。主张"凡事必先互相了解，则商讨才有结果""科学工作者必须有实地的调查和确切的根据，发言才有力量"。在1951年新年之际，梁希说："在新年除了庆祝以外，还必须总结过去一年来的工作，看究竟吸收了多少经验，获得了多少成绩，发生了多少缺点。要研究，要检讨，要从经验中得到教训，以制定以后的工作计划。"他总结的主要结论就是，依靠群众，依靠劳模，依靠领导，依靠党、团、军及政治干部，依靠学校。为了团结林业同志，加强经验和学术交流，在梁希的指导下于1951年成立了中国林学会，并由他亲自担任第一届理事长。同年，梁希在《两年来的中国林业建设》中说："应该感谢伟大的社会主义苏联盟邦，它给我们带来了改造自然的先进的科学经验，更应该感谢中国共产党，它把四亿七千五百万中国人民被束缚了的传统智慧和无穷无尽的生产潜力解放了出来。"而且，"与造林同时，把过去老解放区的封山育林经验，今春在全国范围大力推广。"在1952年，他在总结《三年来的中国林业》中说，"经验告诉我们，合作造林，是把分散的个别农民根据自愿两利的原则组织起来，进行大规模造林的好方法。""到1952年为止，我们还不过吸收经验，作为一个准备时期，1953年以后要开步走了。"

梁希重视科学研究。梁希是我国近代林产制造化学的奠基人，在松树采脂、樟脑提炼、桐油提取等研究方面都做出重要成果，并编写《林产制造化学》学术著作。1952 年，他说，"国家经济建设事业，固然不能用纯技术观点来处理，也不能离开科学研究。""自然科学本来是服务于工农业的，今后，我们应做好林业研究实验工作，同时，应与研究机关和各大学取得密切联系，广泛地展开研究，使事业有科学的依据，可以大规模地向前发展。"

2. 培养青年专家

梁希主张林业及其教育独立发展。1934 年，他在《〈中华农学会报·森林专号〉弁言》中指出："我国森林机关绝少专名，大都与农业机关合并。合并固未为非也，而流弊为附庸，附庸犹未为损也，而流弊为骈枝，骈枝仍未为害也，而流弊为孽子，孽子从古不易容，容则分家之润而遗嫡之累，又不敢灭，灭则惊天动地而扰六亲，此中国近数年来林业教育林业试验林业行政之所以陷于不生不死之状态也。"鉴于"欧洲各国，林与农各自为政，各自为学，分道扬镳，并行不悖；流及美国，制亦略同。统属于政府，未必统属于农部也，直隶于大学，未必直隶农科也。"

1951 年，他认为"'干部决定一切'这个口号，在林业界也是非常重要"。同时认为，建立林业高等院校已成为当务之急。他和林业部其他领导先后向周恩来、陈云、李先念、薄一波、李富春等党和国家领导人汇报情况，提出在全国建立三所林学院的初步意见，得到中央领导的支持。1952 年，专门筹建了三所林业学院。梁希深知从事一项事业必须从培养人才抓教育入手。他说："为了培养后一代，为了增加生力军，为了应付迫切的需要，我们必须从高级到基层，从长年到短期，结合教育部门多方训练干部。"1952 年，梁希在谈东北林业工作时，将干部培养作为完成林业任务的第一个先决条件。基于当时专门以上教育由教育部领导、中等技术学校将由业务部门领导的规定，他说，"我们的意见，每省至少要办一个中等林业学校。""中央林业部为了干部学校（短期的），不惜从部里抽出干部去担任教课和职务。我们还有一个计划，想把大学森林系和专修科毕业生，尽先分派到中等林业技术学校当教员，宁可暂时在业务上不方便些。"1956年，他说，我们最重要的任务之一就是培养青年专家。1958年，梁希重病在床，当得知林学院有搬迁下放之说后，不禁忧心忡忡，对探望者表示学校以"留在原地为宜"。足见他对林业教育的重视。在林业教育多经风雨之后的今日重温梁老之言，深感其真知灼见。

梁希对青年造林和参与林业寄予厚望。他说，"事实告诉我们，青年是有无穷的力量、无限的热忱、无尽的智慧来替国家分担造林工作的。"他说，全国绿化事业是很艰巨的。尤其是"1956年以后的林业任务远大于往年，就必须培养更多的干部"。全国三所林学院和十个大学林学系，要分别地替国家培养造林、森林经营、采伐和运输、木材加工、林产化学等类型的工程师。李范五回忆梁希时说，"他对手下的工作人员，包括他的一些学生，也不允许他们拖拖拉拉，粗枝大叶。谁要耽误了工作，他就要毫不客气地进行批评。对待我和相符，以及后调来的罗玉川、张克侠、雍文涛、惠中权等同志，他从不以部长自居，以长者自居，事事都要和我们商量。在这样的严师指导下，林垦部的工作效率是很高的。""凡是遇到解释不明白的问题，从来都是不耻下问的。他经常同我们和他的学生在一起，讨论研究问题。"

3. 加强科普宣传

梁希高度重视林业科普工作。1946年元旦，梁希在《〈林钟〉复刊词》中说："森林，是向来没有人过问的。""然而我们——林人，提起精神来，鼓起勇气来，挺起胸膛来，举起手，拿起锤子来，打钟！打林钟！""林人们！……我们的责任在山林。""要打得准，打得猛，打得紧！一直打到黄河流碧水，赤地变青山，才对得起自己，对得起林钟！"1958年，梁希在全国水土保持会议上说，"由于我们宣传不够，某些干部和群众对林业生产的意义和特点还是认识不清，……我们以为克服上述两种思想障碍，树立'林业是重要的社会生产事业之一'的观点，是推动林业工作进一步开展的重要环节。"

为了加强宣传，梁希不顾年老体弱，1954年专门撰写《森林在国家经济建设中的作用》科普著作，由中华全国科学技术普及协会以单行本出版发行。李范五曾这样评价梁希，"梁老不但是一位林业科学家、教育家，编写了大量林产化学教材和专著、论文等，而且还是一位林业科普大师，林业宣传的鼓动家。他的文章、报告和讲话，文笔形象生动，优美豪放；既有哲理，又充满了说服力。" 梁希认为，"在科学普及工作中，既然有科学，又有文艺，那就必须贯彻'百花齐放，百家争鸣'的方针。"而且正如"文艺之花"因为有声有色，能够到处被人欣赏一样，"我们的'科学之花'，也必须做到有声有色才好。"

梁希把林业宣传和发展的厚望寄予全国青年。1956年，梁希在谈到青年造林时说，"现在，我们还有进一步的要求，希望在采种、育苗、造林、护林以外，每一个青年还做起林业的义务宣传员来。"因为他在不久前视察浙江时见到许多地方在开山滥垦，一些山区农民不了解森林的重要性，他们造林的情绪不高。他说，"如果出席[延安'五省（区）青年造林大会']的青年们能够经过深入的学习，把它（林业的重要性）普遍地传达下去，使全国农村中一亿青年都有充分的了解，那就都有可能做林业宣传员了。宣传的力量一经发挥，我相信，农村中每一个角落里都可能做到家喻户晓，人人懂得森林和人民生活的关系，人人懂得森林和农田、水利、工业的关系，对造林就发生兴趣了。几万万农民对造林发生兴趣，我国林业的发展就有巩固的群众基础。这样，十二年绿化的任务可以顺利地完成，根治黄河的目标可以胜利地达到。"

梁希诗词的整理及其主导思想理念分析

张德成

中国林业科学研究院林业科技信息研究所

梁希先生是著名林学家、林业教育家和社会活动家，同时还是一位卓有成就的诗人，他的诗词才华甚为世人欣赏。梁希的学生程跻云说"梁老聪颖过人，早年就有'才子'之称。他不仅林业知识渊博，而且诗词文章，也为文坛所称颂"；许绍楠也说："梁老不只是教育家、林学家，也是一位诗人。他对旧文学造诣很深。所作诗文，争相传诵"；1988 年，李范五在口述文章《和梁老相处的日子里》中有对梁希诗词的评价："旧体诗词也写得非常好，是已往有名的江南才子"；1997 年出版的《中国林业的杰出开拓者——梁希》第十六章《生命的韵律》中写道"梁希一生都没有离开过诗，他的生命可以说是用诗谱写的。他的诗词不但充满着浓厚的生活气息和先进思想，还都是韵味十足的传统诗词佳作"。

梁希先生的诗词蕴含着深刻的思想内容，近年来许多人对此进行了学习解读，李青松在报告文学《开国林垦部长》中描述了梁希在西北考察期间诗歌《伐木》的创作过程，认为梁希诗词中表现出了远见而大胆的森林经营思想；王文权认为可以从梁希诸多诗作中读出"诗意地栖居"的审美体验；胡运宏认为梁希诗词中表达了对学生的殷切希望和深厚感情，对树木、森林和美景的赞美，对砍树毁林的反对与感慨以及对森林和大自然的无限感激与热爱；荆世杰认为在梁希诗文中表现出对林业的重视；季良纲以《一路行来一路诗》为题，记载了梁希诗集《西北纪行》的创作过程，并赞扬梁希先生在平实朴素的诗风中，彰显着部长诗人独特的情怀。就现有对梁希诗词的研究来看，仍然是试举一两首或某一阶段的诗作为例，缺乏对梁希诗词总体的把握，这些列举诗词出自中国林业出版社 1983 年出版的《梁希文集》收录的诗词 157 首（其中有 16 首被收入东南大学出版社 2002 年出版的《中大校友诗词选》），远未达梁希诗词全貌，因此对梁希诗词思想内涵的论断也未及梁希诗词应有之义。

　　本文在对梁希诗词较全面收集整理基础上，阐述其数量、年代、文献出处、抒情对象，并重点学习和提炼梁希诗词表达的主导思想和林业理念，探讨梁希诗词的现实意义。本研究成果对全面学习梁希思想、认识当时年代特征及林业发展思路、推进当前林业建设具有一定的参考意义。

梁希诗词数量及年代分布

　　查阅国家图书馆的民国文献数据库、上海图书馆近现代期刊报纸数据库、大成老旧刊全文数据库等数据库资源，以及国家图书馆古籍馆、中国地质图书馆等馆藏文献。以梁希及其名号叔五、凡僧等为关键词查询诗词，结合已经在 1983 年版《梁希文集》中发表的诗词，共收集梁希诗词 448 首，其中 20 世纪 20 年代 26 首、30 年代 293 首、40 年代 67 首、50 年代 62 首（表1）。体裁方面，主要为诗，有 427 首，词有 21 首。诗词数量最高的几个年份依次为 1936 年 71 首、

1935 年 59 首、1950 年 57 首、1948 年 46 首、1931 年 30 首、1937 年 28 首、1939 年 26 首。收集最早的诗为 1923 年 3 月 17 日给章鸿钊的信中的诗《别章爱存前辈》，最晚一首为 1953 年写的《和寰澄次九》。

梁希诗词的文献出处

1. 梁希写给章鸿钊的信

梁希写给章鸿钊书信有 200 余封，现藏于中国地质图书馆，经查该馆数据库，其中 153 封信中包含诗词 237 首。其中，绝大多数为未发表诗词，发表的仅有 20 首。章鸿钊（1877—1951 年），字演群，后改为字爱存，笔名半粟，是我国著名的地质学家、地质教育家、地质科学史专家，中国科学史事业的开拓者。他与梁希同为浙江省湖州市人，章鸿钊年长梁希 6 岁，且二人为日本东京帝国大学校友，因此互相往来紧密。梁希写给章鸿钊的信中寄诗最早为 1923 年，最晚为 1949 年，主要集中在 1931—1938 年，以 1935—1937 年三年最多。1928—1945 年章鸿钊因与时政不合辞职，专事研究著述，这期间因无固定收入，在北平辗转多处住所，经济拮据，

历年梁希诗词统计表

年份	数量	年份	数量	年份	数量	年份	数量
1923	1	1930	21	1940	6	1950	57
1924	10	1931	30	1941	7	1951	3
1925	2（2）	1932	19	1942		1952	1
1926		1933	18	1943	1	1953	1
1927		1934	14	1944	2		
1928	11（2）	1935	59（3）	1945	1		
1929	2	1936	71	1946	2		
		1937	28（14）	1947			
		1938	7	1948	46		
		1939	26	1949	2		
年代小计	26	年代小计	293	年代小计	67	年代小计	62

注：括号内为词数量。

生活清苦，期间与梁希的诗词往来，想必也是一种精神寄托。章鸿钊有诗《答梁希》中有"忽逢日暮传书雁，正及春回现岁徼。旧箧锦罗名隽句，小桥风雪等闲情"，表达了他收到梁希诗词信件时的欣慰。

现存梁希最早的诗是1923年写给章鸿钊的《别章爱存前辈》，诗中写道：

十年黄海曾逢我，万里苍颜又别君，官柳有情含绿意，春花散影落红曛。

请看倦翮归林鸟，应笑无心出岫云，人世百年今欲半，骊歌能复几回闻。

这首诗是1923年梁希自费赴德国莎克逊邦林学院（现为德累斯顿大学林学系）学习林产化学和木材防腐学，写给章鸿钊的道别诗。当时梁希已经40岁，感叹人生将半，与友道别的歌曲还能唱几回呀，同时梁希还表达了出国并非为了出人头地，而是倦翮[1]归林。一个林字，既代表了梁希将要学习的是林业专业，也代表了梁希从北京农业专门学校的教职暂离出国深造所学知识的学术之林。当然，林也可以理解为祖国，倦翮归林可以解释为梁希未来学成归来后报效国家的决心，一语多关。

2.《梁希文集》

《梁希文集》收入梁希诗词157首。这些诗词按照发表或写作年份排序，并在梁希著作目录中列出了诗词篇名，按目录有128首，实际上一诗题下有多首，如《西安止园杂咏》有12首，《次韵报子约》有4首，《和李寅恭诗四首》中有4首，《太原》中有3首。1983年3月5日，为纪念梁希诞辰100周年，中国林学会第二次常务理事扩大会议上决定开展梁希百年诞辰纪念活动，成立《梁希文集》编写组，当

---

1 翮（hé），原意为鸟的翅膀，此处代指鸟。

年 7 月 15 日，《梁希文集》基本成稿，撰写编后记，8 月 21 日，茅以升作序，12 月，《梁希文集》出版，其中有数十首诗词为此前未发表的，主要由周慧明提供，如《巴山诗草》27 首，其中除了《下青城山》1 首发表过之外，其余 26 首为首次公布，还有《西北纪行》50 首。林业部档案室也提供了一些未发表诗词，包括《次韵报子约》《赋得蝉曳残声过别枝》《无题》《六十八岁初度在武汉》等梁希在 20 世纪 50 年代作的诗。

3.《国立中央大学农学院旬刊》

梁希在《国立中央大学农学院旬刊》上发表诗词主要在 1928—1930 年 3 年，共发表 27 首。《国立中央大学农学院旬刊》于 1928 年 9 月 10 日在南京创刊，1931 年 11 月第 85 期停刊，由国立中央大学农学院旬刊编辑委员会编辑发行，包括科学、意见、调查、院闻、杂俎等栏目，属于大学校刊。当时梁希任教于浙江大学，并不是国立中央大学教师，属于跨校投稿，这可能与李寅恭有关，李寅恭与梁希在 1928 年 5—8 月共同发起恢复中华林学会组织活动，并任理事。当年 9 月《国立中央大学农学院旬刊》创办，李寅恭是该刊主要撰稿人，想必梁希在与李寅恭交往中知道该刊创立，于是在该刊的第 2 期就发表了诗词。

4.《林产通讯》

梁希在《林产通讯》中发表诗词 45 首。1945 年 8 月，日本投降，台湾光复之后，许多林业工作者应聘或被派前往台湾工作。梁希教授应台湾林学界的邀请，曾于 1946 年 9 月去台湾视察，之后，梁希应台湾林产管理局之邀于 1948 年 2 月由南京前往台湾，自 2 月 6 日起赴各林场及山林管理所视察，至 3 月 12 日返回台北，历时五周，足迹遍全岛。梁希每到一处，总要命笔赋诗。台湾林产管理局将梁希诗篇 44 首（有 39 题，有题含多首诗）刊登在 1948 年 4 月出版的

《林产通讯》2卷7期，该刊由台湾省政府农林处林产管理局秘书室编辑发行，于1947年9月创刊，其内容包括命令类、规章类、业务类、论著类、文艺类等栏目。另有《八仙山》七绝一首，编纂《梁希文集》时增补编入，合成45首，命名组诗为《台湾纪游》。

5.《校风》

1933—1936年，梁希在《校风》上发表诗词23首。1932年12月26日《校风》创刊，为二日刊，由国立中央大学出版组编辑并出版，现藏最后一期为1937年6月19日。该刊为综合性校园刊物，内容涉及广泛，具体包括政治、法律、外交、社会、经济、教育、哲学、地质、诗等。1933年8月梁希应中央大学农学院院长邹树文之邀到该院任教，在中央大学所办的《校风》上发表诗词则属正常。

6.《安徽农学会报》

1932年，梁希在《安徽农学会报》上发表诗歌9首。《安徽农学会报》于1931年8月至1935年12月共发行4期。由中央大学农学院安徽农学会编辑组编辑并发行，属于农业类年刊。该刊宗旨是研究农学问题，振兴和发展安徽农业教育及农业，其主要内容有农业理论论著，农作物栽培、改良、防治病虫害等技术文章，农田水利、淮河治理等规划建议。主要撰稿人有杨逸农、张继先、马大浦、李寅恭等，该刊还向社会公开征稿。

除了上述刊物外，梁希诗词还零星发表于《醒狮》《学艺》《中华农学会报》《同泽半月刊》《新华日报》《民族诗苑》等报刊中。另外，据梁希在中央大学的同事潘菽回忆，梁希把历年来所写的诗都用工整小楷记录在两三册旧时学习外语所用的那种练习簿上，梁希去世后，周慧明把梁希的几册诗稿交潘菽保存，后因"文化大革命"潘菽被抄家而丢失，许多诗词可能因此被埋没在历史长河，但愿那几本诗册还存在这世界上。

梁希诗词的抒情对象

1. 人物

梁希诗词中涉及人物多为学术教育界人士，包括章鸿钊、陈去病、许叔玑、李寅恭、孙雅臣、黄枯桐、朱昊飞、陈九思、杨靖孚、周建侯、吴君毅、陈豹隐、江良游、黄中立、张孝若、孙信、高孟徽、蔡原青等；其学术背景多为农业、林业、地质、经济等；有的是政界人士，如陶昌善，俞寰澄、钱镃孙、李信臣、李子馗、杨谱笙、李次九、侯过、黄真民、金雅丞、安涛、唐振绪、徐平羽、韩兆鹗、黄式鸿等。梁希诗词还关注基层人员，如林场场长王子君、沈家铭及秦岭林管处工作人员、陕西农村偶遇的牧童。梁希诗词对人物抒情方式不同，有的是次韵某人诗词，如《次韵枯桐清明四绝》《次韵陈九思三十述怀六首》；有的是答某人诗，如《三答周建侯》；更多的是次韵并答某人，如《次韵答杭州高孟徽三绝》《再叠楚悽韵二首答半粟兄》《雅臣以诗留别次韵却寄》。有的在赠给某人诗，如《陶昌善兄游日戏赠一绝》《南歌子·赠张孝若》《赠沈家铭场长》；有的是写其他物而寄给某人看，如《咏天目古杉寄际飚承》《江南铁道寄视飙宸》；有的是直接陈述某人，如《祭许叔玑学长》《哭朱昊飞兄》《牧童》《送吴中伦君赴美》《挽钱镃孙兄》等。梁希以诗交友，抒发感情，交流观点，可见梁希与人交往方式之文雅。

2. 植物

梁希诗词中有的是直接吟咏植物，如 1924 年梁希在德国留学期间写的诗《柏林植物园十咏》中就分别以落叶松、杉松、槲栎、白杨、竹、杜鹃、棕榈等植物为题。1928 年作

《旅馆闻木犀》，1929 年作《咏天目古杉寄际飔承》，1935 年写了关于数首咖啡、可可的诗，1948 年写了《阿里山神木》《阿里山三代木》，1950 年写了《冀西沙河故道（神道滩）沙荒地上青杨白杨林》。除此之外，所咏植物中，以菊诗为最多，达 33 首，包括《次韵爱存兄黄卢咏菊》《半粟斋减种奉牛花易以菊占园之半书来相告赠以二绝句》《题半粟兄菊诗后》《三叠韵赠半粟斋残菊》《秋菊吟八首》《次韵虞挺芳北平玩菊二绝》《寄怀半粟斋残菊》等。

更大量的梁希诗词是在句中提及植物，多是以植物来烘托景致以抒情，或以植物来指代人物品行。有的诗词中提及了普遍的树，如《宝华山》中的"绿树红桥得得行，眼前风景不论程"，《十字路站望草林湖周围荒山》中的"湖上萧疏树欲无"，《用侯子约兄韵赠屏东王国瑞所长》中的"苍苍树海绿成荫"。但还有大量的诗词提到了具体植物品种，按照所涉及的植物种类划分，可分为针叶乔木、阔叶乔木、灌木、草本花卉、苔藓等。

针叶乔木方面，如《四明山脉中无名山》中的松："断霞烘出万松林"，《赠森林系五毕业同学》中的松："一树青松一少年，葱葱五木碧连天"；《绍兴划子中作》中的柏："霜老鸡枫乌柏材"；《钻天坡》中的冷杉杉木："冷杉杉木各称雄"；《木瓜山》的松、柏："松花柏木午风凉，紫李黄瓜冰雪香"。

阔叶乔木方面，如《次韵雅丞偕安涛游采石矶诗》中的枫："天公也恨花凋尽，故放枫林红叶飞"；《次韵朱昊飞兄杭州湖上二首》中的桃、杨、柳："春在桃花识王母，秋残杨柳属公孙"；《金陵赠皋亭旧雨黄枯桐》中的杨、柳："偏是河桥杨柳树，向人摇摆作虚文"；《将赴武昌得半粟兄书却寄》中的杨、柳："叶叶骄阳向晚红，斑雅杨柳客多

多";《中秋次献寰澄韵》中的桂、梧桐："秋从桂子香中
老，月在梧桐缺处圆"；《偕友游西湖》中的桂："未许荷
塘留碧玉，但教桂圃着黄金"；《暨南村农场短咏》中的杨、
桃："茂林新竹野人风，春到田家便不同。最是一声莺语处，
绿杨阴里小桃红"；《乐山（嘉定）郊外》中的桑："点点
芦花浅浅湾，田家桑竹两三间"；《陶昌善兄游日戏赠一绝》
中的樱花："玉窗今日见樱桃"。

灌木方面，如《念奴娇·时事用东坡赤壁韵》中的荆棘：
"棘地荆天，榱崩栋折，一命千钧发"；《次韵答黄枯桐兄
二绝》中的藜藿、葡萄、苜蓿、芦苇："而今容得愁千斛，
藜藿天涯一样甘""葡萄苜蓿各天涯，不见当年羊角车。留
彼汪洋千顷在，数声秋雁入芦斜"。

草本花卉方面，有的引用泛指的花，如《别屏东王国瑞
所长》："看山看水复看花"，《自鸠之泽经白兰线上太平山》：
"更留数点瓶花在"，有的提及了植物品种，如《陶昌善兄
游日戏赠一绝》中的菊："浅说陶公偏爱菊"，《乐山（嘉定）
郊外》中的芦苇："点点芦花浅浅湾"，《石门》中的牡丹：
"樱花合拜牡丹王"。

苔藓方面，《醉翁亭》中有："荒苔绿到僧行处，秋叶
红于翁醉时"，《自鸠之泽经白兰线上太平山》中有"碧苔
多处绿荫交"，《下山》中有："半破苍烟踏碧苔"。

在诗词中采用大量的植物描写，一方面，体现出梁希善
于观察植物，了解植物的文化意蕴，熟练运用植物遣词造句；
另一方面，也体现出梁希喜爱植物，依赖植物来表情达意。

3. 动物

梁希喜欢借动物抒情，梁希诗歌的题目中有涉及动物的，
如写牛的《牛车上作》，写驴的《骑驴上割漆沟》《冀西驴
斥水》《冀西驴磨粉》，写蝉的《赋得蝉曳残声过别枝》，

写八哥的《八哥》。还有大量的诗词中引用动物来描写场景，或者借动物文化象征来抒情。

鸟类方面。有的涉及泛指的鸟，如《和李寅恭诗四首》："夕阳西下鸟投林"，《天晴》："檐头小鸟最知几"，有的则提到了具体的鸟的种类，包括莺、乌鸦、麻雀、雁、鹧鸪、杜鹃、鹤等。如提及莺的《一剪梅·兵灾》："娘要莺娇"，《题中大〈系友通讯〉》："友声莺语树中央"，《暨南村农场短咏》："最是一声莺语处"；提及杜鹃的《溪头旅次步前人韵》："杜鹃声冷宿溪头"；提及麻雀的《南通盲哑学校》："入境俄闻鸟雀喧"；提及乌鸦、雁的《再迭残菊韵答北平章半粟先生》："乌啼有底南飞急，雁断无情北信赊"，《将赴武昌得半粟兄书却寄》："无端吹过传书雁"；提及鹧鸪的《翾宸检得令兄义丞少将遗扇嘱题》："九天霜月鹧鸪声"；提及鹤的《别笕桥并柬翾宸》："莫与山头黄鹤知"，《次韵朱昊飞兄杭州湖上二首》："依稀黄鹤欲销魂"，《哭许叔玑学长》："黄鹤飞不起"。还涉及传说中的凤凰，如《和李寅恭诗四首》中有："声声惊动凤凰枝"。

昆虫方面，有的涉及泛指的虫，如《次韵郑泽民感时四首并柬翾宸》中的："到死难僵百足虫"，《绍兴划子中作》："不堪虫害与天灾"。有的提到了具体的品种，包括蜗牛、蝴蝶、蜘蛛、蟋蟀、蝉、苍蝇等，如蜗牛，《念奴娇·时事用东坡赤壁韵》中的："蜗角虚名蛮触竞"。蝴蝶，《虞美人》中的："个里那知蝴蝶即蒙庄"，《暨南村农场短詠》："蝴蝶奔忙百舌吟"。蜘蛛，《游黄山中途折返》中的："喜子（即蜘蛛）猖狂绕壁行"。蟋蟀，《下青城山》中的："蟋蟀棲岩鸟在枝"，《青城上清宫》中的："夜半凄凉蟋蟀声"。蝉，《和李寅恭诗四首》中的："偏是元蝉容不得"，《祝〈新华日报〉六周年》中的："寒蝉秋怨诉些些"。苍蝇，《江南铁道寄视飔宸》中的："名流如鲫客如蝇"。

哺乳动物方面，包括狗、马、牛、羊、猴等，如狗，《秦岭林场晓起》："犬吠初来客、禽呼未起人"，《次韵郑泽民感时四首并柬飔宸》："仕宦当朝都狗苟"。马，《五月五日作》："蝴蝶翩翩胡马苍"。牛，《华西坝寻曾和君兄家不见》："点点黄牛散柳荫"，《牧童》："林下散黄牛"。羊，《一剪梅·兵灾》："男要羊羔"，《登武功农学院大楼》："绿林疏处见羊牛"。猿猴，《牛心石》："青天有路猿难度，黑夜无人龙独吟"，《洗象池》："只嫌未得见猢狲"。

家禽方面，主要涉及鸡鸭，如《天宝路货车中》中的："站小偏多鸡犬声"，《宝鸡车站》："登车车不发，局促似鸡栖"，《祭许叔玑学长》："多事雄鸡报五更"，《暨南村农场短詠》："独有池头花颈鸭"。

其他类的动物方面，如涉及鱼的《江南铁道寄视飔宸》："名流如鲫客如蝇"，《虞美人》："千秋人说钓鱼来"，《苏马头（在锦江）》："今朝说是鱼虾市"，《木瓜山》："鲤鱼湖水碧琳琅"。涉及鲸鱼的《鹅銮鼻遇雨》："朝暮鲸翻大海雄"。涉及龙、蛇的《吴园阻病》："衮衮龙蛇配禹王"，《伏虎寺观张三丰草书》"疑是龙蛇绕壁行"。

大量的动物描写丰富了梁希诗词的意境，增加了灵动和声响，烘托了主题，强化了诗词感染力。这也体现出梁希对动物的喜欢，对动物朋友不惜笔墨，令读者亲近自然。

4. 地方

梁希的四部组词均涉及具体区域，《柏林植物园十咏》10首涉及德国柏林，《巴山诗草》27首涉及四川，《西北纪行》53首涉及甘肃、陕西、山西、河北。《台湾纪游》45首涉及台湾。除此之外，还有大量独立诗词写到具体地方，主要涉及浙江、江苏、北京、安徽等省份以及国外几个国家。

梁希诗词涉及浙江省的居多。如杭州的《游黄鹤山佛日寺》《北高峰即事》《偕友游西湖》《别笕桥并柬飀宸》《西湖太和酒肆话别同人即席有作》《题雷峰塔遗影》《杭游有作示孙虹颀》《登天目山有感》；绍兴的《绍兴稽山门外》《兰亭碑碣》《禹陵》《嵊县黄真民县长席上》《暨南村农场短咏》；湖州的《寰澄喜余至莫干山兼喜得雨有作次韵答赠》《莫干山寓次》；浙江普陀山的《普陀佛顶山》；宁波的《四明山脉中無名山》。

涉及江苏的梁希诗词也不少，包括南京的《南京旅次次陈九思韵》《金陵赠皋亭旧雨黄枯桐》《秋日游莫愁湖归得》《秦淮河梁园酒楼杨谱笙兄饯李次九、俞寰澄二兄》《夏夜游观音山即事五绝和侯子约夏避观音山即事五绝》、江苏镇江的《宝华山》《茅山汽车中》、苏州的《吴江陈去病先生卜葬虎丘敬挽五十六字》；南通的《南通盲哑学校》。

由于章鸿钊在北京期间与梁希书信中有诗词交流，梁希以章鸿钊的居所半粟斋为题的诗有数首，如《半粟斋减种奉牛花易以菊占园之半书来相告赠以二绝句》《四叠韵赠半粟斋全菊》《半粟斋主人见示绝句辞婉而约仍次其韵》《寄怀半粟斋残菊》《再赠半粟斋主人并祈斧政》《半粟斋主人下函菊花征诗》，另外还有数首游历北京的诗如《去杭赴京三首》《初秋北海散步二首》《次韵虞挺芳北平玩菊二绝》《次韵君毅北海公园一首》。

梁希诗词中有几首关于安徽的，如滁州的《醉翁亭》、芜湖的《过芜湖》、马鞍山的《次韵雅丞偕安涛游采石矶诗》、黄山的《游黄山中途折返》。

其他省份方面，还有湖北的《将赴武昌得半粟兄书却寄》、上海的《次韵陶二山松江晚眺》、云南的《云南起义纪念三首》、重庆的《题中大＜系友通讯＞》。

梁希诗词还涉及外国，除了写德国柏林植物园以外，还有《杨君靖孚归于德国塔廊灯前对语不能总怀旧游因次陈君九思韵相赠》涉及德国，还有关于日本的《陶昌善兄游日戏赠一绝》，关于美国的《送吴中伦君赴美》。

梁希诗词涉及十多个省份，跨东、中、西部，以及亚洲、美洲、欧洲数个国家。这与梁希的工作学习经历有关，体现出梁希经历之广、眼界之宽，也体现出其人生之精彩。

5. 事件

梁希诗词中涉及许多历史事件，特别是与国家社会、经济和生态发展息息相关。

可能与梁希早年在浙江武备学堂的就学经历有关，梁希诗词中关注军事和政治事件，如，1925 年军阀内战，远在德国学习的梁希写了《一剪梅·兵灾》《念奴娇·时事用东坡赤壁韵》两首词。1930 年写的《次韵郑泽民感时四首并柬飋宸》、1933 年写的《醉翁亭》也是对内战局势发表担忧。抗日战争时期，梁希连续在《新华日报》周年日发表诗歌，关注时局变迁。1940 年作《云南起义纪念三首》；梁希关注西安事变，西行期间游览杨虎城将军故居，作《西安止园杂咏》；1952 年，在哈尔滨瞻仰东北抗联烈士遗首，做《瞻仰烈士遗首》。

学术界的事件方面，梁希关注章鸿钊的学术成果，作《题章鸿钊先生地壳运动篇后际飋宸》《题章鸿钊先生中国温泉之分布篇后》。寄语吴中伦学业有成，作《送吴中伦赴美》；寄语林学毕业生，作《赠森林系五毕业生》。梁希对还有数首关于朱昊飞和许叔玑的挽诗，如《哭朱昊飞兄》《哭许叔玑学长》《祭许叔玑学长》《次韵枯桐兄哭叔玑学长》《吴江陈去病先生卜葬虎邱敬挽五十六字》等，朱昊飞是著名的化学家，被称为"中国染料化学之父"，1934 年，朱昊飞因染伤寒，年仅 42 岁去世。许叔玑与梁希为同乡好友，同在浙江大学农学院任教，1933 年"火腿风波"更检验了两人友谊，因此许叔玑的去世令梁希非常悲痛，作了数首诗词纪念。1933 年诗人陈去病病逝后，1935 年 11 月南社成立 36 周年之际，南社诸社友将陈去病灵柩迁葬于南社诞生地虎丘山下，时梁希赋诗悼念陈去病。

游记诗是梁希诗词中的重要组成部分，梁希诗中涉及有三次重要的游历活动：一是抗日战争期间游历四川，写了组诗《巴山诗草》二是 1948 年视察台湾，写了组诗《台湾纪游》三是 1950 年赴西北林区考察，写了《西北纪行》。此外，梁希诗词还分别涉及大量的山水游览活动，游历诸多地方，不一一列举。

梁希诗词还特别关注林业活动，如园林方面，作有《半粟斋减种奉牛花易以菊占园之半书来相告赠以二绝句》；采伐方面，作有《伐木》；森林利用方面，作《秦岭林管处同人嘱予漫谈木材干馏及烧炭》；关注毁林，作《烧荒》；关注山上废材问题，作《山上废材》；关注森林生态，作《防风林》。

从上述事件可以看出，梁希的思想和情感始终与社会、历史和文化发展密不可分，透过梁希诗词的背后，可观察到当时的社会风貌与事件脉络，梁希深刻融入到当时社会历史变迁的洪流，展现出非凡的判断力和时代敏感性。

梁希诗词的主导思想理念

梁希诗词蕴含的思想是丰富的，理念是先进的，情感是充沛的。甚至一首诗词内的思想也不是单一的，而是多元的。分析梁希诗词的主导思想理念，可见梁希精彩的人生、高尚的情操、活跃的思维，以及独到的视野，有助于我们更好地领会和学习梁希精神。归纳梁希不同时期不同主题的诗词，分析认为梁希诗词的主导思想理念可表现为如下几个方面：

1. 强烈的爱国主义思想

梁希青年时期追求进步，投笔从戎，埋下了爱国报国的种子。梁希在日本留学时，受章太炎等民主革命家的思想影响，与同乡陈英士（其美）一同加入孙中山在东京建立的同盟会，接受了民主革命思想，满怀爱国热忱，后来梁希在许多诗词中都抒发了建功报国的志愿。《迎曙光》中有："以身殉道一身轻，与子同仇倍有情，起看星河含曙意，愿将鲜血荐黎明"，表达了对建功立业的渴望和保家卫国的决心。梁希在《新华日报》上发表的几篇贺诗，是对报纸成就的赞美，同时也反映了梁希报效祖国的志向，梁希当时任重庆中央大学教授，曾参与《新华日报》自然科学副刊的编辑，每逢《新华日报》创刊纪念日，他都以凡僧为笔名作诗并来馆祝贺。《祝＜新华日报＞四周年》中有"我辈暗中能摸索，英雄名下不虚夸"；《祝＜新华日报＞五周年》中有"辛苦五年毛颖力，年年神往鸭江遥"；《祝＜新华日报＞六周年》中有"吾曹反帝反封建，国策为农为苦工"；《祝＜新华日报＞八周年》中有"凭君仗义为喉舌，八载唇焦岂等闲"。这都反映了作者在抗日战争时期，期盼早日夺取失地，为国家和人民贡献微力的赤子之心。

因为爱国，所以忧国伤时。面对山河的沦丧、离乱的痛苦、统治者的昏庸腐朽，梁希写下了《一剪梅·兵灾》，通过描述战争对百姓的生计破坏，表达了诗人反对内战的主张，并深深为这种穷兵黩武而担忧："枪烟弹雨浴城壕，无梦心焦，有梦魂销"。《念奴娇·时事用东坡赤壁韵》也有"棘地荆天，榱崩栋折，一命千钧发"，表达了梁希对近代以来我国被外来入侵破坏的愤慨与焦急。《次韵郑泽民感时四首并柬飀宸》

中的"恐是三军气未扬，关山容易屈秦强"表达了对当时军阀不抵抗入侵的愤慨，该诗中也有"英雄儿女中军帐，一曲虞兮奈若何"，表达了对国家民族前途命运的担忧，但又无能为力。另《醉翁亭》中的"用武必争少生理，斯文不绝似悬丝"，表达了梁希面对武力争夺两败俱伤、斯文方法不解决问题的两难。

2. 真挚的自然生态情感

梁希诗词中盛赞自然的景色。如《凌云山》中的"江烟碧似天边水，山石红于日暮霞"；《乌龙山尔雅台》中的"高合三面水临轩，此处真无车马喧"；《阿里山观云海》中的"群山万壑气蒸腾，如此奇观得未曾"；《鹅銮鼻遇雨》中的"云龙风虎鹅銮鼻，细雨斜阳化彩虹"；《次韵朱昊飞兄杭州湖上二首》中有"尊前旧事莫重论，堪爱堂西半亩园"，体现出诗人对园林的热爱以及游历祖国大好河山时的审美享受。另外，梁希还写到数次游览中的异趣，如《茅山汽车中视飀宸》"六角蓬车四面空，发肤坐动耳生风，扬尘疾驶茅山道，人在濛濛假寐中"；《宝鸡阻雨候车》"无月无星能几宵，阻风阻雨好连朝"；《天宝路货车中》中的"汽笛呜呜不断鸣，可怜龟步卜前程"；《宝华山》中有"谁知一段清游兴，输与山门两卫兵"，这些诗词反映的不同境遇，体现游历过程的艰辛，也衬托出游历体验的难忘。

梁希善写植物，也爱写植物，如《槲栎》中的"看他一树枯黄叶，风雪寒冬恋故枝"，以拟人手法，描写槲栎冬季不落叶的有趣自然形态；《白杨》中"青空一柄朝天帚，倒插风庭扫卧云"，将白杨比喻成一把扫帚，非常生动贴切，令人赞叹诗人观察之独到；《温室中南洋棕榈》中"夜叉头上发飞蓬，千载胡僧曾识公"将棕榈比喻似夜叉头发，带有戏谑的口吻，体现出作者对它的喜爱；《再迭残菊韵答北平章半粟先生》中赞美菊花的品格"只应大地花飞遍,点出山河寸寸金"。《旅馆闻木犀》中有对木犀的赞美:"最是南邻数枝桂。时时香到隔墙来",《咏天目古杉寄际飚宸》中赞美柳杉古树"郁郁复亭亭,星霜五百经,东西天目在,那得不垂青"。这些吟咏植物的诗充分体现了梁希对植物的喜爱,也是对自然界、对生活的热爱。

梁希诗词中也有对动物亲切可爱的描写,如《游黄山中途折返》中的"未到黄山先兴尽,夏虫真个不留情",《暨南村农场短咏》中"春光一刻值千金,蝴蝶奔忙百舌吟,独有池头花颈鸭,等闲睡熟不关心",《青城上清宫》中"纸窗如漆灯如豆,夜半凄凉蟋蟀声"。可见梁希对动物也很留心,将动物写得细致鲜活。

3. 深厚的传统文化情怀

早年梁希在私塾读书,稍后就学于蓉湖书院,自幼勤奋好学,聪颖过人,16岁便考中秀才,有"两浙才子"之称,其古文功底深厚。梁希作诗词喜欢用传统典故,《别章爱存前辈》中苍颜、红曛、岫云、骊歌等为我国古典诗词中才用的辞藻,足见梁希诗作造诣之深。《次韵雅丞偕安涛游采石矶诗》中提到了隋朝崔廊、李士谦,以及晋朝的谢尚、袁虎:"百万人中崔李僅,一千年内谢袁稀";《西湖太和酒肆话别同人即席有作》用了提到东林党人:"南宋萧条甚,东林意气多";《中秋次献寰澄韻》中的"秋从桂子香中老。月在梧桐缺处圆",引用了诗中的宋朝朱淑真《秋夜》中的名句"月在梧桐缺处明";《次韵郑泽民感时四首并柬飚宸》中的"公子归来忙燕燕。士兵依旧将多多",其中的"燕燕"引自《诗经》中《邶风·燕燕》,为送别诗,表现惜别情境。梁希诗词中对古人的词句、事件等的引用很多,在此不多列举。

梁希的游记诗词中,有许多涉及名胜古迹,如《普陀潮音洞》《禹陵》《宋六陵》《兰亭碑碣》《绍兴香炉峰》《题雷峰塔遗影并视飔宸》《偕友游西湖》《次韵雅丞偕安涛游采石矶诗》。组诗《巴山诗草》《台湾纪游》《西北纪行》中也有不少古迹的诗词，梁希赋诗古迹，常赞叹先贤才华与英雄功德，如《兰亭碑碣》中有"隐隐兰亭隔市烟，前人胜事后人传"；《伏虎寺观张三丰草书》中有"回头瞥见张三草，疑是龙蛇绕壁行"。《西安止园杂咏》中有"慷慨捐生黄祖席，祢衡毕竟是英雄"。

另外，梁希诗词中也透露出怀古情绪，如《飔宸检得令兄义丞少将遗扇嘱题》在怀古的同时增加了对世事变迁的慨叹，在时间面前，人是显得多么渺小："乌啼月落人千古，留得云霄一羽毛"；《题雷峰塔遗影并视飔丞》表达了梁希对古迹的怀念，诗中有"也复袈裟围夕照，可怜不是昔年红"；《偕友游西湖》中也有"自从失却雷峰塔，落日无光直到今"；《宋六陵》则慨叹世事变迁，甚至王朝人物都被埋没："赵家块肉今何在，看到荒丘合勤容"。另外，《茂陵车中望古墓》中的"等闲白骨周秦汉，地下千秋大有人"，《阿里山三代木》中的"三世峥嵘二世枯，可怜一世更虚无"都表达了强烈的怀古之情。

4. 真诚的人际交往情谊

梁希重感情、讲情义，常贺诗、和诗、赠诗、寄诗给他人，或感谢，或道别，体现了梁希强烈的人文精神，展现了中国传统文人高度重视人际关系、强调自我修养、追求美好心灵的风貌。《西安访韩兆鹗副主席》中表达了与友人长久的情谊："长安古道识荆州，一笑相逢两白头"；《赠沈家铭场长》中表达了对接待方的感激之情："又教破费沈郎钱，结伴看山复听泉"；《留别唐振绪局长》也表现了双方投缘的际遇："萍水相逢道不孤，两家乡味共莼鲈"；《次韵和王汝弼同学送别》表达了离别时的情景："登楼王粲已伤时，今更凄凉为别师"；《别笕桥并柬飇宸》中的："寸草不留存去后，孤灯无语夜阑时"描写诗人独自离开笕桥的凄冷景象，表达出诗人远行时寂寞心境，以及依依不舍的离别留念。

梁希赞美友人高尚的品格。《南歌子》中赞美张孝若："天上张公子，云问汉客星，不应容易下凡尘，只恐东皇留试谪仙人"。1932年，章鸿钊的半粟斋减种牵牛花，代之以菊花占花园一半的，梁希赠给章鸿钊诗"不是黄花胜舜花，些些秋思讬篱笆，应知今岁银河里，添得风流老孟嘉"，描写黄色菊花可寄托秋思，表达诗人对章鸿钊此举的赞赏。又《题章鸿钊先生地壳运动篇后际飇宸》有"君岂甘居王后者，目空今古作玄谈"，是对章鸿钊学识的赞叹。

梁希写过数首挽诗，赞美友人高尚的品格，表达了对友人离世的悲痛与思念，比如《吴江陈去病先生卜葬虎邱敬挽五十六字》中有"伤心红板桥边路，话到渔樵也泪流"；《哭许叔玑学长》中有"皇天独厚君，使君先我死，不然君哭我，心痛亦如此"；《祭许叔玑学长》中有"君看鬼录多亲故，黄鹤归来也断肠"。

5. 笃定的生态林业理念

梁希热情赞美良好的森林生态环境，《秦岭林场晓起》中的"林深山色秀，滩浅水痕新，细草微风里，高秋似仲春"，体现出山、水、林、草的和谐美景。在西北考察期间，梁希见东岔村有高山茂林、曲涧清泉，于是赋诗《东岔村》加以赞美，诗中"松风柳露木桥头，下有清泉激石流"描绘了优美的森林乡村美景。另外，《渡渭河入小陇山》："晓凉风景好，到此合徘徊"则赞美了小陇山的好风景。

对于林业生态建设成果，梁希非常欣喜。他写下了《冀西沙河故道（神道滩）沙荒地上青杨白杨林》："青杨何妥白杨萧，文彩风流两隽骄，才是峥嵘头角露，十分姿态向人娇"。另外，《屏东至东港行道树》中有"大道平平十里长，长林夹道木麻黄，万丹西去又东港，枝动风来见海洋"；《防风林》中有"防风林木绿连阡，阡陌无风好种田，尘土不扬沙不起，木麻黄叶舞翩翩"，这些都体现出梁希对森林发挥防护作用的认可和欣喜。梁希重视森林的管护，对管护站不吝溢美之词，《用侯子约兄韵赠屏东王国瑞所长》中有"苍苍树海绿成荫，一寸河山一寸金，岂有王戎偏爱李，入林无限护林心"。

梁希热爱森林，反对乱砍滥伐，《伐木》中有"莫枉伤乔木，嘤嘤鸟在呼"。《十字路站望草林湖周围荒山》中有"可怜十里草林湖，湖上萧疏树欲无"；梁希也反对焚林造田，《烧荒》中有"百载乔林一炬红，三年田作又成空，老农他去觅新地，烧到山荒人更穷"，《宋六陵》中表达了对墓地伐木的诘问："墓木不应存老桧，园林况复伐新松"。从这些诗句中能够读出，当时梁希已经具有强烈的生态林业价值取向。

梁希认识到木材商品经济的重要性，林场出厂木材价较低，造成了木材浪费。《山上废材》中有"斧斤绳墨两无缘，多少遗材弃路边，堪笑锱铢争木市，在山不值半文钱"。

梁希通过诗词对林业人情深意长的勉励，如《送吴中伦君赴美》中有"定知三载归来后，苍海茫茫好种桑"，《赠森林系五毕业同学》中有"和烟织就森林字，写在巴山山那边"，还有《留别唐振绪局长》中有"山林川泽虞衡事，尽是鲲鹏万里途"，这表现出梁希关心林业人的同时，也客观反映了自己立志兴林的抱负。

结语

梁希诗词著作颇多，那人、事、物，一生经历点点滴滴反映在诗词中，其思想内涵之丰富，情感之真挚，理念之先进，称梁希为林业文学家，是乃实至名归。"传统""生态"是梁希诗词的两个最重要的关键词，体现出传统文人爱国重情的情怀，也体现出热爱动植物、热爱森林、热爱自然的生态观。梁希诗词是一座智慧宝库，它的现实意义远未穷尽。

第一是历史认知意义。梁希诗词是重要的文化遗产，描述了近现代社会的风景、风俗、人物、情感、事件，带有明显的时代印记，为我们认知中国近现代社会、文化和林业发展提供了珍贵的历史资料。

第二是激励奋发意义，梁希诗词中有许多首是鼓励学生、朋友有所作为，诗中体现梁希爱国报国的精神、弘扬传统文化的热情。热爱生态的真挚，以及重情有义的人文精神，都堪称后世彪炳，具有长久的教育功能，吾辈对照先生而不禁振奋。

第三是批判警醒意义。梁希有不少诗词是对当时社会积贫积弱现实的批判，揭示了政治的软弱，军阀的祸害，也有对当时"权贵势熏天""乱世奸雄说子将"现象的不满，梁希诗词可成为一面宝鉴，对当今社会大众特别是一些领导干部仍具有警醒意义。

第四是文学欣赏意义。梁希诗词均为古文格律诗词，其形式本身就蕴含中国传统文化，追求素雅、崇尚自然、逃避烦琐的独特审美观，同时梁希诗词中包含了许多典故、哲思、妙趣、金句，体现出极高的个人修养和美好的情感，令读者受到文学美的熏陶。

第五是林业指导意义。通过对梁希诗词的学习，我们认识到当时梁希已经树立了生态林业的发展理念，而且诗中已经体现出多因子和谐发展的生态大局观，其诗词中防护林建设、木材经济、森林管护、林业景观建设等主张，对当前的林业发展仍然具有指导意义。

总之，我们要好好学习梁希诗词。

诗短情长

————在梁希与吴中伦的师生情中感受大师风范

宋平

中国林业科学研究院办公室

2023 年，梁希先生诞辰 140 周年，吴中伦先生诞辰 110 周年。他们因一首诗奠定了一生的师生情，更因这首诗为无数学子留下了师者传承的千古佳话。

作为一名刚参加工作不久的林业青年，虽诵读了《梁希文集》《梁希纪念集》《梁希传》等资料文集，仍久久不敢动笔。直到参与筹办"纪念吴中伦先生诞辰 110 周年"活动，在搜集、整理、阅读吴中伦先生的生平资料中了解到这段师生情，我才有了动笔的决心和勇气。

一生师生情，一生家国情

1945 年，吴中伦考取清华大学公费留美生。清华大学聘请时任中央大学森林系教授梁希作为他的国内学习导师。从此两人建立了紧密的、直接的师生关系。

1945 年 8 月，梁希在吴中伦赴美前，专门在自己的宿舍煨了一只老母鸡，邀请吴中伦一起午餐，算是为他饯行。

吴中伦在《忆梁老（梁希）》的回忆录中写道：梁老讲

了他听到的几位爱国民主人士，如黄炎培先生到延安访问的见闻。他们在延安亲眼见到从中国共产党的中央领导到广大群众、战士都密切团结，全心全意努力抗日救国。延安虽然条件艰苦，但生产搞得很好，社会秩序井然，建立了可靠的抗日根据地，是复兴中华民族的真正基地，是中国希望所在。

梁希的这番话给吴中伦留下了极为深刻的印象。也正是在这次午宴上，梁希给吴中伦写下了这首大家耳熟能详的离别赠诗——《送吴中伦君赴美》。

大火西流七月光，碧天无语送吴郎。

定知三载归来后，沧海茫茫好种桑。

恩师的教诲，让吴中伦在海外留学期间坚定了奋斗目标，努力学习技术和本领，于1950年1月顺利获得博士学位。更重要的是，正是这份师生情，让吴中伦有了牵挂，有了信仰和寄托，不断滋养着他的家国情怀。毕业后，他婉言谢绝师友们挽留在美工作的好意，毅然决然地登上了归国的轮船，成为第一批回国的留学生之一。

在回国登岸的第一时间，吴中伦再一次通过梁希先生的悉心照顾和接待安排，感受到了祖国对海外学子的关怀。

回国的轮船经停日本，吴中伦在船长的建议下向自己的老师，也就是时任新中国首任林垦部部长梁希发出了自己即将到达祖国的电报。

吴中伦回忆说："船靠岸后，一位同志和他的警卫员就把我的行李搬下船，装上两辆吉普车直奔旅馆。坐定后交谈才知道梁老接到我船上发的电报后，就由林垦部办公厅发了一个电报给青岛交际处请他们到船上迎接。来接的是青岛交际处处长和警卫员同志。这事使我深切感到梁老对我的关心。我一向飘零一身，这次回到祖国怀抱，受到亲切欢迎，心中无限温暖。"

1950 年，吴中伦在梁希的介绍下到林垦部参加工作，接受的第一份任务是参加中央黄泛区慰问团考察。考察结束后，吴中伦写了一篇《黄泛区林业考察报告》，得到了时任林垦部部长梁希的肯定，后发表在《中国林业》。自此，吴中伦在梁希部长的领导下，开启了新中国林业建设之路。

1950 年秋，敌对势力对我国进口橡胶实行封锁。1951 年，党和政府决定在华南地区发展自己的橡胶产业，梁希派吴中伦担任考察组组长到海南调查，对他调查写的报告——《巴西橡胶树的参考资料》很是满意，提笔为报告写了短序。

在工作中，梁希是吴中伦的领导；在学习上，梁希是吴中伦的良师益友。在这样亦师亦友的环境中，吴中伦以老师梁希先生为榜样模范，把国外所学应用到国内的林业建设当中来，为新中国的国土绿化、生态建设作出了重要贡献。

千淘万漉只为真：党和人民需要的好干部、真专家

经常会听到有人这样评价吴中伦的贡献：当年要不是吴中伦直言建议停止采伐，九寨沟可能就没有现在风景如画的自然美景了。在不断了解吴中伦的事迹过程中，我们在其身上不乏找到梁希先生做人、做事的影子。可见，梁希对吴中伦的影响很深。

在林业科研方面造诣很深，梁希对林业在国民经济建设中的重要性看得深，想得远。20 世纪 40 年代初期，梁希在《群众》周刊上发表的《用唯物论辩证法观察森林》一文中，就意味深长地指出："学森林的人必须眼光远大，处处不要忘记大自然的发展过程，不要专顾眼前。"新中国成立后，他进一步指出："发展林业，不仅可以满足国家建设和城乡人民生产生活上对木材和林副产品的需要，同时还能减轻自然灾害，保证农业丰收，美化环境，增进人民身体健康。"以

后在多年实践中，不断充实和发展了他的关于"林业是农业的根本""林业是国民经济建设中不可缺少的重要组成部分"等战略性意见。

梁希在担任林垦部部长时，十分注意调查研究工作。1950—1955 年，他先后 6 次，用了 300 多天时间亲赴西北、东北、浙江等地林区进行实地考察。1950 年 9 月，他率领 5 位林业专家深入到西北黄土高原，考察了小陇山、泾河、延河、洛河、无定河流域森林覆盖情况。在考察中，梁希目睹西北风沙和水土流失的严重情况，心情十分焦急，沿途告诫各地干部和群众说："西北河里流的不仅是泥沙，而且是粮食，是中华民族的财富！"

在西北军政委员会召集的西北农业技术会议上，梁希用亲自考察的实录作报告，大声疾呼"为了农业，为了水利，我们对于这个敌人——沙，绝对不能抱无抵抗主义，而必须坚决地、勇敢地、不厌不倦地和它斗争，且必须和它作持久战。战争的武器没有别的，就是'森林'"。

与梁希共过事的罗玉川、李范五等回忆表示，在协助梁希领导林垦部、林业部开展工作期间，深切感到他善于抓住重点，掌握要害，坚持实事求是，始终把党和人民的利益考虑在前。

回顾中国林业的发展史，太多像吴中伦先生这样的科学家和科技工作者曾为林业振兴与科技发展倾注了毕生的心血，始终践行着把论文写在祖国大地上的精神追求，为近代、现代中国林业科学事业的发展发挥了开拓者和奠基人的作用。而这些科技工作者大多都是梁希先生的学生，或是受梁希先生教诲的晚辈。他们以梁希先生为首形成的爱国奉献、严谨治学、实事求是的创新敬业精神，是新中国林业事业永续发展的宝贵精神财富。

甘为人梯：致力于培养新中国林业的接班人

梁希对青年一代非常爱护，并寄予了深厚的希望。新中国成立前，他曾为中央大学爱国请愿被捕的学生奔走营救。1956年5月，全国人民代表大会第三次会议上，他说："我们最重要的任务是：第一，创造先进经验；第二，培养青年专家。有了经验，有了青年，就可以五年又五年，一代又一代，连续不断地工作下去。后来的林业工作者，头脑更聪敏，技术更高明，经验更丰富，力量更雄厚。等到力量雄厚，我们一定能够绿化头十二年不能绿化的荒地荒山，能够改造十二年没有改造好的林相，做到全中国山青水秀，风调雨顺，人寿年丰。"他号召高中应届毕业生，"希望你们勇敢地、果断地、愉快地加入我们的林业队伍，大家学会绿化荒山，征服黄河，替祖国改造大自然"。

时任中国林业科学研究院院长黄枢曾撰文表示："梁老是我做毕业论文的导师，我采用他设计的一套设备，进行木材防腐试验。从论文设计到成果鉴定。他始终是无微不至地进行指导。每当机器出了故障，他立即卷起双袖，帮助检修。工作之余，我们就在实验室里谈论国家大事，互通消息。这个实验室位于江边陡坡的丛林之中，比较隐蔽。当时农学院进步同学组织的"读书会"，曾多次在此聚会，学习毛泽东著作和党的政策，谈论对解放区的认识，得到了梁老积极的支持和帮助。

"梁希是吴中伦的老师，他们相差30岁；吴中伦是我的老师，我和吴中伦相差30岁。"

吴中伦生前科研助理、中国林业科学研究院研究员王懿然表示，自己曾是跟随吴中伦学习的。梁希把"接力棒"交给了吴中伦，吴中伦又把梁希甘当人梯的育人精神传递了下去。

在吴中伦与王豁然研究员的来往信件中，我们能够看到这样传承的痕迹。梁希以诗相赠，勉励吴中伦学成归国，报效祖国林业发展；吴中伦则通过书信关心指导王豁然在海外留学期间的学习、生活及未来职业规划。直到重病在榻，仍坚持给王豁然写信，嘱咐他要做好调查记录，详细了解英国对树种引种的流程和方法，强调对中国开展树种引种工作的参考价值。

结 语

在挖掘老一辈科学家故事的过程中，我时常能在这些文字、图片等史料中，感受梁希、陈嵘、郑万钧、吴中伦等老一辈科学家的精神伟力，同时，也羡慕在那个时代能和这些先贤近距离学习的前辈们。

梁希先生能文善诗，留下了一大批诗词名句。这既表达了先生的遗志，更启迪教育了无数林业界人士，并将永远传承、弘扬下去。

最后，让我们一起以诵读《林钟》的形式怀念梁希先生，铭记他的谆谆教诲："林人们，提起精神来，鼓起勇气来，挺起胸膛来，举起手，拿起锤子来，打钟，打林钟！""一击不效再击，再击不效三击，三击不效，十百千万击。少年打钟打到壮，壮年打钟打到老，老年打钟打到死；死了，还靠徒子徒孙打下去。林人们！要打得准，打得猛，打得紧！一直打到黄河流碧水，赤地变青山。"

梁希留在南林的印记[1]

钱一群

南京林业大学博物馆档案馆

梁希先生离别我们65年了，历史不会忘记他。2023年，适逢梁希诞辰140周年，为更好地传承和弘扬梁希精神，根据中国林学会要求，学校组织开展纪念梁希征文。笔者于1982年进入南京林业大学（简称南林）工作，早年在图书馆工作，1994年到校长办公室从事档案管理。工作中，有幸与梁希先生的同事、学生（周慧明、贾铭钰、程芝、陈在廷、范贤燕、缪印华等）多有交往请教，聆听故事，耳濡目染，加之参与学校诸多图片展览、画册编辑、老照片注释等工作，积累了一些梁希与南林有关的见识，现将所见所闻所思，撷英点滴，图文结合，名其曰《梁希留在南林的印记》权当后生敬仰先生，缅怀先贤，研读梁希史料的一份档案作业。

南京林业大学前身之一的中央大学农学院森林系是梁希先生曾经工作的地方。在他担任新中国林垦部部长前近30年的教职生涯中，中央大学森林系是他停留时间最长的一站，

---

1 本文中部分史料内容来自南京林业大学文书档案、南京林业大学干部档案和南京林业大学照片档案。

在此奋斗了 16 年。在中央大学，他开创的林产化工学科得到发展；他亲手创办和开启了中国近代林科研究生教育；他许下的"黄河流碧水，赤地变青山"的宏愿成为了鼓舞林人士气的名言。当离开南京北上赴任之后，他在此创造和积累的一切，都变成了后来南京林业大学独立建校的重要资本。梁希留下的除了让人永远铭记的功绩和精神以外，在南林的相关藏馆中，还有一些可资人们阅览的文物和印记。

梁希遗留的文献与古籍

1949 年 10 月，梁希先生到北京林垦部任职，离开了心爱的教书岗位。1952 年，南林独立建校，原中央大学森林系诸多财产并入，梁希、李寅恭、干铎等中央大学森林系教授赠送的珍贵图书杂志被图书馆收藏。20 世纪 80 年代，笔者曾在图书馆工作，时任馆长陈在廷、同事范贤燕（原中央大学区炽南夫人）是中央大学毕业的老人，常听他们讲梁希先生等名人轶事。在图书馆特藏书室保存有梁希先生等人的赠书，尘封已久，多显陈旧，甚至久用残缺，有的扉页上有梁希、李寅恭的签名（印章）。看到这些林学大家使用的图书，就仿佛看到了先生们严谨治学的情景，敬重亦油然而生。

后来，在学校早期平房的拆迁清理中，又发现了梁希的讲稿以及与社会名流交往的明信片等，被校史馆展览珍藏。梁希先生在南林的捐赠和遗物，既是先生厚爱南林留下的宝贵财富，更是赋予南林树木树人的历史重任和殷切希望。

档案中记载的科研成果

翻开档案馆 1955 年案卷，南林森林工业系介绍的第三部分，是科学研究情况。档案记载：森林工业系是由南京大学（原中央大学）森林系的利用组发展而来。在森林利用组

图左，20 世纪 50 年代，中央大学梁希、李寅恭、干铎等教授捐赠的图书
图右，1945 年，梁希教授在中央大学担任木材力学课目的学生成绩单

时期，介绍了四个研究方面，分别是木材构造、木材材性、木材防腐、林产化学，并列出了研究成果及研究人员，而每个方面都有梁希的研究成果。在木材构造方面，有木材组织特点在显微镜下之观察（梁希、蒋福庆）；在木材材性方面，有川西木材之物理性（梁希、周光荣）、水杉性质之研究（梁希、周光荣、区炽南）、楠竹及慈竹的力学性质的研究（梁希等）；在木材防腐方面，有气压法木材防腐之研究（梁希等）、木材天然耐腐性试验（梁希等）；在林产化学方面，有木素定量（梁希等）、松脂试验（梁希）、中国十四省油桐种子之分析（梁希、周慧明）、重庆木材干馏试验（梁希、陶永时、郑兆松）、木粕之研究（梁希、程剑光）等。另外，在南京大学档案馆藏有梁希在中央大学森林系时的研究计划，如木浆之研究、军用木材冲击抵抗能力之研究、木材构造之研究

图左、右，1955 年，南林档案馆藏梁希教授科学研究情况

等。南林森林工业系是 1953 年设立，梁希在中央大学时期的研究成果，既服务于当时林业生产实际，也奠定了南林森林工业系的学科基础。

梁希的手迹

贾铭钰是南林森林采运的著名教授，1941 年毕业于中央大学森林系，是梁希赋诗赠森林系五毕业同学之一。1937年，日本侵华，国土沦陷，中央大学西迁重庆。梁希在重庆结识了周恩来、董必武等中共领导，深受共产党的影响和鼓舞，同时也更加注重在政治上关心学生的进步。在重庆的中央大学，师生生活极其艰苦，还遭日机轰炸；每当学生有困难，梁希便慷慨解囊。学生联欢、郊游活动或送旧迎新，梁希都欣然接受邀请，并热情指点前程。1941 年，贾铭钰等五位同学毕业，梁希对他们寄予厚望，希望他们投身革命，为中国的林业事业努力。欢送会上，即兴赋诗一首："一树青松一少年，葱葱五木碧连天，和烟织就森林字，写在巴山山那边。"并手抄五份，分赠每位同学。梁希临别赠言说："你们五个人就是五棵树，五木正好构成森林二字。……去吧，那里必有你们的用武之地，那里才是中国的希望。"梁希赋诗的巧妙构思，寄托着对学生的殷切希望和深厚感情，使五位同学终生不忘。贾铭钰一直将梁希这件手迹精心珍藏，时不时拿出来让人欣赏。贾铭钰离世后，2012 年，其家属提供给校史馆展陈。

珍贵的老照片

南林每逢重大活动，免不了编写画册，制作影像，举办展览。其中，梁希先生的老照片必不可少，涉及有关老照片的拍摄时间、事由、重要人物等内容的注释，为此，笔者曾多次请教梁希的学生贾铭钰、程芝、缪印华等老教授。1999年年底，档案馆筹办《世纪回眸——南京林业大学图片展》，在展板内容中，有梁希在中央大学林化试验室、在重庆歌乐山林区、在重庆温泉、六秩晋六寿庆纪念等。值得一提的是，关于那张 1948 年"叔五教授六秩晋六寿庆纪念"照片的注释，还有段插曲，该照片中人物众多，虽经当事人程芝教授辨认，还是有误。 2000 年年初，图片展在学校老图书馆前两边橱窗展出，吸引了很多师生观看。一天，统战部江美英部长给笔者电话，说周慧明先生在她办公室要见我。我去后，周教

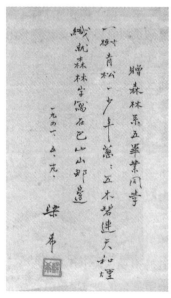

图左，1941 年，梁希教授赠森林系五毕业同学诗
图右，20 世纪 80 年代初，贾铭钰教授在教室上课

授对我说，图片展她都看了，办得很好，尤其是 1948 年中央大学梁希寿庆纪念这张合影有她在，她特别高兴，但照片下人名的标注，有一名字错了，在我右边的不是某夫人，这是我姐姐，叫周慧侬，等等。此事虽二十多年过去了，但周教授谈到和梁希先生一起合影，一个时已八十七岁老人那激动的神情，说话时声音颤抖、略带迟钝的情景，仍在我眼前浮现，在耳际回响。 2002 年，为筹办学校庆典，1938 年梁希教授等师生在重庆歌乐山林区活动的老照片，又得到当事人贾铭钰教授对人物的逐一标注，使这些梁希老照片珍藏，有了当事人的权威确认，更显弥足珍贵，广为利用。

周总理写给梁希的字条

周慧明是南林林产化工的著名教授，晚年住在南林一村5 幢 301 室，2010 年在南京逝世，享年 97 岁。周慧明曾追随梁希 20 余年，其人生深受梁希先生影响，得到先生悉心关照，保存有周恩来总理写给梁希的字条。她在自传中写道："1937 年秋大学毕业，抗日战争开始，即随中央大学迁渝，在重庆沙坪坝林产化学研究室直到 1943 年赴英深造，在渝五年，除加深认识了梁希老师外，又结识了潘菽、金善宝、李士豪、陈晓原等诸先生，从他们的日常生活和言论中，了解到未来的光明和新生的力量，肯定了国民党政府将趋于灭

图左，1948 年，梁希教授 66 岁寿庆，中央大学森林系教师合影
图右，1938 年，中央大学森林系师生（前坐者左 3 为梁希）在重庆歌乐山开展学会活动

亡。"1940年8月，周慧明和周光荣（中央大学同班同学，周光荣的父亲和梁希是世交）在重庆沙坪坝结婚，梁希主持了婚礼，"结婚后，有过一男孩，5岁时犯脑炎夭折。孩子2岁时，我赴英，将孩子留给姐姐慧侬看护，梁老爱他像自己孙子，听说孩子临终前，还喊梁公公。"

1949年10月，中央人民政府林垦部成立后，周慧明初由梁希向南京大学借用，到林垦部协助组建工作，后任森林利用司副司长。1958年，梁希先生逝世，周慧明保存有先生诸多遗物，其中，周恩来总理写给梁希的"当仁不让……"字条，一直珍藏，曾放大装裱悬挂客厅。说起字条由来，1949年9月，梁希作为科学界代表，参加了中国人民政治协商会议第一届全体会议；会上，周恩来总理采纳梁希提议，成立林垦部，并提名梁希为林垦部部长。为担任部长一事，梁希竟怎么也不肯接受，给周总理递了一张字条："年近七十，才力不堪胜任，仍以回南京教书为宜。"周总理看了，随手拿起笔写字回复："梁先生：你是认真的人，故临时而惧，我应该向你学习。但当仁不让，你应该向古人学习。"为此，梁希深受感动，以极其认真的态度向总理表示："为人民服务，万死不辞。"1949年10月1日，67岁的梁希应邀登上天安门城楼，参加了中华人民共和国中央人民政府成立典礼，亲历了开国大典盛况。

图左，1940年，梁希教授和周光荣、周慧明夫妇合影
图右，2002年，周慧明教授居家客厅悬挂的周恩来总理字条

巍然屹立的梁希铜像

1998 年 12 月 28 日，在梁希诞辰 115 周年之际，为缅怀梁希先生丰功伟绩，像先生一样献身林业，经江苏省委宣传部批准，南林在原新图书馆前右侧建立了梁希半身铜像一座。铜像由周光荣、周慧明捐资 10 万港元，尹安石、王晓俊进行铜像及景观设计，王正、周慧明等拟定梁希生平介绍。半身铜像由南京晨光机械厂制作，高度 1.5 米，落座在 1.6 米高的汉白玉基座上。揭幕仪式上，江苏省委省政府、国家林业局等领导参加并发表讲话，高度评价了梁希先生的一生。周慧明教授作了《让我们永远记住中国林业的开拓者——梁希先生》发言，深情回顾了先生爱国爱民、求知敬业、廉洁奉公的高尚情操，并在《南京林业大学学报》撰文《往事悠悠——忆恩师梁希教授片段》。梁希铜像的汉白玉基座背面刻有梁希生平："梁希先生，字叔五，浙江湖州人，中国杰出的林学家、社会活动家、著名的民主革命人士……先生学识渊博，造诣精深，乐育英才，诲人不倦，为中国林产化学学科创始人，新中国林业事业开拓者。先生提出的'黄河流碧水，赤地变青山'成为全国林业工作者的奋斗目标。先生爱国敬业，高风亮节，是中国共产党的真诚朋友，林业界德高望重的一代师表，科技界的一面旗帜。"现南林梁希广场已成学生的重要课堂，领导、校友来访也总要前去瞻仰先生。

梁希先生在南林的印迹很多，难以一一叙述。先生一生追求真理，献身林业，为新中国的林业事业贡献卓越。今天，在举国上下学习贯彻习近平文化思想，践行"两山"理念，服务"双碳"战略之际，隆重纪念梁希先生，意义尤为深远。

梁希先生，永远活在林人心中！

梁希家世考略

胡运宏

南京林业大学风景园林学院

梁希（1883—1958 年），浙江省湖州市双林镇人，著名林学家、教育家，是我国近代林学开拓者和新中国林业的奠基人，新中国首任林垦部部长。他早年先后留学日本、德国，1933 年任中央大学农学院森林系教授，1949 年任南京大学校务委员会主席（相当于校长）。新中国成立后，任林垦部首任部长，之后当选九三学社中央副主席、中国科学技术协会副主席，1955 年被选为中国科学院学部委员。梁希在新中国林业领域地位重要，以其名字命名的"梁希科学技术奖"是经科技部批准面向全国的、代表我国林业行业最高科技水平的社会力量奖项。关于梁希先生的生平和成就，中华人民共和国林业部编《中国林业的杰出开拓者梁希》、中国中共党史人物研究会编《中国党史人物传·梁希传》和顾树新、张士朗主编《南京大学校友英华·梁希》等较权威著作分别从林业、党史和教育等不同领域和视角对梁希生平做介绍，可惜限于体例或文献不足等原因，往往对梁希家世一笔带过。梁希家世是备受相关学界关注却长期悬而未决的问题。2023

年恰逢梁希先生诞辰 140 周年纪念，本文拟从原始档案入手，对此问题专做考述。

梁希出生的双林镇，是我国江南名镇。相传宋廷南渡后，这里因商贾聚集，又称商林或商溪，至元代出现专门收购丝织品的绢庄，明初正式建镇，后渐成以丝织业为主的江南大镇。双林镇旧属归安县，与乌程县一起为湖州府附郭县（没有独立县城，将县治附设于府城的县），民国元年（1912 年）归安、乌程 2 县合并为吴兴县。明清时期，双林镇旧有的大族是吴、沈、陆、严四家，至清朝中叶之后均已或正在衰败，嘉庆、道光年间又兴起徐、郑、蔡三家，尤其蔡家，成为晚清双林镇最有影响的家族。梁家大约在清朝中期迁居至双林镇，至咸丰、同治年间，梁沅、梁湘一辈方崭露头角，成为后起之秀，跟蔡家的关系保持得也不错。沅、湘后代中，又有梁枚高中进士，家族的社会地位大大提升。要知道当时势力最大的蔡家虽然中举者不少，但无一人中进士。再后来，梁希成长为新中国的开国部长之一，更为双林镇大增光辉。

这位高中进士的梁枚，便是梁希的父亲。他是同治四年（1865 年）的举人，光绪三年（1877 年）的进士，《清代硃卷集成》收录了梁希父亲梁枚中举人和进士时的两份档案，为我们研究梁希家世提供了重要的资料。

从硃卷履历可知，梁氏本是福建人，先祖梁天申始迁至湖州乌程县南浔镇。梁天申有 3 子 9 孙，孙辈中有一位梁企廉，再由南浔镇迁至临近之双林镇，是为梁氏家族在双林镇的开始。梁企廉子嗣众多，共生 19 子，其中一位名梁友龙，民国《双林镇志》有传，乃是梁希的高祖。

高祖：梁友龙

梁友龙，又称梁友隆，生卒年不详，字仰庭，号云依，

153

以经商起家。民国《双林镇志》有传：

> 幼孤贫，服贾吴门，勤敏笃实，人皆信之，辄助之资使贸易，遂起家。事母孝，至老犹依依膝下如孩提，日暮辄率妻子女媳至母所，言笑承欢，侯母寝始归息。客中所得财物悉奉母，不以归私室，母或不怡，必多方解之，至喜悦而后已。又好周济贫乏，戚友借券盈箧，绝不责偿。后以亏损涉讼，时有从子与合伙为业，官令其报名均派，戚友亦劝之，友隆不听，曰："吾不忍累他人也。"遂独任，斥产以偿。其贫时曾告贷于友，不应。后友窘而求助，友隆谓家人曰："彼虽不仁，我岂可不义乎！"慨与之，其长厚如此。年七十三卒。

从志文可知，梁友龙的一些性格与形迹：梁友龙幼年孤贫，但人品甚好，旁人愿意资助他，遂在苏州一带经商而发家致富。梁友龙是个大孝子，成年之后，每天还带着妻儿老小到老母亲面前承欢。客人送的财物，统统都送到母亲面前。母亲一旦不高兴了，便百般化解，直到高兴才罢。梁友龙仗义疏财，喜欢接济亲友，借条一大堆也不催讨。一次输了官司需要赔偿，他宁愿自己独自承担，也不愿意牵扯合伙人。梁友龙纯良忠厚，困难时曾向一位朋友借钱，但这位朋友不借，等这位朋友窘迫反过来向他借钱，梁友隆则非常义气地给予了帮助。

梁友龙的个人品行，为梁氏后来以儒起家奠定了良好的门风基础。

祖辈：梁沅、梁湘

梁友龙生有二子：长子奎元、次子春元，其中梁奎元是梁希的曾祖。梁奎元，字怀珍，号焘庵，生平不详，生有四子：沅、湘、江、清，其中梁湘是梁希的祖父。梁湘与梁沅，民国《双林镇志》均有传：

（梁沅）少时与其弟湘同受业于蔡雪樵之门，有"双丁二陆"之誉，以廪生中清咸丰乙卯举人。有文名，其门下多知名士，年七十五选授仁和县教谕，重游泮宫。年八十一卒于仁和学署。

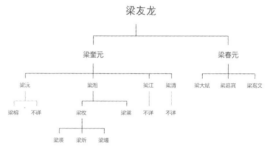

梁希家世简表

（梁湘）幼而敦敏，与其兄梦楼教谕同岁生，盖同父异母弟也。少时与梦楼同就学于蔡雪樵。家贫无可得书，曾偕梦楼入书肆，翻检默识归录呈雪樵，伪脱者少，雪樵深器之，遂以神童名于时。……年八十，距入庠已周甲矣。有司申请督学给额表闾，而梦楼亦前一岁重游泮水，艺林佳话出于一门，子孙曾元亲见四世盛事也。年八十余卒。

梁沅，生卒年不详，字庚吉，号梦楼。梁湘，生卒年不详，字辰五，号海帆。梁沅和梁湘二人为同父异母的兄弟，同年出生，而沅稍长，一起授业于双林镇名儒蔡蓉升（雪樵），有"双丁二陆"之誉。就科举成就而言，梁沅稍高，于咸丰五年（1855

梁希先生诞辰140周年

年）乡试中举，七十五岁时选授仁和县（今浙江杭州）教谕；梁湘稍低，于咸丰九年（1859年）中乡试副贡（举人名额之外的副榜）。在中国传统社会，经商虽然能致富，但是社会地位不高，要想提高家族声望，必须通过科举取得功名。梁沅乡试中举，梁湘为副贡，实现了阶层跨越，梁家在双林镇也开始有了一定的社会地位。沅、湘二人的大致有以下事迹。

沅、湘兄弟一起参与创办蓉湖书院。古代书院一般设于省城、府城或县城，双林作为镇一直没有书院。清朝道光年间，镇上名流曾试图筹建书院，因经费和场地问题而作罢。同治八年（1869年），在富商张春镛捐房基础上，归安知县雷兆棠带头捐银五百两，镇上缙绅纷纷出资赞助，由镇绅蔡蓉升、李宗莲、梁沅、梁湘等11人一起创办了蓉湖书院。此为双林有书院之始，教授内容以传统四书、五经及科举应试的"八股文"为主。梁湘还是蓉湖书院主讲，门下弟子数百人。梁希幼年即在蓉湖书院读书，打下一生的国学根基。

梁湘在宝应县协助儿子梁枚赈灾筑堤。梁湘的儿子梁枚曾任宝应县知县，将之接到宝应县官舍奉养。其间，恰好发生水灾，梁湘立即让梁枚申请开仓赈灾。宝应处在京杭大运河沿线之上，又出现运河堤坝决口，大水灌入县城，梁湘躬身出去勘察地形，让梁枚捐俸银修补堤坝。

《双林镇志》评价梁湘："平居制行格谨，恂恂如不能言，闭门深居，一切谢绝，而至临大事又毅然为之。"这是一个典型的讷于言而敏于行的儒家君子形象，是梁家从商向儒转变的标志。

父辈：梁枚、梁榕

梁湘兄弟4人（沅、湘、江、清），一共生有6子，即：梁枚、梁棠、梁榕、梁福徵、梁模、梁杞。其中，梁枚、梁棠为梁湘之子，梁榕为梁沅之子，其余3人或为梁江或梁清之子。6人之中，以梁枚、梁榕最为知名。梁枚是梁希的父亲，民国《双林镇志》有载：

少颖悟，年九岁应童子试，有神童之称。清同治乙丑年举人，光绪丁丑进士，翰林院庶吉士，散馆授江苏宝应令，有政声，晋直隶州知州，丁内艰归，卒于家，年甫强仕也。

梁枚，生于道光二十七年（1847年），约卒于光绪九年（1884年）丁忧期间；字功甫，号小帆。同治四年（1865年）考中秀才，同年乡试第123名举人；光绪三年（1877年）会试第3名，复试一等第25名，殿试二甲第66名，朝考一等第56名。有清一代，双林镇中进士者，凡16人，梁枚是其中之一。按清代科举制度，进士出身者，一般经过考核后入翰林院任庶吉士，三年之后散馆，据考试成绩，或继续在翰林院担任修编，或在中央官府任职，或下放地方任知县。梁枚在散馆后，于光绪六年（1880）授湖南清泉县知县，后经请求改选近省，出任江苏宝应县知县。中国第一历史档案馆保留着一份梁枚的履历档案，原文如下：

古人一般算虚岁，光绪三年（1877年），梁枚中进士时31岁。梁枚任宝应县知县在光绪七至八年（1881—1882年），以丁母忧而回到双林镇，不久病逝。按，梁希出生于光绪九年（1883年），正在梁枚母丧丁忧期间。"居丧生子"本是封建礼法制度禁止的行为，但明初《大明律》删除了该条；清承明制，梁枚不属于违制。

梁枚虽然中了进士，且做过知县，但他在外做官，又英年早逝，所以在双林镇的社会影响反而不及其堂弟梁榕。梁榕，本名梁荣，字咏裳，梁沅之子，光绪十五年（1889年）举人。他热衷社会事宜，宣统二年（1910年），曾调解过镇上的一桩地产纠纷：

当宣统二年秋，筹备自治之时，适有沈姓图收回总持庵。

事缘总持庵系明万历中沈公桐舍地所建，其后裔拟逐庵尼，收回庵址。尼诉诸梁泳裳先生，愿归公用。因在崇善堂集议，拔充自治公所基址。

大意是说：明代万历时期，沈桐施舍了一块地，修建了一座总持尼庵，到了清末宣统二年（1910年），沈家后人却想将尼姑赶走，把地收回来。总持庵的尼姑只好向梁榕申诉，经过梁榕调解，决定将尼庵充归公用，作为双林镇的自治公所（办公地点）。总持庵的尼姑遇到难题，能够想到向梁榕申请帮助取得解决办法，说明梁榕此时必定在当地有一定社会声望，妥善处理过类似的纠纷。这桩地产纠纷最后能够圆满解决，也说明梁榕不负镇绅的名声。

兄辈：梁煐、梁炘、梁煜

梁氏家族取名，自梁沅、梁湘一辈开始，大致按五行相生排序，沅、湘为"水"旁，水生木，因此梁枚、梁榕一辈为"木"旁，木生火，因此到梁希一辈，大多为"火"旁，梁希的本名，便叫梁爔。据梁枚硃卷履历，他生有2子：煐、炘，又有嫡侄煜、炜、熿、燿、鎏5人，堂侄煊、烺、熙、炳、煋、煌、焯、爛、国兴、国珍、国柱、应贵、顺贵、爱贵14人。这些均是梁希的兄长辈。其中，梁煐、梁炘是梁希的亲兄，其余则是堂兄或族兄。

张楚宝《梁希教授的生平及其光辉业绩》一文，是较早考索梁希家世的文章，文中有称：

（梁希）长兄梁煜，字缦伯，光绪十一年（1885年）科试秀才，在蓉湖书院执教。二兄梁炘，字仲恺，同年科试廪生。

之后论及梁希家世的所有论著，几乎都沿用此说。此说略有舛误，梁希的长兄其实叫梁煐，梁煜只是梁希的堂兄。梁希同辈中，有多人考中秀才，加上父、祖辈，梁家共有14人取得科举功名，见下表：

奏 光绪七年正月二十八日
臣梁枚，浙江湖州府归安县进士，年三十一岁。由散馆即用知县，原选湖南清泉县知县，亲老题明改选近省，光绪六年十二月分签掣江苏扬州府宝应县知县缺。敬缮履历，恭呈御览谨。

梁希家族科举名录简表

	秀才	贡生	举人	进士
梁 沅	道光十八年（1838 年）		咸丰五年（1855）	
梁 湘	道光十九年（1839 年）	咸丰九年（1859）副贡		
梁 枚	同治四年（1865 年）		同治四年（1865）	光绪三年（1899）
梁 榕	同治四年（1865 年）	光绪十二年（1886）岁贡	光绪十五年（1889）	
梁福徵	同治四年（1865 年）	光绪十八年（1892）岁贡		
梁 栴	同治六年（1867 年）			
梁 棠	同治七年（1868 年）			
梁 煇	光绪九年（1883 年）			
梁 煜	光绪十一年（1885 年）			
梁 炳	光绪十一年（1885 年）	宣统元年（1909）恩贡		
梁 炘	光绪十二年（1886 年）	宣统二年（1910）恩贡		
梁 爔	光绪二十五年（1899 年）			
梁 煜	光绪二十七年（1901 年）			
梁 炯	光绪三十年（1904 年）			

从表中我们可以看到，梁希（爔）的二哥梁炘在光绪十二年（1886 年）中秀才，比梁煜要迟一年，炘、煜并非"同年科试廪生"。梁希（爔）本人在光绪二十五年（1899 年）考中秀才，时年 16 岁，比有神童之称父亲梁枚中秀才还小 2 岁。如果按照正常发展，梁希及这些梁氏学子在科举仕途上一定还会有更大的成就。光绪三十一年（1905 年），清廷决定废除科举，所有乡会试一律停止，各省岁科考试亦即停止，翌年（1906 年）正式实施。正是在清廷决定废科举这一年，梁希报考了浙江武备学堂，因毕业成绩优异，1906 年，他被送至日本士官学校深造。在日本，梁希加入同盟会，在科学救国、政治救国的道路上，终生奋斗不已，终成一代林学泰斗，中华人民共和国的开国部长之一。

生命不息，林钟不止

冯彩云

中国林学会国际部

不怕林钟碌碌无名，只怕林钟寂寂无声；宁可林钟百击而不灵，不可林钟经年而不鸣。

——题记

曾少年，他饱读诗书，中试秀才，被誉为"两浙才子"。生于乱世，胸怀武备救国的理想，他投笔从戎，加入同盟会，参加辛亥革命。清朝灭亡后，百废待兴，匹夫有责，走过战火与硝烟的他在而立之年，重握手中之笔，立志要科学救国。他选择了当时看来最没有"前途"的林业。他说："国无森林，民不聊生，我们若要教我们中国做东方的主人翁，我们若要把我们中国的春天挽回过来，我们万万不可使中国五行缺木，万万不可轻视森林！"然而，当时困顿的时局让他难圆绿色梦想。他并未就此放弃，他提起精神，鼓起勇气，挺起胸膛，举起手，拿起锤子，打钟，打林钟！他就是近代林学和林业杰出的开拓者之一、林业教育家和社会活动家、新中国林业事业的奠基人梁希先生。

林钟是晨钟，林钟是警钟

　　1913年，梁希先生30岁，怀着科学救国的理想他重返日本，在东京帝国大学农学部林科学习。1916年毕业后被当时的政府选派来到奉天安东（今辽宁丹东市）中日合办的鸭绿江采木公司担任技师。梁希先生深感中国森林工业很不发达，而且森林的采伐及林产品利用受外国人控制，对森林资源的合理利用和国家经济的发展极为不利。梁希先生工作一个月因不满该公司被日本人独揽大权就愤然辞职了。

　　之后梁希先生又目睹了战后中国的木材来源断绝，生产和生活所用的木材均需依赖国外，而当时的政府对林业不作为导致山林更加荒废。他打击林钟，发出警告"林不茂，则水不利，风不调，雨不顾。假使让山林再荒下去，不单是水灾旱魃，进一步，恐怕全中国要变成沙漠了"。1929年梁希先生兼任建设厅技正，以一年时间调查了浙江全省的山林概况，对浙江省山林的营建和杭州名胜西湖的造林绿化敲响林钟。在《西湖可以无森林乎》一文中，他对游客的困惑："西湖自唐以来称胜地，而最近二十年间，游客乃颇有微词，却又不知病源所在，摸索迷离，任意评断，曰：马路大阔也；曰：洋房太多也。夫洋房马路而可杀风景，损名胜乎？"他分析指出西湖的症结在无森林，山无林荫，水无树影，森林滥伐一空，还能算得上风景名胜吗？他对官僚、军阀、豪绅们争相在杭州建别墅、盖洋楼、大肆破坏西湖林木的行径痛加抨击。呼吁当局不要斤斤于洋楼番馆，而要广植苍松翠柏，恢复西湖"美术化、天然化、民众化"之美，还西子以本来面目。在《两浙看山记》一文中，他提到"中国号称地大物博，而观察嵊县、新昌之后，则印象适得其反，无复茂林修竹，地位之局促，物产之艰难，娥江、剡溪沿岸，年年为水冲洗，土地因以恶化，农产日形减少"的严峻现状，指出其根本原因在于山无论高下，岭无论平险，悉数垦为农地所致，并发出警告"如此倒行逆施，恐不出50年，上流皆成石山，下流皆成沙地，非独无林业可言，即农业亦破产"。在《对于浙江旧泉唐道属创设林场之管见》一文中，他主张在杭州、湖州两地东苕溪和西苕溪上游建立东天目林场和分场、于潜林场和分场，在西湖设模范林场。并对设立东天目林场和于潜林场的理由、地点、如何营林、测量和造林方式方法做了详细的论述。

然而，当时的政治与时局让梁希先生感到茫然，"森林无办法久矣，荒山听其颓废如此；而树海不能利用又如彼。毕业生失业如此；而技正技师有其业而无所施其技又如彼"。他发出"客何能，客无能，客休矣"的叹息。但梁希先生并未气馁，他击响林钟，唤起社会，"中国人治中国，情形不同了。地也我们的，人也我们的，我们为我们的国土保安，我们为我们的水源涵养，我们为我们的山村建设，我们为我们的材料供给，为什么舍不得花钱呢？"他击响林钟，觉醒政府，"森林不仅是观瞻问题，而是国家的经济问题，并且是国土保安问题，我们明知道自家种树不能自家收，然而收的还是中国人，算不得损失。希望农政当局，计划农业经费的时候，划出一笔经费来整顿山林，虽然自家眼里见不到成绩、自家手里收不到结果，当然是吃亏的，然而为的是民，为的是国，这应当的。"他击响林钟，警告满腔肠肥、醉生梦死的人们，"我们纪念总理，运动造林，仅仅贴几张标语是不够的，做几篇文章也是不够的，声嘶力竭的演讲还是不够的。我们要实事求是，指定专款，行政设专署，试验设专场，合理化地、科学化地、有系统地、有步骤地用国家力量来经营森林，同时，推动和奖励民营林业。我们要把十四年来所有的造林计划实现，要检讨过去造林的工作，要推广未来的伟大的造林运动。"

打钟还靠徒弟徒子徒孙打下去

1923 年，梁希先生 40 岁，他认为要发展中国的林业，亟须从教育着手培养人才。为了进一步学习西方林业发达国家的科学技术，他自费前往德国撒克逊邦林学院（现为德累斯顿大学林学院）进修林产化学和木材防腐学。从 1916 年起，梁希先生先后在北京农业专门学校、浙江大学农学院森林系、中央大学森林系从事林业教育和科研工作长达 30 多年。梁希先生讲授《森林利用学》《林产制造化学》和《木材学》等课程，培养了一批又一批林业专业人才。他坚持教学与科研结合，理论与实践结合，在我国率先创立了中国林产制造化学学科，创建林产制造化学学科和森林化学实验室，在松树采脂、桐油提取、木材干馏、樟脑制造等方面取得重要成果；设计出"梁式樟脑（樟油）凝结箱"；著有《林产制造化学》《木材学》等多部学术专著，发表《松脂试验》《樟脑（樟油）制造器具之商榷》《近世甲醇定量之新方法》等多篇科研论文，为我国林业发展提供了宝贵的研究成果，为创立我国近代林学作出了重要贡献。

他重视教学与育人结合，不仅在教学上精益求精，诲人不倦，而且十分关心学生的思想进步，以自己的进步思想和革命行动，言传身教，为祖国培养了一大批德才兼备的林业专业人才。正如《赠森林系五毕业同学》写道："一树青松一少年，葱葱五木碧连天，和烟织就森林字，写在巴山山那边。"五木正好构成"森林"二字，寄托了梁希先生对学生成为国家栋梁之才的殷切希望。

新中国成立后，他为了给林业战线培养后续力量，积极倡议加强林业教育事业。林垦部成立不久，他就亲自主持了全国林业技术干部总登记的工作，把分散在各地区、各行业以及闲散在社会上的林业科技人员登记造册，因才使用、统一分配。

他还要求各地方依据实际需求及现有条件设立临时林业干部训练班（在职干部轮训班或招收学员或练习生训练之）。两年来，林业人才从高级到基层，从长期到短期，结合教育部门多方训练干部，已有2600余名学生正在全国各大学本科和专修科学习着林业的专门知识，有近6000名学员受到了短期的林业教育，有3000余名在职干部已经或正在轮回受训，这就意味着：在两三年后，林业将拥有一支两万人以上的队伍。在梁希先生的建议下，1952年教育部决定成立北京林学院（现北京林业大学）、东北林学院（现东北林业大学）和南京林学院（现南京林业大学），保留12个农学院的森林系，在新疆八一农学院增设森林系。为了给林业科技战线培养后续力量，为了扩大人才来源，他甚至还跑到中学去做报告，殷切地对中学毕业生说："希望你们勇敢地、果断地、愉快地加入我们的林业队伍，大家学会绿化荒山，征服黄河，替祖国改造大自然"。可见，梁希先生对增加生力军、培养人才的迫切心情。

一直打到黄河流碧水，赤地变青山

1949年，梁希先生66岁。怀着"为人民服务，万死不辞"的信念，他在花甲之年担任新中国首任林垦部部长。他是新中国的林人，同时也是新中国的艺人。他擘画了"无山不绿，有水皆清，四时花香，万簇鸟鸣，替河山装成锦绣，把国土绘成丹青"的美丽蓝图，怀着"高到八千八百多公尺的喜马拉雅山圣母之水峰，低到一撮之土，都是人民的山，都要人民的林业工作者来保护来造林。除了雪线以上的高山，要把它全体绿化，而不容许有黄色"的豪情壮志，与时间赛跑，争分夺秒为新中国林业奔走。他年龄大了，但他希望只要能行走，就要争取到全国各地多跑跑、多看看。他奔波于长城内外、大江南北，将全部的精力和心血倾注于林业建设，为新中国林业事业奠定了坚实的基础。

新中国成立初期，中国的林业可谓是一穷二白，一切都得从头做起。梁希先生一上任，首先抓的三件事情就是搭起架子，摸清底子，打好基础。在他亲自主持下，部机关在短时间内组建了。他先后六次亲赴西北、东北等地考察，提出了"普遍护林，重点造林，合理采伐和合理利用"的指导方针，制订了全国林业建设初步方案，组织群众造林护林，林业建设取得了显著成效。在护林方面，1953年全国森林火灾面积比1950年减少了74%。在造林方面，1953年造林面积比1950年增加了近10倍，等于国民党政府22年造林面积的两倍。其中，有东北西部和内蒙古东部的长1100多公里、宽二三百公里的防护林，有东起府谷西至定边的陕北防沙林和河北西部、河南东部的防沙林，大大促进了当地农业增产增收。在森林调查设计方面，长白山226万多公顷森林，已作出了合理的经营方案；大、小兴安岭2000万公顷森林的上空，进行航空调查。在森林工业方面，截至1953年，全国初步形成了一个相对完备的森工系统，已有51个森工局，67个木材加工厂、林产化学厂和附属企业，拥有2000多公里森林铁路，30余万职工，保证了国家建设所需木材的供应。

1954年，中国共产党正式提出过渡时期的总路线，进一步加快社会主义建设。根据总路线的精神，结合前几年林业建设的经验，梁希先生会同几位副部长提出了新的林业发展方针——普遍护林护山，大力造林育林，合理采伐利用森林。这一方针的提出和实施，把中国林业建设推向了全面迅速发展的轨道。在造林方面，提出了在南方自然条件好的地区大力营造用材林，建设南方用材林基地。同时，加强对防护林营造工作的领导，强调提高质量和防护效果，把水土保持造林纳入林业第一个五年计划。在护林方面，提出了"护林护山"的任务和对国有林区实行科学管理和开发新林区的建议。经过几年努力，全国大部分山区县进行了山区生产规划，促进了农、林、牧生产的全面发展，我国的森林管理水平大大提高了。1954年组建了森林航空调查队，对新林区进行了航测和森调，编制了长白山、小兴安岭、白龙江、岷江上游等新开发林区的施业方案和总体规划设计，为科学经营森林和开发新林区打下了坚实的基础。

梁希先生担任部长的9年时间里，不仅在林业建设方面作出了重大贡献，在学术思想上也独有建树。他多次论述了森林与农业、水利、工业、环境的关系，如"森林与它的环境起着相互作用，所以它对水、旱、风、沙等灾害有相当的控制能力，从而对农田水利有显著的效用""只有提高单位面积产量，才能够少垦山，多造林；反过来说，只有少垦山，多造林，才能够稳定地提高耕地单位面积产量""发展林业，不仅可以满足国家建设和城乡人民生产生活上对木材和林副产品的需要，同时还能减轻自然灾害，保证农业丰收，美化环境，增进人民身体健康""森林是最好的保水工具，保水最经济最有效的办法是造林""要保土必须保水，要治河必须治山""要根治各河流的灾害和综合开发利用，必须在各河流上、中游进行水土保持工作。而森林改良土壤措施，则又是水土保持工作中的基本环节之一。总括地说，要保土必须保水，要治河必须治山"，等等。这些论述与他早期关于森林综合效益、森林与国民经济关系和科学经营森林等观点一起形成林业生态理论架构和系统治理理念，这与党的十八大提出的生态文明建设、二十大提出的坚持山水林田湖草沙一体化保护和系统治理的要求基本一致，可见梁希先生远见卓识的战略眼光。

1958年，梁希先生75岁，这位打了一辈子林钟的老人因操劳过度倒在病榻上。生命不息，打钟不止，即使生命走到尽头，他还是奋力击响最后洪亮的林钟——《让绿荫护夏，红叶迎秋》，"绿化，要做到栽培农艺化，抚育园艺化；绿化，要做到木材用不完，果实吃不尽，桑茶采不了；绿化，要做到工厂如花园，城市如公园，乡村如林园；绿化，要做到绿荫护夏，红叶迎秋……这样，中国 960 万平方公里的国土上全部成一个大公园，大家都在自己建造的大公园里工作、学习、锻炼、休息，快乐地生活。"

"打钟！打钟！我们的责任在山林。一击不效再击，再击不效三击，三击不效，十百千万击。少年打钟打到壮，壮年打钟打到老，老年打钟打到死，死了，还靠徒子徒孙打下去。"这种锲而不舍的打钟精神，是梁希先生为学、为师、为国的真实写照。他对得起自己，对得起林业！让我们铭记梁希的名字，弘扬梁希精神，继承梁希"替河山装成锦绣，把国土绘成丹青"的遗志，为生态文明建设和美丽中国建设努力奋斗！

青山绿水今犹在，
缅怀当年林业人

张鸿

北京林业大学马克思主义学院

梁希（1883—1958 年），杰出的林学家、教育家和社会活动家，新中国首位林垦部长，近代林学开拓者，林业事业奠基人。出生于浙江省湖州市吴兴县（今吴兴区）。父辈崇文重教，十六岁考中举人。受西方林业发展思想的影响，弃武从文，致力林业救国，从此与林业结缘。先后赴日本、德国留学，专攻林产制造化工研究，回国后在北京农业大学、浙江大学、中央大学任教。新中国成立之初任林垦部长，直至去世，一生的心血都奉献给了林业，他留下的"黄河流碧水，赤地变青山""无山不绿，有水皆清，四时花香，万壑鸟鸣，替河山装成锦绣，把国土绘成丹青"以及"让绿荫护夏，红叶迎秋"等佳句被后世传颂。

梁希对林业有独到的认识

1. 林业是国家的经济命脉，是改善民生的重要法宝

1929 年，梁希在《民生问题与森林》一文中指出："森林是人类的发祥之地。人类所以发达到现在的地步，都是森

林的功劳"以及"衣食住行都是靠着森林。国无森林、民不聊生",其中就强调了森林与国家发展、人民生计的紧密关系。他在《烧荒》一诗中"百载乔林一炬红,三年田作又成空,老农他去觅新地,烧到山荒人更穷"指出了毁林开荒是造成贫困恶性循环的根源。特别是他将林业问题与社会现象关联起来,认为林木的生长、发育以及灭亡的规律与社会现象具有很多相似之处,并指出"林学家要认识树木本身的内在矛盾,把它揭露出来,应该留的留,应该剪的剪,此中没有调和妥协之可能",其中就透露出他对社会矛盾精准的把握,认为需要认清社会问题的本源,及时采取相应的措施。周恩来总理曾高度评价他为"实干家"。此外,梁希也强调了"造林十年,不愁吃穿;封山育林,富国利民"的认知,认为林业对促进经济发展和改善民生是有极大作用的。

169

2. 森林有保持水土的功效,是农田水利发展的关键

梁希在日本留学期间,就注意到日本独特的自然地理条件使其成为多灾多难的国家,便有了要及时采取行动制止我国生态环境持续恶化的先见之明。1950 年,他看到全国各地水、旱灾害接连不断,指出了"没有林业,农业就不复存在。有森林才有水利,有水利才有农田"。1954 年,他在《森林在国家经济建设中的作用》一文中写道"森林与它的环境起着相互作用,所以它对于水、旱、风、沙等灾害有相当的控制能力,从而对农田水利有显著的效用",这是梁希对林业、农业、水利三者辩证关系的认识,进一步明确了林业的核心地位,即林业是农业、水利的根基,林业能促进农业和水利的发展。1955 年,他在第一次全国水土保持工作会议上指出"森林是最好的保水工具""森林可以防洪,可以防旱""要保土必须保水,要治河必须治山"。这是梁希先生森林保持水土、促进农田水利发展观点的进一步强化。

3. 大面积植树造林，是林业建设与发展的根本遵循

梁希先生很早就意识到，我国最突出的问题在于风沙肆虐危及国土，黄河泛滥祸及人民，而这些问题的根源在于森林的乱砍滥伐，导致森林覆盖率太低。因此，要改变中国面貌，就要改变中国的山河面貌，最好的方式是把森林看得神圣，通过封山育林、植树造林等方式加以应对，这是增加森林覆盖率最经济、最直接、最有效的办法。同时，他也指出森林资源可以合理采伐利用，但要"制止滥垦滥牧，否则，护林就是一句空话"，其中蕴含大面积植树造林，将林业做大做强的认知与态度。而且，他将水患治理作为林业建设和发展的工作重点，认为植树造林是根治水患的有效办法，并呼吁和带领全民大力开展植树造林运动。

170

梁希在林业建设工作中取得卓越成就

1. 带动林产化学研究，弥补国内科研空白

梁希早在青年时期就意识到林业是一项富国利民的伟大事业，因此他在日本、德国留学以及回国任教期间，就致力于林产制造化学研究和教学。他在林产制造化学研究方面颇有建树，亲自参与的松树采脂、樟脑制造、木材干馏、桐油提取等实验中取得一系列显著成效，填补了中国早期林业科研项目的空白，特别是提取桐油的方法达到了国际先进水平。而且，所撰写的《林产制造化学》一书成为我国林产化学研究中的标杆之作，为之后的林产研究奠定坚实基础。此外，在梁希的努力下，中大木材学实验室、森林化学实验室、中央林业实验所林产利用实验室和林场得到进一步改善和发展。

2. 倡导设立林业部门，推动林业院校建立

新中国成立时，我国还没有独立的林业部门和林业院校，

梁希在政治协商会议上提议成立林垦部，突出林业的独特作用。中央采纳了梁希的意见，设立了首个林业管理部门——林垦部，周恩来总理推荐梁希任部长。任职以后，在梁希的领导下，地方林业相关部门也陆续成立。早在民国时期，梁希就是中华农学会和中国林学会两个农林专业重要学术团体的元老和骨干，有着深厚的专业知识和丰富的社会阅历，先后受聘于北京农业大学、浙江大学、中央大学。任职期间，他编撰林业教材、优化林业课程，培养了一批又一批优秀林业人才，还鼓励并资助大批学生出国深造。他在中央大学森林系任职期间，就推动了我国首个林科研究生的招收和培养。随着建国初期全国掀起办学的热潮，从事多年教育的梁希认为林业要想赶上去，必须从教育入手。因此，在他的倡导和参与下，北京林学院、南京林学院、东北林学院等林业专门学校应运而生，招生人数也逐年增加。从此，为推动我国林业教育事业发展奠定良好基础。

3. 明确林业建设方针，制定林业发展政策

梁希任林垦部长以后，将林业建设方针和制定林业发展政策作为首要任务，他秉持深入实地调查的理念，致力于找到符合我国国情的林业发展目标和定位。梁希经常前往东北、西北、浙江等林区以及黄河、径河、无定河等流域进行实地考察，综合考察情况并结合西方国家林业建设经验，明确了新中国"护林、造林、利用、调查的四大林业建设任务"和"普遍护林、重点造林、合理采伐和合理利用的林业建设总方针"。这一系列举措使得我国森林面积逐年增加，灾害明显减少，治山治水治黄治沙成效显著，基本筑起了新的"生态长城"。同时，他还提议并参与制定了木材生产和林产品的综合利用、林业规划、森林经营管理、森林工业等相关林业政策，为我国林业发展保驾护航。

梁希伟大的林学家精神

1. 强烈的爱国情怀

20 世纪初，梁希武备救国的希望破灭后，转向林业科学救国。1916 年，梁希留学回国任安东鸭绿江采木公司技师，看到日方盗伐我国林木，极为痛心，撰文痛批"把长白山旦旦日伐，几乎剃成光头……什么也不管"，其中充满了愤怒。抗战期间，他在重庆结识周恩来、董必武等一批中共领导人后，开始接受共产党为工为农的主张，重新燃起对中国美好明天的希望，他的研究对当时的林化科研项目产生了积极作用。1945 年，他看到国民党统治区政治腐败，经济萧条，局面混乱，林业萎靡不振，国民政府更是从海外进口木材，痛斥当局："我们为我们的国土保安，我们为我们的水源涵养，我们为我们的山村建设，我们为我们的材料供给，为什么舍不得花本钱呢？难道数十年来水旱灾还不够凄惨？难道木荒还不够厉害？"其中蕴含着梁希对国民党政府腐败无能的极大不满，对国民政府的丑恶、黑暗、愚昧倍感失望，意识到只有共产党才能救中国。

2. 严谨的工作态度

梁希在编撰教材时，力求全面完整。正如他在编撰《林产制造化学讲义》时不愿将未完善的版本出版发行，而是几经修改，突出重点和细节后才愿意付诸使用。而且，为方便学生阅览，在所撰的书中附上了较多示意图。在科学考察中，讲究实事求是。他不畏艰难险阻，跋山涉水。1929 年，他前往浙东和浙西开展了长达半年的森林火灾、开垦林地的野外考察；1948 年，65 岁的他应邀赴台湾考察林业，六周的时间，登高山、穿林海，实地考察整个台湾省，并完整详细地写了三万余字的《台湾林业视察后之管见》。在科学问题上，坚持真理。如面对黄河治理时，梁希并不赞同在黄河流域潼关以上建水库和大坝，并根据自己的专业知识四次下黄河实地考察，最后指出不能在黄河两岸造水库大坝的具体原因。而且，在1951年全国政治协商会议上直言不讳地规劝水利部部长傅作义"河道被泥沙淤高，变成了地上河，不单是河床，就是水库，也会慢慢被泥土填塞起来"，最后事实证明梁希的观点是正确的，在这一件事中，梁希的劝阻虽未能奏效，但后期仍多方尽力弥补。

3. 朴实的生活作风

梁希的妻子去世后，他从此孑然一身，自号"凡僧"，全身心扑在林业事业上。他在德国留学时，房东知晓他妻子已病故，欲将女儿许配于他，他好言婉拒。1931年，中央大学聘请他任教，他不但谢绝了出任时的礼聘，还将自己的薪酬用于实验经费。在任教期间，常常教育学生为人之道，教导学生要以人民利益为重，切忌利欲熏心，要老老实实做人，扎扎实实做事，绝不要有任何骄傲、夸张。1937年，他随中央大学迁到重庆，因重庆学生生活条件异常艰苦，一名学生患恶性疟疾，接连数周不愈，体弱不堪，梁希慷慨解囊，资助该学生住院治疗，转危为安。爱生亦尊师，梁希对自己的老师永远心怀尊敬和感恩之心。1948年，他在台湾考察，见到自己在日本受教时的教师本多静六、右田半次郎等几位教授种下的杉树，当场有感而发，写下"一别师门三十春，前情如梦复如尘，侯生头白梁生老"的怀念之诗。在任职林垦部长期间，兢兢业业，在身患重病无法下床工作时，仍然不忘工作和组织纪律，亲自向国务院办公厅写下了最后一张请假条。直到他在1958年去世时，只留下一块手表，未给家人留下其他任何财物。

结语

梁希先生的一生，是为林业事业奋斗的一生，是为实现"黄河流碧水，赤地变青山"的一生。他对林业独到的认识、在林业建设中取得的成就以及造就的林学家精神，成为后代宝贵的财富。周总理"你是认真的人，当仁不让"的肯定，激励梁希用余生的心血去践行"为人民服务，万死不辞"的承诺。哲人虽逝，精神长存。如今，林业建设和发展早已成为全社会的共识，大批林业人也在为绿水青山的事业努力奋斗着。

梁希先生与黄河的二三事

吕晓馨

北京林业大学马克思主义学院

梁希先生与黄河的故事，还要从《林钟》复刊词开始说起。

那是 1945 年的冬天，阴霾笼罩着位于西南的陪都——重庆，国民党的反动统治为这座雾都又增加了一抹沉闷和阴郁。尽管抗日战争已经胜利，但国统区依旧死气沉沉，停滞不前，甚至有倒行逆施之势。达官显贵追名逐利，农业工业百业萎靡，谁还把民生放在眼里。衙内歌舞升平，衙外水灾旱魃；府内红灯酒绿，府外漫天黄沙。身为中央大学森林系教授的梁希痛心疾首，迫切地将林钟敲响。伴随着新年（1946年元旦）的第一阵钟声，梁希在《林钟》的复刊号上慷慨激昂地呐喊："林人们！要打得准，打得猛，打得紧！一直打到黄河流碧水，赤地变青山，才对得起自己，对得起林钟！"而这句对黄河流碧水的美好憧憬，也贯穿于梁希先生此后的人生。

造林治水，正本清源

钟声冲破乌云，呐喊划破天际。岁月流转，崭新的中国宣告诞生。建国伊始，百废待兴。受周恩来总理的邀请，梁希先生出任新中国首任林垦部部长。面对满目疮痍的荒山和因荒山造成的水旱灾，1949 年底，梁希部长在林业座谈会上作出《目前的林业工作方针和任务》报告。报告中，他对黄河水患和沙荒问题忧心忡忡，预见性地指出"黄河沿岸考城一带，沙子堆积如山，再不植树造林，则附近耕地将成问题。"并多次建设性地强调："有森林才有水利，有水利才有农田。"自此，梁希踏上了植树造林治理黄河之旅。

为何造林能根治黄河，首先要弄清黄河水患因何而起。对此梁希先生这样解释道："依照大自然的趋势，山土本来不断地会向下方移动，而由于草木之被覆，土石得到一重保障。荒山可不同了，既无地被，更无保护，沃土逐年流失，于是天空飞的是沙，水中流的又是沙。因为河中半水半沙，所以河水半流半滞，河道半通半塞，时时改变流向，造成水灾。而要免除或减少水灾，河是必须要澄清的，而且照理论讲，河是可以全部或局部澄清的，这只要看河源与流域的山林如何。"1950 年 9 月，梁希赴西北对黄河最大的支流渭河及小陇山进行考察，再一次言辞恳切地表达出自己的意见。他说："森林生长在山上，看来是很平凡的，而暗中的功用却甚大。一场雨水下来，森林能保持雨水百分之三十，不使它流出林外，而流下来的百分之七十，流过落叶、苔藓和树枝，经过一番过滤作用，所以流水清，流势缓，河川不致泛滥，洪水自然减少。""要正本清源，只有护林和造林！"

西北之行，守护森林

很快，梁希先生造林治水的想法在实践中得到了检验。时间回溯到 1950 年 7 月，当时林垦部接到了西北农林部准备开发小陇山森林等事项的公函。尽管就小陇山是否伐木问题和西北黄河水源地重点造林问题，梁希先生早已心中有数，但为了说服西北农林部，他还是亲自前往西北考察。秋风渐凉，秋雨潇潇，山水重重，车阻路遥。傍晚时分，站在宝鸡渭河大桥上的梁希向远处眺望，那宛若泥浆般的渭水和黄沙笼罩的天空映入眼帘。"一色黄流一色天，江山如此岂徒然"，水土流失的现状令人扼腕长叹；"秋草离披压沙渚，夕阳高下照梯田"，"老农他去觅新地，烧到荒山人更穷"。边走边看，这一路，梁希心事重重。

抵达小陇山，寥寥无几的针叶林、枝丫横生的乔木，使原本以为这里森林茂密的梁希大失所望。"巨材还有几，旦旦发樵夫，兔窟频移处，牛车劳载途。梓桐盈把仅，樗栎中绳无，莫枉伤乔木，嘤嘤鸟在呼。"此情此景，令梁希倍感心痛，更对黄河的未来感到担忧。于是他制止了包工伐木的行为，并建议把秦岭林场在小陇山的业务范围扩展到护林和造林，发动民众和军队营造防护林。此时的梁希虽然早已年过花甲，但老骥伏枥志在千里的他言语真挚，态度坚决，对保护一方水土充满着决心和信心。在返回途中他不禁赋诗高歌："仰天大笑出潼关，滚滚洪流落照间。不许老夫心不壮，中原如此好河山。"是的，那一刻，他做到了。

西北之行结束后，梁希撰写了《西北林区考察报告》。报告从实地调查和科学根据出发，及时将从前的伐木决策改变过来，强调了林垦部贯彻护林政策的方针和在西北建造防护林的首要任务，得到了西北军政委员会主席彭德怀的首肯。西北之行使小陇山森林得以保存并延续至今，成为大西北的绿色明珠。保护小陇山森林无论在当时还是在今天看来，都是一个极富远见的正确决策。它不仅为黄河的上游保留了一股珍贵的清流，更为黄河的安危设立了一道天然的屏障。

再下黄河，配合治黄

然而通过造林治理黄河的道路并非一帆风顺。关于怎样治理黄河，在当时的中国存在着两种不同的声音。一种是以水利部为代表的建造大坝，另一种是以林垦部为代表的植树造林。尽管变黄河水害为黄河水利以造福百姓和国家，是新中国建设者的共识，但受限于当时人们的认识水平和传统的或疏或堵的治黄思维，以及学习苏联经验的热潮，建造大坝逐渐成为当时人们心中的首选。

涉及大政方针，梁希始终与党保持一致；但事关科学问题，他坚持实事求是。1951年，在中国人民政治协商会议第一届全国委员会第三次会议上，梁希援引水利部部长傅作义所说："土壤被冲刷，一天比一天贫瘠，河道被泥沙淤高，变成地上河"，进一步指出植树造林对水土保持和保障水利设施的重要性，呼吁营造水源林。为配合水利部的治黄计划，了解黄河重要支流流域的山林荒废和水土冲失情况，梁希决定再下黄河考察，制订出水源林和水土保持林的营造方案。

1952年底，六十九岁的梁希考察了渭河的第一大支流泾河；时隔几月，梁希再次考察了黄河的支流延水、洛河和无定河流域，这已经是古稀之年的他第四次下黄河考察了。他将考察的结果以《泾河、无定河流域考察报告》的形式进行了公布，沉重地指出："高原沟壑区的所有山和山沟，都被垦成农田，土壤冲失非常严重。每逢雨季，崩溃下来的山土，好比糖块投水，顷刻溶化。"报告提出，若要保持水土则必须要在沟壑边沿、山坡上、斜坡上造防护林带。可当时山上、山坡和山沟所有可以开垦的土地都被开垦，且不说退耕还林，造林工作的有效展开都变得困难重重。尽管梁希在1954年全国林业调查设计工作会议上借官厅水库为例，点明了"不积极造林，则水库寿命不会长久"的后果，并在此后的多次会议和文章中反复强调营造黄河水源林的重要性和紧迫性，但伴随着农业发展的迫切需要和大坝水库的大规模建设，造林治水的声音还是没能在历史的洪流中振聋发聩。

规划宣传，培养人才

真理的光芒可能会被一时激进的浪花所掩盖，但绝不会被历史的滚滚洪流所淹没。它会经得起时间的考验和实践的检验，在岁月的长河里熠熠生辉。

1955 年 7 月 30 日，第一届全国人民代表大会第二次会议通过了《关于根治黄河水害和开发黄河水利的综合规划的决议》。这是我国历史上第一次对黄河问题进行全面规划。虽然没有将造林治水放在规划的首要地位，但在梁希先生的努力下，进行黄河中游地区的水土保持工作成为决议的重要内容之一。在《绿化黄土高原，根治黄河水害》一文中梁希指出："黄土高原的水土保持，是根治黄河的一项关键工作，造林就是保水保土最有效最经济的办法。"同时生动地列举了成功事例，鼓舞人民根治黄河的勇气和决心，引领人们共同描绘"黄河流碧水"的宏伟蓝图。

正本清源，道阻且长。敲打林钟的声音在梁希先生的耳畔久久萦绕回响。"少年打钟打到壮，壮年打钟打到老，老年打钟打到死，死了，还靠徒弟徒子徒孙打下去。"他将碧水青山的愿望寄托在青年人的身上："青年，是精最强力最壮，生气最充足的人；造林，是掌握植物生理、启发植物生机的事。"他向青年们耐心解释"治河必先治山，保土必先保水"的原因和方法，呼吁青年植树造林，与三千年来发生了一千五百次水灾的黄河做斗争。他向高中应届毕业生介绍林业和林学，期盼新一代学子"绿化荒山，征服黄河，替祖国改造大自然"。自此，莘莘学子投向了更加宽广的林业建设舞台，为荒山正树木之本，为黄河清澄澈之源，为祖国山河增添光彩。

尽管此时梁希先生的身体正每况愈下，病入膏肓，但他依然步履不停地思考如何进一步扩大林业在水土保持上的作用，如何在建造大坝既成事实的情况下，为减少黄河淤泥多做些努力。病榻上的他对群众背冰造林的事迹倍感欣慰，却也为在尚未做好黄河流域水土保持前就过早地建设三门峡水库感到担忧。1958 年，梁希先生带着"让黄河流碧水，赤地变青山"的心愿和"让绿荫护夏，红叶迎秋"的憧憬永远离开了人世。

时光荏苒，岁月淘沙。梁希先生的造林治水理论在滔滔黄河的奔腾中愈发历久弥新，更在新时代新征程里闪烁着耀眼的光芒。如今的中国在习近平生态文明思想的指导下，加快统筹山水林田湖草沙综合治理，加强生态保护红线管理，落实退耕还林、退牧还草，强化天然林保护和水土保持，持之以恒推行草原森林河流湖泊湿地休养生息。黄河两岸的植被覆盖率开始一路上升，黄河的输沙量开启了断崖式下降。以习近平同志为核心的党中央更是把黄河流域生态保护和高质量发展上升为重大国家战略。2023 年，在梁希先生诞辰一百四十周年之际，以加强黄河流域生态环境保护，保障黄河安澜为开篇的《黄河保护法》正式生效。今日的黄河早已不是两岸稀疏木、泥沙满河床；明日的黄河更会赓续祖国山河的壮丽篇章，哺育华夏儿女，创造新的辉煌。

晴空一鹤排云上，
便引才情到碧霄

胡文亮

南京农业大学《中国农史》编辑部

早就想再写一篇纪念梁希的文章了。上一篇还是五年前应《民主与科学》编辑部之邀撰写的急就章——《他用一生书写传奇——纪念梁希先生逝世六十周年》，此次欣闻中国林学会征集纪念梁希先生诞辰 140 周年的纪念文章，心底顿时波翻浪涌，于是泼墨挥毫，一吐万千追思之情。

梁希，曾先后任教于北京农业专门学校、浙江大学、中央大学，二十多年里，桃李半天下，硕果满人间，其中六十二万字的《林产制造化学》注定要成为传世之作。66 岁时荣任新中国首任林垦部部长，一时传为佳话。但愚以为，上述成就只是个人功名而已，梁希能够世世代代为后人怀念与景仰，绝不仅仅取决于此，而在于他呕心沥血、反复宣传、最终泽被后世的众多林业思想，且其思想历时愈久愈见其光芒。

2023 年是梁希诞辰 140 周年，故想以一篇小文纪念这位伟大的林学家。纪念这位一生致力于构建"美丽中国""生命共同体"和"国家公园"的中国人。

"美丽中国"的诗意书写

从上古时代开始，文学领域便出现了自然书写。很长一段时间里，自然书写展现的都是文人雅趣，是审美伦理超越现实的表现之一。诗人陶渊明曾妙手著华章："采菊东篱下，悠然见南山""种豆南山下，草盛豆苗稀"。与陶诗相似，梁希的诗歌也有一种"初看若散缓，熟看有奇句"的魅力。比如诗句"荒村数户邻，花露挹清晨，犬吠初来客，禽呼未起人。林深山色秀，滩浅水痕新，细草微风里，高秋似仲春"；又如"高山流水路悠悠，红栎青松割漆沟，添个白头驴背客，许教入画更风流"。两首诗通过描绘山林风光的美好与农村生活的淳朴可爱，不仅抒发了作者的愉悦心情，而且在天人合一的宏大背景下塑造了诗意的篇章。梁希笔下的中国是美丽的，山峦层林尽染，平原蓝绿交融，城乡鸟语花香。

梁希亦十分擅长从色彩的交互中建构诗意的空间。比如："一色黄流一色天，江山如此岂徒然，西来二水平分渭，南去千峰尽入川。秋草离披压沙渚，夕阳高下照梯田，桥头陇蜀皆堪望，三处云烟咫尺连。"以及："江烟碧似天边水，山石红于日暮霞，居士分明乡里过，不知何处木犀花。"如果说莫奈是用绘画的手法从自然的光影变化中提炼及萃取瞬间的感觉，那么梁希就是以通感的方式传达出对光影与色彩的捕捉。

梁希笔下的中国大地充满着质朴和纯真的美，从山水田园、自然风物等出发寻找诗意哲学和乡村美学是梁希自然书写中的一个重要特点，也体现出梁希期冀建设"美丽中国"的伟大设想。他有一个梦想，要"让绿荫护夏，红叶迎秋"，要做到"无山不绿，有水皆清，四时花香，万壑鸟鸣，替河山装成锦绣，把国土绘成丹青"。

生命共同体的科普书写

"共生论"首先出现在生物学领域，是指细胞或个体内外生物之间共生组合（symbiotic association）的普遍法则。在生态学上，"共生是不同生物种类成员在不同生活周期中重要组合部分的联合"。社会共生的概念由此引申为人们在合理的范围之内分享资源以及代际之间合理分享资源——人利用自然，同时又保护自然。这与恩格斯"人既是自然环境的产物，又能反作用于自然环境"的思想有异曲同工之处。作为林学家的梁希也早早揭示了生态系统是一个整体的观点——"大林业思想"。这一思想的核心是，林业是整个生态系统的龙头，居于首要地位，农业、水利等居于从属地位。若以林业为抓手，即可解决中国诸多的生态问题，发展林业不仅惠及农业，减轻水利负担，而且支援了工业，尤其是建筑行业、林化工业。它还向人民群众提供生活用品、生活副食品，提供休憩场所、疗养场所、旅游场所，丰富人民群众的精神生活，进而提高整个社会的文明程度。

但是，受到人类中心主义的影响，自然书写体现出对现代化意识形态的崇拜。这一时期的自然书写表现出渴求驾驭自然和与自然为壑的思想流露。梁希身处的时代就是如此，"濯濯童山、水灾旱厉，实令人不胜惊惧"。他的多首诗歌都对此有过揭露，书中内容涉及《烧荒》——"百载乔林一炬红，三年田作又成空。老农他去觅新地，烧到山荒人更穷。"《山上废材》——"斧斤绳墨两无缘，多少遗材弃路边，勘笑锱铢争木市，在山不值半文钱。"《伐木》——"巨材还有几，旦旦发樵夫，兔窟频移处，牛车劳载途，梓桐盈把仅，樗栎中绳无。莫枉伤乔木，嘤嘤鸟在呼。"以及《赴台东晤黄式鸿县长》——"武城风雨满弦歌，新港汪洋万顷波，太息天涯黄叔度，牛毛政令拙催科。廉吏吁嗟墨吏骄，纷纷搜刮到青苗，伤心最是高山族，四壁萧然人未饶。"梁希为唤醒国人，肩负起敲响"林钟"的使命："林人们，提起精神来，鼓起勇气来，挺起胸膛来，举起手，拿起锤子来，打钟，打林钟！""一击不效再击，再击不效三击，三击不效，十百千万击。少年打钟打到壮，壮年打钟打到老，老年打钟打到死，死了，还要徒子徒孙打下去。"他撰写了很多贴近民生的诗歌，对各种生态问题进行挞伐和批判。

但是，禁止遗材、伐木、烧荒，乃至于禁止乱砍滥伐也只是被动地给予树木生存喘息的空间，为改变濯濯童山的面貌，究其根本，梁希认为必须号召群众植树造林。所以，他不厌其烦、不露声色地在字里行间传递着他的自然科普思想，诸如"防风林木绿连阡，阡陌无风好种田，尘土不扬沙不起，木麻黄叶舞翩翩"，"大道平平十里长，长林夹道木麻黄，万丹西去又东港，枝动风来见海洋。"表面是在书写"木麻黄叶舞翩翩"的美景，实际上片言只语皆富有深意，"阡陌无风好种田""尘土不扬沙不起""枝动风来见海洋"等处处透露出诗人对防风林的赞美与歌咏，提醒世人要重视防风林的固沙防风的作用。

说到防风林，茅盾曾将白杨的风骨写得淋漓尽致。梁希也有歌咏白杨的诗篇，最出名的一首也是梁希对白杨树的礼赞，"沧海成田不长桑，金沙古道百年黄，故应小试麻姑爪，来种兰陵青白杨。青杨何妥白杨萧，文采风流两隽骄，才是峥嵘头角露，十分姿态向人娇。"沧海桑田，时移世易，不变的是金沙古道总被黄沙所扰。梁希在颔联笔锋一转，描绘头角峥嵘、风流隽骄的青杨和白杨，借此提醒大家金沙古道的顽疾唯有青杨和白杨可解。诗歌在梁希的笔下幻化出新的生命，代表着他的万千言语，就像一位长者孜孜不倦、循循善诱地教化着普罗大众，要尊重自然，保护自然，进而推动人与自然和谐共生。

国家公园的概念书写

世界自然保护联盟（IUCN）将国家公园定义为"大面积自然或近自然区域，用以保护大尺度生态过程以及这一区域的物种和生态系统特征，同时提供与其环境和文化相容的精神的、科学的、教育的、休闲的和游憩的机会"。

而早在梁希的时代，他就已经提出"国家公园"的概念。"无山不绿，有水皆清，四时花香，万壑鸟鸣，替河山装成锦绣，把国土绘成丹青"。梁希渴望建设一种兼具城市和乡村优点的理想家园，在田园城市里人们将国土绘成"丹青"，同时也可以健康快乐地享受自然带给人类的宜居生活。他还曾经详细描绘过一个国家公园的远景，与以上六句诗互为补充——"绿化，要做到栽培农艺化，抚育园艺化；绿化，要做到木材用不完，果实吃不尽，桑茶采不了；绿化，要做到工厂如花园，城市如公园，乡村如林园；绿化，要做到绿荫护夏，红叶迎秋。北京的山都成香山；安徽的山都成黄山；江西的山都成庐山；各地区都按照自己最爱好的名胜来改造自然。这样，中国九百六十万平方公里的国土全部成一大公园，大家都在自己建造的大公园里工作、学习、锻炼、休息，快乐地生活。"

梁希文学化、艺术化地阐释了国家公园的基本含义，即根据自身的特色和名胜，建立一个个花园、果园、公园、林园，大家都能在自己建造的大公园里获得精神、物质、教育、休息的机会，开心富足地生活。梁希认识到自然不仅是人类赖以生存与慰藉心灵的栖息之地，也是万物存在之本，然而，人们被无明覆蔽，心识惑乱，在物欲横流的钢筋森林中迷失自我。建设国家公园，回归森林与自然、重返人与自然和谐相处才是人类摆脱生态困境、实现诗意栖居的唯一途径。

残酷的是，从上古时代"舜使益掌火，益烈山泽而焚之"开始，上下五千年，烧山者有开山垦种的农民，上山打猎的猎户，入山打柴的樵夫，还有随意损毁森林的国民政府，唯独没有保护自然的人民群众。所以，梁希的梦想在国民政府当政时期也只能是一纸蓝图，无法擘画。但是，历史终将证明一切。梁希既能赏古典之风韵，又能揭现实之弊病，更重要的是，他目光长远，能够将眼光看向几十年后的今天——建设国家公园终于不是一个概念了。截至目前，我国已经正式成立三江源、大熊猫、东北虎豹、海南热带雨林、武夷山等第一批国家公园，未来还将建立世界最大国家公园体系。

结语

新时代下，科技的飞速发展使人类试图突破自然规律的制约，人类对自然的谦卑越发减少，而离自然本真的生命意识越发遥远，社会整体意识亟待回归。诺贝尔奖得主奥尔加·托卡尔丘克曾经说过："在生态危机和环境危机之中，人们正试图找到一条正确的道路，也急于通过拯救世界来抵挡这些危机，但这些危机并非凭空出现。这些危机并非仅仅是命运或天数的捉弄，而是特定行动和决策下的结果——经济上、社会上，以及涉及世界整体的行为决策。贪婪、不尊重自然、自私、缺乏想象力、无休止的竞争和丧失责任感，这些已使世界沦为一个物体，可以被切成碎片，被耗尽，被毁灭。"回望梁希身处的时代，再反观现状，可以发现虽然时代的车轮滚滚向前，破坏自然的情形仍然不时发生，如何切实改善林业生态，真正在祖国大地上"书写"美丽中国是梁希留给我们的问题，期待后来人交上一个令人满意的答卷。

却愿所来径，苍苍横翠微

张瑛春

甘肃省小陇山林业保护中心

　　替河山装成锦绣，把国土绘成丹青。这是梁希先生作为林业人的神圣使命，也是他为中国林业事业奉献一生的真实写照。梁希先生是我国杰出的林学家、教育家和社会活动家，新中国首任林垦部部长，九三学社创始人之一，中国科学工作者协会发起人之一，中华全国科学技术普及协会首任主席，中国科学技术协会第一届副主席，中国科学院学部委员，新中国林业的开拓者和奠基人。先生数十年如一日，胸怀绿色梦想、坚守报国初心，将毕生精力和心血倾注于我国林业建设和发展事业，为中国林业事业的发展和进步做出了不可磨灭的贡献。其卓越贡献彪炳史册，爱国情怀和感人事迹激励着一代又一代林业人不断前进！

　　今年是先生诞辰 140 周年，每当翻阅精心保存的梁希先生的资料，心情久久难以平静。他的爱国情怀、科学精神和高尚品格，深深刻印在我的脑海。作为一名普通的基层林业工作者，谨以此文缅怀先生的丰功伟绩和表达对先生的敬仰之意！

1978 年 9 月，我从北京林学院毕业分配到甘肃小陇山，一直工作到退休。与梁希先生虽未谋面，但深受其恩，受益匪浅。刚上班，就听单位老同志经常讲梁希先生骑毛驴考察小陇山的感人故事；后来调机关工作，编撰《小陇山林业志》，奔波于档案馆、图书馆及相关单位查找资料，光复印的报纸就达 20 多万字，收集了好多的相关资料。2014 年 8 月 24 日，湖州市广播电视台拍摄历史纪录片《梁希小陇山考察记》，通过交流、走访座谈，还原了考察小陇山的过程，对梁希先生有了更深的了解。虽未面见先生，但他的科学精神、高尚品格、爱国情怀，深深刻印在自己的脑海中。他仿佛一棵参天大树，始终耸立在渭河、黄河岸边。先生离开我们已 65 年了，但他对中国林业建设做出的历史性贡献，与青山同在，与日月同辉。

梁希为小陇山林业发展指方向

　　"黄河流碧水，赤地变青山"是梁希先生的著名诗句，也是对中国林业的美好愿景。先生无时无刻不在思索林业与国家民族的深层关系。20 世纪 20 年代，梁希就认识到了森林对于国计民生的战略意义，大声疾呼，身体力行。1949 年 9 月 21 日，梁希作为自然科学家代表参加了中国人民政治协商会议；同年 10 月 19 日，周恩来宣布政府机构及领导名单，提名梁希为林垦部部长。梁希最终接受提名担任了这一重要职务。从此，新中国的林业事业便与梁希的名字连在了一起。

　　1950 年 7 月，林垦部接西北农林部公函，主要内容为准备开发小陇山森林，以备铺设天宝铁路作枕木之用，8 月准备架设铁索道。再接公函，轻便铁路不能久等，急需木材，拟开发小陇山。

1950 年 9 月初，已是 67 岁高龄的林垦部部长梁希不顾年老体弱，亲自带队前往小陇山北部割漆沟、辛家山一带勘查。从宝鸡去小陇山必先到胡店，这一段铁路的运营尚未完全恢复正常，先生及随行人员乘坐一列货车加挂的一节战时用的救护车厢。由于铁路方面疏忽，忘挂车厢，一夜竟在原地未动。梁希坐在麻袋上，用一支铅笔在纸片上草就一首颇为风趣的诗："登车车不发，局促似鸡栖。一觉鸡鸣后，依然在宝鸡。"火车走走停停，好不容易到达胡店。从胡店到小陇山只有一条小道，先生便乘一辆老牛车进入。有人劝先生："梁部长，不然就到此为止吧。再往前走，恐怕您身体吃不消。"先生说："从北京到这儿，我们跑了这么远的路，就是要亲眼看看小陇山的真实面目，怎么能刚看到点影子就打道回府呢？"先生深入小陇山北部割漆沟、辛家山一带勘查，直接决定了小陇山的命运！

考察队早出晚归，钻密林，涉溪水，整整三天，掌握了第一手资料。小陇山林地面积 15 万公顷，林相非常差，能做枕木的针叶树寥寥无几，实际可利用的木材蓄积量仅为 54 万立方米。由于山势险峻，极倾斜的山坡上树木很难更新。"这 54 万立方米的木材蓄积量，就是存银行的老本，穷也不能用老本啊。"梁希亲自动手写出《西北林区考察报告》：一是向西北农林部提供关于处理意见，停止建设轻便铁路，制止秦岭林场包工伐木，把秦岭林场在小陇山的业务扩充到护林与造林，把小陇山划归秦岭林场管理。二是向中央人民政府西北军政委员会财经委和农林部提供处理意见，组织西北统一的木材调配机构，以相当的代价，收买民间占有的天然林，作为国家投资，由林业机关管理经费，对失去林地的人，给予耕地，发动民众、军队，包括少数民族，保护森林，建造森林，把山上滥耕的农民组织起来，为林场服务，防止滥垦。

西北方面提出调东北木材进关，恐怕运费太高，先生同东北取得联系，那里的木材运输的成本，要比铺设窄轨铁路，再伐木的成本低得多。如果小陇山的林子伐光了，将来恢复的成本更高。这一决策与其说为西北人民保存了一片绿色，倒不如说为中华民族的血脉——黄河保住了一股清流！

梁希一行离开小陇山的时候，林场场长魏辛请先生题词。先生挥毫写下："却愿所来径，苍苍横翠微。"他在小陇山考察时还写下《天宝路货车中》《胡店》《秦岭林场晓起》《牛车上作》等10首诗作，在《东岔村》中写道："松风柳露木桥头，下有清泉石上流。说是九溪十八涧，教人低头忆杭州。"在《骑驴上割漆沟》中写道："高山流水路悠悠，红栎青松割漆沟。添个白头驴背客，许教人画更风流。"1950年至1955年，他先后6次赴西北、东北及浙江等地林区进行实地考察，其中花时间最多、下工夫最大的是对黄河流域水土保持和小陇山林业建设的考察。在所写的文章和报告中多次提到甘肃小陇山、渭河、黄河治理，对甘肃小陇山及西部林业建设提出了重要指导意见，表达了梁希先生对小陇山的眷恋和热爱，表达了对中国林业关心和黄河安澜的关注！也表达对新中国林业的绿色梦想。梁希先生永远激励着一代代小陇山人接续奋斗，奋进新征程，建功新时代！

在梁希林业思想指导下的小陇山建设

小陇山林区位于甘肃省东南部，地处我国秦岭山脉的西段，林区行政区域分属甘肃省天水、陇南、定西三市八县（区）的部分行政区域。林区是长江流域与黄河流域的分水岭，是长江、黄河上中游重要的水源涵养地，也是全球同纬度生物多样性最丰富的地区之一。林区总面积83万公顷，活立木总蓄积量3451.3万立方米，森林覆盖率63.6%，也是有我国南北特点的典型天然次生林区和全国最大的国有林场群。

1962 年，经国家计委批准，建立了小陇山林业实验局。几代小陇山林业人不忘初心，用实际行动传承和赓续梁希先生的思想和精神，"小陇山生态建设品牌"在西北大地熠熠生辉，走出了一条物质文明、精神文明、生态文明相得益彰、互促共进的国有林场高质量发展之路。

1963 年小陇山林业实验局与中国林业科学研究院合作，全面系统地开展小陇山次生林综合培育技术研究，先后编制各类生产技术标准、规程、管理办法 50 多项，为我国北方次生林区提供了样板。20 世纪 80 年代以来，小陇山积极开展部省联营用材林基地建设，开展优良树种及速生丰产技术等方面的实验研究，为陇东南及周边地区推广日本落叶松 6.8 万平方公里，为后备资源培育提供了科技支撑，取得了显著的生态、经济和社会效益。

2000 年，小陇山列入国家天然林保护工程重点实施区，建立了中国林业科学研究院小陇山科技合作实验基地，王军辉研究团队先后突破了强化育苗、杂交育种等技术，形成了"引、育、繁、推"一体化的遗传改良和栽培技术体系。惠刚盈团队突破了结构化森林经营技术，为小陇山培育了一批创新能力强的高素质人才队伍，极大地提升了林业科技创新能力和研究水平，为小陇山林业可持续经营提供了强有力的科技支撑。《科技日报》《中国绿色时报》等媒体以"打出中国牌创出中国路"为题，对森林经营技术进行了系列报道，展示了小陇山森林经营成果。

60 年来，小陇山始终坚持"试验研究与示范推广、自主创新与引进消化相结合"的原则，持续开展林业科学研究、成果转化和技术示范，依托甘肃小陇山沙坝国家落叶松和云杉良种基地、国家云杉种质资源库、甘肃小陇山森林生态系统国家定位观测研究站、甘肃省次生林培育重点实验室等科技平台，与中国林业科学研究院、北京林业大学、兰州大学、西北农林科技大学、兰州交通大学、天水师范学院等科研院校开展长期合作，先后开展林业科学研究、推广示范课题300余项，通过地市级以上鉴定260项，其中获国家科技进步二等奖、三等奖各1项，省科技进步一等奖1项、二等奖3项，获地厅级以上科技进步奖73项，为林业高质量发展提供核心支撑。

近年，小陇山创建了甘肃省次生林培育重点实验室和次生林培育国家长期科研基地，全面启动实施《全国重要生态系统保护和修复重大工程总体规划》，完善了以国家级自然保护区、国家级森林公园、森林生态文化体验所为主体的自然保护地体系建设，全力推进山水林田湖草沙系统治理。小陇山被确定为全国第一批"国家天然林资源保护工程示范点"和"国家森林可持续经营管理试验示范点"建设单位。全国首批履行《联合国森林文书》示范单位，先后获得"全国营造林先进单位""全国林业系统先进集体""全国保护森林和野生动植物先进集体"、甘肃省级"文明单位"等荣誉称号。梁希先生考察过的东岔林场已成为国有林场的排头兵和"样板"，林地总面积已达到2.84万公顷，林木总蓄积量231.9万立方米。其中，桃花沟已成为森林公园景点；割漆沟则发展毛栗子、猕猴桃等产业，林副产品经济效益持续提升，林区职工生活水平大为改善，林区职工都采上了生态暖、喝上了干净水、吃上了新鲜菜、穿上了新工衣。如今的小陇山，森林面积、蓄积量和森林覆盖率同步增长，生态林业，民生林业，绿色经济全面发展，职工文化生活发生了很大变化，小陇山已成为甘肃及丝绸之路的重要生态屏障，西部地区的绿色明珠。

让梁希精神在小陇山继续传扬

梁希担任林业部部长历时 9 年。1958 年 9 月，梁希在《人民日报》上发表了生前的最后一篇文章《让绿荫护夏，红叶迎秋》，对森林发出了最后的讴歌，也对中国的绿化前景做了迷人的憧憬。文中写道："绿化这个名词太美丽了。山青了，水也会绿；水绿了，百水汇流的黄海也有可能逐渐地变成碧海。这样，青山绿水在祖国国土上织成一幅翡翠色的图案。"同年 12 月 10 日，梁希与世长辞，留下了一个绿色的梦。

梁希科学家精神，集中体现了胸怀祖国、服务人民的爱国精神；勇攀高峰、敢为人先的创新精神；追求真理、严谨治学的求实精神；淡泊名利、潜心研究的奉献精神；集智攻关、团结协作的协同精神；甘为人梯、奖掖后学的育人精神。

党的二十大报告对推动绿色发展，促进人与自然和谐共生作出部署，强调要推进美丽中国建设，科学开展大规模国土绿化行动，对林业工作高质量发展提出新的更高要求。

我们纪念梁希，就是要以习近平生态文明思想为指导，深入学习贯彻党的二十大精神，践行"绿水青山就是金山银山"理念，学习和缅怀梁希先生的伟大人格，传承和弘扬梁希先生的科学精神和爱国情怀，为推动林业和草原事业高质量发展，为建设生态文明和美丽中国作出新的更大贡献。我们要学习梁希先生乐于奉献、勇于担当、敢作敢为，善作善成的高尚品格，深入林区干事业，扎根基层搞研究，把试验田建在青山绿水间，把论文写在林草大地上，努力推进科技创新，加快建设人与自然和谐共生的美好家园，努力谱写美丽小陇山建设新篇章，一步步将先生 "却愿所来径，苍苍横翠微"的愿景变为现实。

"青山不墨千秋画，绿水无弦万古琴。"小陇山的山是有灵性的山，小陇山的水是灵动的水，小陇山的树是有灵魂的树，而小陇山的人也是有灵气的人了。坚信小陇山人必将牢记先生夙愿，踔厉奋发、勇毅前行，围绕推进黄河流域生态保护和高质量发展等国家重大战略，以林业、草原、国家公园"三位一体"融合发展为主线，统筹山水林田湖草沙系统治理，科学推进大规模国土绿化，构建以国家森林公园为主体的自然保护地体系，提高生态系统碳汇增量，发展生态富民产业，为构筑国家西部生态安全屏障和建设经济发展、山川秀美、民族团结、社会和谐的幸福美好新甘肃作出新的更大贡献！

拳拳碧水心，矞矞青山情

——谈梁希的水土保持思想与实践教育

王诗雨　郎洁

北京林业大学马克思主义学院

　　绿荫阵阵，碧水潋潋。沧海桑田，斗转星移，不变的是梁希先生一生对于森林的钟情和对治理水土流失的执着。林音回荡，林声永存！

　　梁希将毕生奉献给了共和国林业教育和建设事业，1949年经周恩来总理提名担任新中国首任林垦部部长，对于全面发展林业、封山育林、水土保持，全方位绿化中国和促进生态建设方面，有着非凡的科学远见。梁希先生的水土保持思想贯穿于生活的各个方面。他注重实践，热衷于实地考察，通过考察数据来总结当地概况和水土流失程度，从而给出相应的建议来改善当地水土流失；主张发动群众造林、护林、育林，注重制定山区林业规划；重视教育，从水土保持的营林工作长远发展来看，技术型、专业型人才不可或缺。梁希先生注重理论与实践的结合，以身作则带动营林工作的开展。

重视森林，涵养水土

森林是大自然给予的资源宝库，绿树青山令人心旷神怡，茂盛枝叶和错综复杂的树根预防自然灾害，而最重要的一点是森林给人们生产生活带来经济效益，从而对于国民经济有促进作用。在《民生问题与森林》一文中，梁希先生将时代划分为三个，分别分析各个时代对于森林的使用程度，又从衣食住行四个方面分析森林给予人们生产生活所带来的巨大价值。森林有利于减少地表径流，从而达到防风防洪的效果，对于森林问题的重视是梁希先生水土保持思想的重要组成部分。

梁希先生提出：保土保水工作中，保水比保土更加重要，避免径流是有效保水的途径。而如何避免径流？梁希先生作为林垦部部长，在全国水土保持工作会议上提出《有关水土保持的营林工作》，其中提到避免径流最有效的方法就是造林。在该报告中梁希先生提到"森林是水的'财政部'，它把水的流通过程调节的很好，做到收支平衡。又可以说，森林是造价最廉的水库，它把人们一时不需要的水蓄积起来，它又能供给人们需要的水"。林地相比其他地方，水的流失少，蒸发量大，从而降雨量多，雨水在山区中可蓄积为泉水和井水，灌溉农田。说明森林对于固土保水的重要性，森林既可以防洪，又可以防旱。

在《有关水土保持的营林工作》中，梁希先生提出保持水土的关键所在就是要发动群众的力量，提出要培养林业基层干部和专业人才，重视群众造林，在必要时也要发动国家的力量来进行规划，从而实现国家造林。植树造林贯穿于梁希先生的水土保持工作中，梁希先生在工作报告中也提过植树造林对于荒山荒地的初步成效。当时中国与苏联相比，人均森林占有率少，照当时的砍伐速度来看，很快全国的树都会被消耗殆尽，不管是从自然灾害的角度还是从国民经济、国家发展的角度来看，那时人们将陷入一场灾难。因此，发动群众，依靠群众的力量来植树造林是水土保持工作的关键。

具体到在水保事业中发动群众的方法和措施，梁希先生《在全国第二次水土保持会议上关于林业工作的报告》中，总结了几年来对于营造水土保持林的工作情况，也总结了自第一次水土保持工作报告之后的工作经验。梁希先生认为，造林任务应由群众来完成，在群众力量不能及的地方再依靠国家造林，成立造林合作社，依靠群众力量进行绿化。在发动群众的同时，还要做好山区生产规划，林业山区生产规划应当结合当地农业、水利等进行安排，要合理控制水土流失，也要保障人民基本生产生活。对于有些荒山，梁希先生主张封山育林或者建立国营林场，采用速生树种来加快木材供应。

1958 年 9 月，梁希先生发表了生前的最后一篇文章《让绿荫护夏，红叶迎秋》，为祖国的林业发出了最后的呐喊。"绿化是全国的事，绿化是全民的事，人民有必要绿化全中国，人民也有能力绿化全中国，人民更有迫切的愿望绿化全中国。"呼吁全国人民克服沙漠荒山等恶劣环境的困难，积极植树造林，完成各地的绿化，做好水土保持工作，有效防护自然灾害。而梁希先生也指出，完成造林不是真正地实现绿化，造林之后要因地制宜地育林，梁希先生特意提出注重林地疏密问题，栽培和抚育是造优质林的关键步骤。

注重实践，因地制宜

梁希先生注重理论与实践相结合，在逐渐探索水土保持的方法时，重视对于各地林业情况的实践考察，从而得到客观真实的数据和现象，针对现象得出结论和解决方案。

新中国成立前，1929 年梁希先生任浙江大学农学院森林系教授，对于浙江林业进行考察，得出的直白结论"浙江无林业可言，更何林业史可述？"据考察报告《两浙看山记》（梁希，1931年）记载，梁希先生通过对余杭、临安两县的土质、植物种类的考察，发现较多问题，例如放火烧荒问题、水灾泛滥与围山造田问题等。梁希先生对于东天目山和西天目山的实地勘查，了解天目山的树种分布和植被覆盖情况，发现曹娥江下游的荒山和水灾问题，并且了解嵊县垦山问题严重，其中放火烧荒问题是阻挡水土保持工作良好开展的一个巨大障碍。梁希先生对于东天目山的地形、植物种类进行考察，了解到放火烧荒将东天目山的天然林付之一炬，只为山民有种植萝卜的需求，片面追求短期效应的垦林做法在当地民众的思想中根深蒂固。梁希先生通过不断实践考察了解浙江林业，对于当地树种、植被分布覆盖情况都进行深入考察，提出适宜各个考察地点的林业发展的建议和具体措施。

新中国成立后，梁希先生非常重视西北地区的沙荒治理工作。在西北农业技术会议上，梁希先生发表《我们要用森林做武器来和西北的沙斗争》，将沙灾分为两种，一种是从沙漠里吹来的沙，第二种是从山上冲刷下来的沙。梁希先生认为沙荒的确难以治理，但不代表无法治理，西北地区的沙荒治理也关系到黄河流域的水土保持，因此梁希先生提出要有步骤地在西北建造防沙林带和黄河水源林。针对西北开发小陇山森林，铺设轻便铁道一事，梁希先生前往西北地区进行实地考察，在《西北林区考察报告》中提到，在实地实践过程中，不仅针对小陇山地形和林况进行考察，排查树种，依据树种观察是否具有有价值的经济林或者有可以培养的经济树种，而铺设铁道不仅要考虑小陇山的自然条件，还要考虑铁路运材问题。放眼其他地区，小陇山地区开发也会对黄河治理产生不良影响，最终建议停止建设轻便铁路，将在小陇山的经营方针侧重于护林造林，并没有禁止伐木，而是将伐木发展为副业。西北地区这种放管结合的措施有利于促进国民经济的发展，既发扬了水土保持思想，又贴合国情，满足人民需求。同时梁希先生也将西北地区的森林保护与黄河流域的治理相结合，实现林业的统筹发展，宣扬了水土保持思想，推动水土保持工作的开展。

为了推动黄河水土流失的治理，梁希先生于 1952 年 11 月考察了泾河流域，又于 1953 年 3—4 月考察了延水、洛河和无定河流域，做《泾河、无定河流域考察报告》。在考察过程中，梁希先生对于陇东山区和黄土高原沟壑区不同区域的水土保持情况提出了不同的建议。陇东山区并未大范围开垦，水土流失并不严重，梁希先生主张积极营造水源林；而黄土高原沟壑区水土流失严重，则要积极营造防护林带。无定河也分为两个部分，鱼河堡以东属黄土丘陵沟壑区，以西属沙荒区，对沙荒区也主张营造防护林带，防风防沙。梁希先生在《让绿荫护夏，红叶迎秋》中也特意提醒后世林人要注意河北、河南地区的绿化问题和黄河中游水土流失地区的造林问题。

梁希先生注重实地考察，在 1950 年到 1955 年这五年时间内，梁希先生先后前往东北、西北林区进行六次实地考察。而除去对于浙江、西北林区的考察之外，实地考察的地方数不胜数，所到之处给予详细记录，并且因地制宜，将水土保持思想放在第一位，同时兼顾民生问题。梁希先生以实践求真知的作风为后世树立起了伟大的林人模范形象，他的实践精神也为后世继承和发扬。

水土保持，教育为先

梁希先生不仅重视对于近代林学的建设和探索，亦开创中国近代林业教育，将林钟敲响，让林音远扬。

新中国成立前，梁希先生深感国内林学专门人才过少，而在当时中国半殖民地半封建社会的国情之下，水土流失严重，国家危亡，发扬水土保持思想谈何容易。进入民国之后，林业有所发展，对于营林工作技术人才的需求量更加迫切。梁希先生留学日本，得知日本在学习西方时，注重办林场和做实验，强调理论与实践的结合。在北京农业大学任教期间，梁希先生亲自带领学生先是在校园内开办林场，建立树木园。后又建了学校第二林场和学校第三林场，多次带领学生植树造林，而这也符合梁希先生先树木后树人的教育宗旨。当时林场中树木葱郁，风景优美，而现如今这片山林依旧葱郁。

梁希先生希望学生学到更多更精尖的造林知识，主张建立输送人才到海外留学的通道，鼓励学生出国留学，梁希先生独特教书育人风格，也培养出了许多造林方面的尖端人才。

梁希先生的学生之一——程跻云先生，一位杰出的造林专家，"曾任职安徽省立第三模范林场场长，注重培植乡土树种马尾松，在荒山造林中扩大近10万亩。"他在《关于绿化泰山问题的探讨》中指出，关注绿化泰山的目的在于"揭示泰山这一资源宝库，推动营林、生物、草中药、副产利用和水土保持等各方面的发展"。他对梁希先生的教诲铭记于心，发表《缅怀吾师梁希先生》来纪念恩师，其中提到梁希先生对于有条件的学生送去欧洲国家深造，探索新知。可见梁希先生对于学习先进造林知识有着长远眼光。

向国外学习先进知识还不够，水土保持的营林工作要"后继有人"。梁希先生在担任林垦部部长后，宣传对象不仅仅局限于学生，而且还向除学生之外的群体科普水土保持的重要性和营林工作开展的必要性。梁希先生注重宣传森林的多效益作用，森林的经济效益、生态效益和社会效益来分析森林的价值。其中生态效益则体现在森林对于防风固水固土，避免沙灾水灾的作用，梁希先生以陕北靖边县造林从而改善沙荒的事例来向公众宣传植树造林对于防沙治沙的重要性。1958年，梁希先生在《进一步扩大林业在水土保持上的作用》中汇报陕北榆林等八县的沙丘治理事例，以林地和耕地面积数据的变化来宣传森林的生态作用，鼓励人们重视水土治理，重视营林工作。梁希先生还主张人们要努力和大自然抗争，他指出新疆的沙漠化面积巨大，沙漠出现了南移，天津、北京也受到了很大影响，而黄河水灾也是梁希先生的心之所系，鼓励人民植树造林。

1956年，梁希先生用简练易懂的词语向毕业生解读了林业和林学这两个学科的概念，使用大量的数据阐述了中国水土流失的严重性，表达开展营林工作的迫切，又从森林对于发展国民经济的作用来呼吁广大高考学子选择林业，投入到林业工作中去，替祖国改造大自然，完成造林梦想。

绿水青山，薪火相传

梁希在《新中国的林业》描绘出一幅愿景图："无山不绿，有水皆清，四时花香，万壑鸟鸣，替河山装成锦绣，把国土绘成丹青。新中国的林人，同时是新中国的艺人。"梁希先生注重群众造林，完整的造林过程不单是种树，还要护林和用林。而这些工作都需要人民群众的协助，1950年，梁希先生发出疾呼，人民群众万众一心完成祖国的造林梦想，而在今天，我们中国青年也是万千林人，完成祖国造林梦想义不容辞。

林音远扬，林人永存。1958年，梁希先生为了阻止毁林开荒，在大会堂里谈论水土保持工作，最后敲响了林钟。他提到了陕西省榆林县的植树造林工作的显著成效，经过17

万亩的造林，改变了严重的水土流失，也满足了当地人民的生产生活。造林育林是水土保持中最为关键的一环，也是我们后世林人要始终铭记并且遵循的林铭。梁希先生在《让绿荫护夏，红叶迎秋》中写道："绿化这个名词太美丽了。山青了，水也会绿；水绿了，百水汇流的黄海也有可能渐渐地变成碧海。这样，青山绿水在祖国国土上织成一幅翡翠色的图案。"为祖国的森林和水保工作描绘了最美的愿景。

梁希先生倾其一生敲响林钟，唤醒国人对于林业的重视，不管是在实践上还是教学上，都用自己伟大的人格魅力来以身作则，影响后人；以坚定的信念来完成祖国的森林营造，用真挚的感情来守护绿水青山。

进入 21 世纪，习近平总书记提出"绿水青山就是金山银山"的发展理念，生态文明建设是国家的重心所在，注重生态效益也是各项政策执行之前要考虑的关键方面。梁希先生的水土保持思想在后世得到传承发展，植树造林工作也一直在如火如荼地开展。绿水青山，薪火相传。

梁希与中国水土保持

于博文

北京林业大学马克思主义学院

梁希先生作为我国著名的林学家，在 20 世纪 20 年代末 30 年代初期，就开始关注水土流失的危害，并对水土保持理论提出许多建设性的提议。新中国成立后的 1955—1957 年，他两次代表林业部出席全国水土保持会议，并在会上做了报告，有力地推动了我国的水土保持工作，尤其是对黄河流域和西北地区的水土保持与林业建设事业的发展。

梁希先生对水土保持理论的认识

1. 对水土保持概念及水土流失原因的认识

依据多年的考察经验，梁希形成了一套自己的水土保持理论，详细且科学地阐述了他的观点。他提到水土保持工作："就是要保土，不让泥土无限制地流出山，流出高原，流出沟壑；要保水，不让天上降下来的水毫无保留地冲到河里，致水利变成水害，而保水比保土更重要，保不住水，就保不住土。""总括地说，要保土必须保水，要治河必须治山。"这与《中国水利百科全书·水土保持分册》中对水土保持的解释十分接近："防治水土流失，保护、改良与合理利用水土资源，维护和提高土地生产力，以利于充分发挥水土资源的生态效益、经济效益和社会效益，建立良好生态环境的事业。"可以看出，梁希认为水土保持的对象包括土地和水资源两方面，而保水的重要性更为突出，避免径流就是保水。

梁希从自然与人为因素两方面论述水土流失的原因。1946年和1948年，先后两次赴台湾省考察林业，提到地势东西悬殊，"倾斜度大概在25度以上，其基岩富于风化性之黏板岩，地盘脆弱；且正当太平洋台风要冲位置，一旦暴雨来临，则表土流失，山洪暴发"。岩性松软、坡度大、降水强度大是造成台湾水土流失的主要原因，所以他认为台湾省的林地，尤其是25度以上的斜面，是绝对林业地带，为了治水与支持农业生产，不应滥伐与开垦。台湾"一年平均的降水量多在3000毫米以上，且又多集中于7—8月的雨季，一日之间的暴雨曾达到过1034毫米"，往往在暴雨时，"山地之土壤，最易受降雨而生强烈之侵蚀"，再经热带阳光的强烈灼射，更会引起此作用的激化。

梁希认为地方居民破坏森林的原因主要有砍柴、放牧、开垦三个方面，尤以山地开垦是加速土壤侵蚀、影响水土流失以及造成水灾的最主要原因。梁希认为长江、黄河屡次发生洪涝灾害"与上、中游荒山不能说没有关系"，因为山上"没有森林，就积不起水，保不住土"，就会使沟壑增多，耕地减少，所以"开垦山地，对于水土流失是有关系的"。黄河之所以给中国人民带来历史性的灾害，"就是因为上、中游甘肃、陕西、山西等省山地开垦过度，把沙土从渭河、泾河、洛水、无定河、汾河输出而流入黄河，填高河床，淤塞河道，以致酿成大害。"他对开荒的坡度大小做了说明，"坡度在15度以下的土地，才适宜于开垦。最大不能超过30度"，但有些地区"45度以上的土地都进行开垦种植,这是有害的"。

2. 对水土流失的特点及造成的危害的认识

梁希认识到水土流失分布范围广泛、侵蚀形式多样、土壤流失严重是当时我国水土流失的特点。他不止一次在报告中指出全国还有 40 亿亩的荒山需要绿化起来,其中"华北五省,合计山荒、沙荒、碱荒、堤荒总共有 28.6 亿亩",并认为"农田的最大敌人,莫过于沙",沙灾包括"从不毛的沙漠吹来的沙"和"从山上冲刷下来的沙"两种类型,对应了风力侵蚀和水力侵蚀这两种土壤侵蚀方式。梁希也观察到了土壤流失会使河流中泥沙增多这一现象,"黄河和辽西柳河的含沙量,最高达 50% 左右"。这些都让梁希忧心忡忡,才会提出"黄河流碧水,赤地变青山"的美好愿望。

梁希注意到水土流失所造成的沙、水、旱灾对经济社会的发展和人民群众的生产、生活带来诸多方面的危害。在视察台湾省森林资源状况后,梁希从民生的角度指出当地由于缺林,暴雨来临之际土沙易受冲刷,随即洪水夹带泥沙,倾泻直下,"河岸桥梁冲坏,泛滥平原,田舍成圩,流迹所至,悉皆变成沙砾荒野,河床逐渐高涨,已逾田野村舍"。加之无限制的盗伐成风,以致酿成洪灾连续发生,对当地的交通、水利、电力以及有关生活条件威胁很大。

民国期间,民间乱砍滥伐现象十分严重。梁希曾于 1929 年对杭州、湖州、嘉定、绍兴、台州部分山区进行实地考察,对到处开山垦地,破坏山林的现象深表痛心。东苕溪发源于天目山,由于后来棚民的垦殖,到民国时期,上游诸多林场已经无高大乔木可言,以致下游常发生水灾。剡溪在曹娥江上游,同属一个河道,嵊县田地本就缺少,剡溪流域的低地,又连年为山洪冲刷,"耕者弃地而上山,伐其木,平其坡,图其近,忘其远,以农易林,夷山为田",造成当地生态退化,严重影响了下游地区，曹娥江"每年秋季必发水"，水从上游嵊县至曹娥镇附近，"则泛滥没堤岸，致外梁湖万余耕地，时遭淹没"。

梁希指出中国风沙的来源在西北，而西北各省如宁夏、甘肃、陕西的风沙来源也在西北。由于风力加速，沙土远扬，造成"沙漠南移"，蔓延范围极广。宁夏有的民房被沙土埋盖，电杆仅露出一两尺；甘肃民勤、武威等县，每年都有几千亩良田被风沙埋没。陕西府谷、神木等县一带，每年被沙埋没的良田就达 2 万亩；榆林全市 60 万亩土地，可以耕种的只有 2.4 万亩，仅占全市面积的 40%；而新疆更甚，遍地都是沙碛弥漫，侵占农田。这些危害在梁希看来只是冰山一角，中国还有许多被水土流失困扰的地区，如果不解决好这个问题，就无法留给后世满意的答卷。

3. 以大林业思想为主的水土保持综合治理思想

我国古代一直强调的是农业立国的思想，林业处在边缘地位未受到重视。近些年来，有的学者提出梁希主要的林业思想是大林业思想，林业、农业、水利三者属于一个大的生态系统。梁希将林业置于主导地位，辩证地看待农业和林业的关系，特别论述了森林与农业、水利之间的关系。他认为农业发展的重要条件，除农业外，"第一，要注重水利；第二，要注重森林。两个条件缺一不可，而森林更是长期性的艰苦事业。"正所谓："有森林才有水利，有水利才有农田……森林一大半为农田服务。"他将森林的作用提到了更高的地位，森林改良土壤，是水土保持工作中的基本环节之一。

梁希认为森林与它所处的环境相互依存，森林和环境是统一体，"森林对水、旱、风、沙等灾害有相当的控制能力，从而对农田水利有显著的效用"。对于森林可以防灾的认识充分体现了森林的生态效益，说明梁希已经对森林生态学的观点已有了基本的认识。梁希认为保水、保土最经济最有效的办法是造林，因为森林是最好的保水工具。一场雨水下来，"枝、干、树皮能吸收3%，海绵性的落叶层和腐殖质能吸收15%，林土能吸收10%，蒸发2%，总共保持30%。"也就是说"森林能保持雨水30%，不使它流出林外，而流下来的70%，流过落叶、苔藓和树枝，经过一番过滤作用，所以流水清、流势缓，河川不致泛滥，洪水自然减少"。每公顷土地的泥土冲刷量，"在26度45分倾斜的麦田，冲刷381.8公斤，而在29度33分倾斜的洋槐林地（没有地被物）只冲刷76.8公斤。"

在治理思想上，梁希提出应贯彻"全面规划，综合开发，坡沟兼治，集中治理，积极发展，稳步前进"的方针与基本原则，针对当时普遍的"沟坡兼治"的原则，提出了水土保持应以"治坡为主，结合治沟"的策略。同时，他认为水土保持是一项系统性的工程，应以生物措施为主，以往"偏重工程措施，对农业技术和生物措施的重要性认识不足，各种措施配合不够，互不联系，以致效益不显著"。要控制水土流失，必须加强对林业的领导，但也要与农业、水利等水土保持措施密切配合，单靠造林，不足以防止水患，如果"山地滥垦到了绝顶的地区，单靠造林来救治，收效很迟，必须施行一系列水利工程。为了保障农田，必须注意水利和森林两个重要条件，森林尤为治本之计"。总之，农、林、水等有关水土保持部门必须在各级党政的统一领导下，才能互不扯皮，办事高效。梁希的水土保持思想包括治坡为主，结合治沟；上、中、下游治理相结合；农、林、牧、水各个部门相配合；生物措施与工程措施相结合的综合治理思想。1957年，《中华人民共和国水土保持暂行纲要》实施，将水土保持列为山区的主要工作，指出山区应该在水土保持的原则下，根据当地自然条件和群众生产的实际需要合理规划生产，使农、林、牧、水密切结合以全面控制水土流失。这充分体现了梁希先生水土保持综合治理的思想。

梁希先生与水土保持实践

1. 对水土流失区域进行科学考察

梁希一生中大大小小的科学考察次数非常多，民国时期主要包括两浙地区的林业考察和台湾的林业考察，并先后撰有《两浙看山记》和《台湾林业视察后之管见》。1929年，梁希，在考察浙东、浙西山川的过程中，发现了许多问题，如森林变迁的趋势、森林变迁与自然灾害的关系以及森林变迁对农牧业和人们生活条件的影响，并论述了于潜山、山阴道上、五夫附近、曹娥江下游、嵊县、新昌、临海等地荒山与水灾的关系。如绍兴地区曹娥江上游嵊县、新昌森林破坏后对下游农业的影响，新昌县、嵊县过度开垦荒地，导致曹娥江每遇大雨就泛滥成灾；台州地区天台、仙居两县滥伐，是导致灵江流域水灾的原因，临海地区首当其冲受到危害。1948年，梁希与朱惠方一同赴台湾考察林业，主要是帮助光复后的台湾提出林业建设方面的意见，指出当时台湾的农业已经达到农业限界地带，不应该继续扩张耕地，除农地之外应该变为森林保续地带，而且以往无论是国有林还是私有林，都过往以经济林为主，日后还需治水林、保安林、海岸防沙林并重。1950年7—8月，西北农林部准备铺设轻便铁路，开发小陇山森林，供应天宝铁路枕木，向林垦部两次请示。梁希考虑到西北地区是黄河水源所在地，是将来重点造林地区，于9月间亲自率领技术人员前往考察，并撰写《西北林区考察报告》；10月赴山西考察汾河流域。1952年11月，为了配合水利部治黄计划，在苏联专家和工程师陪同下考察了泾河流域。1953 年 3—4 月，再去延水、洛河和无定河流域考察，写成《泾河、无定河流域林区考察报告》。至此，梁希把黄河流域几条水土流失严重的支流全部考察完毕。1955 年，梁希赴浙江视察新登、建德、开化三县，写成《开化县不应开山》报告。

2. 从战略高度论述了水土保持的重要性

第一，黄土高原的水土保持是根治黄河的一项关键工作。梁希深感黄河中游甘肃、陕西、山西等省水土流失常严重，"每年从黄土高原经过陕县流下的泥沙有 138000 万吨。其中肥料的损失，就有 3000 多万吨。等于目前全国所施用的化学肥料十几倍。"黄河上游旱灾和下游水灾的时常发生，主要是由于中游水土流失所造成的，"如果中游地区能够保住水，不让它沿山坡径流，保住土，不让它无节制地跟着雨水冲下去，水灾就可以避免。"因此上游水土流失，造成黄河十年九旱。1955 年 7 月，第一届全国人民代表大会第二次会议正式通过《根治黄河水害和开发黄河水利的综合规划》，认为："造成黄河下游水灾的最根本原因就是甘肃、陕西、山西三省的水土流失。同时也是黄河流域旱灾的重要原因之一。"10 月，梁希参加全国第一次水土保持工作会议，与会代表一致对黄河流域水土流失区划分为：黄土丘陵沟壑区、黄土高原沟壑区、土石山区和风沙区。采取减缓山丘坡度、拦蓄雨水、减少径流、保护森林植被、禁止陡坡开荒等也正是梁希先生一直所强调和关注的区域。

第二，水土保持是山区生产规划的基本手段。国务院副总理李富春在"一五"计划中指出："在山区，应该适当地进行统一规划，使农业、畜牧业、林业、农家副业的发展互相结合，发展多种经济，并加强保持水土的工作"。梁希认为山区生产规划不仅可以充分、有效且合理地利用土地资源，发展山区经济，又可以缓解农、林、牧、副业之间的矛盾，最重要的是在山区普遍造林可以推动水土保持工作。在宜垦地区垦荒，"应遵守水土保持原则，为了把群众目前利益和长远利益结合起来，又必须合理利用土地，把宜耕、宜牧、宜林地区适当划分。概括地说，必须实行山区生产规划。"1956年，林业部、农业部联合成立国务院山区生产规划办公室，办公地点设在林业部。1957年，办公室和林业部分别发出《山区生产规划纲要》和《山区林业规划纲要》两个文件，根据合理利用土地、保持水土和兼顾本地区的自然条件、经济情况以及农民的生产、生活习惯等，对土地利用、农业、林业、畜牧、水利、土特产和副业规划等方面做出规定，特别强调"林业生产是山区生产中最重要的内容之一，可以减免水、旱、风、沙等自然灾害，保证农业年年丰收和增产"。当时国家认为，"由于各河治本和山区生产的需要，水土保持工作目前已刻不容缓。"水土保持对于治理江河水患、发展山区生产有着直接关系。

3. 造林是水土保持的一项重要措施

梁希认为科学造林是保持水土和保障农业增产的重要措施，只有科学的植树造林，扩大森林面积，才能保持水土、防风防沙，从根本上减少农业灾害，保障农业增产。

第一，营造防护林。梁希认为重点需要营造防护林的地区包括河流的上游及华北、西北、东北的风沙地带。

（1）营造水源林。水源林一般在丘陵山区河川、水库上游，目的是涵蓄降水、调节径流。1951年，梁希提出营造黄河、淮河、永定河、辽河"四大河流水源林"的构想，其他经常泛滥成灾的河流上游山地也要营造水源林。针对过去黄河流域水土保持和造林只关注下游地区，他建议今后要在黄河上游着手，在第一个五年计划内，"在陕、甘、晋、豫、青、藏河流上游水土流失严重地区造 173.26 万公顷，封山育林 47.2 万公顷"。并在营造水源林之前，必须先进行宜林地的精密调查，包括地形、坡向、坡度、土壤、地下水深度等。

（2）营造防风固沙林。梁希认为在当时河北省的西部、河南省的东部、东北辽西、内蒙古东部及华北、西北许多沙荒地区应该营造防风固沙林。如计划在东北西部营造防护林包括海岸林，全长 1700 公里，最宽处 300 公里，总面积 2000 万公顷，造林 300 万公顷，保护现有耕地 180 万公顷。基干林带，每隔 10 公里一条，林带宽 30—50 米。还有海岸林、水源林、固沙林等。陕北防沙林基干林带 1 条，长 512 公里，宽 1.5 公里；支干林带 8 条，共长 453 公里，宽 1 公里。两种林带造林面积 7.5 万余公顷。此外，网状林、固沙林、护路林、行道树等造林面积共 1.2 万余公顷。这样在大片的沙地上，"用带状的森林，一纵一横地造成许多林网，使沙子逐渐固着，不但保护了附近的耕地，而且使每个网眼中的 1 公顷的沙地上可种起苜蓿草或果树"。

第二，组织群众性的造林运动。梁希认为要想在短时间内完成绿化荒山的指标，需要靠的是广泛地组织人民群众。要想广泛性地组织群众，必须与群众切身利益相结合。由于 1956 年农业合作化的高潮，"绿化祖国""实现大地园林化"等号召的发起，延安五省（区）青年造林大会的推动，群众的造林积极性有了很大提高。但一般水土流失的地区，不仅粮食产量偏低，收入较少，群众生活困难，同时还缺乏燃料、肥料、饲料，尤其是烧柴问题需要解决。梁希认为群众要在思想上把林业看作山区的一项主要生产事业，要把"群众当前利益和经营林业的长期利益结合起来，鼓励群众发展林业生产的积极性，是搞好水土保持营林工作的一个关键性问题"。所以提出在营造水土保持林当中，尽可能多采用乔灌木速生树种以解决烧柴问题，同时因地制宜地种植经济树种，适当地发展核桃、栗子、油桐、油茶、乌桕、桑等特用经济树种和各种果树，发展多种经济，增加群众收益。因为在梁希看来，"不论哪一种森林，都发生水土保持的功用"。此外，梁希还注重在当时缺乏劳动力的地区要组织群众封山育林，缺乏技术的地区要合作造林并采取社员入股分红等措施，对当下的水土流失治理有着借鉴意义。

结语

由于梁希先生的不懈努力，不少地区经过综合治理以后，改良了土壤条件，促进了农业生产的恢复与发展。据1958年有关部门的水土保持数据显示，我国水土流失面积估计共为150余万平方公里，约占总土地面积的1/6；水土流失面积主要分布在黄河上、中游，面积约为58万平方公里。截至1957年，我国已完成初步控制面积19.5万平方公里，约占我国全部水土流失面积13.60%，其中黄河流域完成初步控制面积7.88万平方公里；主要得益于当时农、林、牧、水等协调一致、综合治理的结果。

梁希林业思想中的系统观
及其当代启示

陈梦秋

北京林业大学马克思主义学院

梁希是我国近代林业的开拓者和奠基人之一，在多年的
林业实践中形成了丰富的林业思想。他的林业思想中所涉及
的大林业思想、林业独立发展思想等极具前瞻性的内容观点，
既有对传统林业思想的批判性继承，又有基于现实情况的理
论创新，不仅对现代林业发展提供积极的方向指引，对当代
的森林管理和林业建设同样具有理论价值和启示意义。

梁希的林业思想突出特点在于他运用唯物辩证法思维，
以更加系统科学的方式阐述森林发展规律，以更加全面深刻
的角度剖析人与森林的关系，蕴含了丰富的系统思想。习近
平总书记指出："系统观念是具有基础性的思想和工作方法。"
因此，在建设生态文明的当下，从系统观念出发探析梁希的
林业思想，以期对解决当代林业发展问题、促进人与森林和
谐共生提供借鉴。

梁希林业思想中的系统观

1. 以整体性思维把握林业问题

整体性是指系统拥有不同于内部各要素的新的功能属性，只有当各要素以相互联结的整体形式发挥作用时，新的功能才得以呈现。在解决整体性问题时，要注重对整体和部分关系的准确把握，不能脱离整体谈部分，也不能随意舍弃部分论整体。梁希立足森林与自然界、森林与其他生态系统的辩证关系，全面分析森林效益以及森林在生态治理中的关键地位，体现出了整体性思维。

在森林效益方面，梁希从全局出发，以整体视角阐述森林在生态、经济、社会层面的效益。在传统社会，人们对森林价值的评价大多从自身需要出发，片面地把人类社会对森林经济价值的需要视为森林的全部价值，忽视了更重要的生态价值。这种"只见树木，不见森林"的观念使得人类对森林的掠夺更加猖狂，造成了大片森林变荒地、绿洲变沙漠的局面。梁希通过对林学的深入研究，跳出以木材的经济贡献作为评价森林价值的单一标准，把森林产生效益的范围扩大到整个自然界，以更加全面深刻的角度阐述森林在生态循环和社会发展中的核心地位。生态效益是森林效益中最关键，也是最容易被低估的部分。梁希曾就山林毁坏的情况作出呼吁："何况林不茂，则水不利，风不调，雨不顺。假使让山林再荒下去，不单是水灾旱魃，进一步，恐怕全中国要变成沙漠了。"关于森林的社会效益，梁希在《西湖可以无森林乎》中提到："夫有山水风景，而地方于是'美术化'……且有山水风景，而地方于是'天然化'……况有山水风景，而地方又可以'民众化'。"梁希认为，西湖能够"垂千数百年而不衰"的关键在于森林。"有山有水，美矣；而山无林荫，水无树影，可谓尽善矣乎？未也。"如果没有森林作为生态保障，则山水生态的"美术化""天然化""民众化"皆是空谈。

在环境治理方面，梁希强调要系统治理，将山水林田湖草沙等生态要素看成是一个相互关联的整体。面对水土流失、土地荒漠化等环境问题时，不能只关注出现明显症状的部分，而是要在把握整体的基础上明确各部分定位，找出症结（即森林问题）所在。在建国初期的治黄运动中，梁希通过理论学习和实地考察提出"治河必先治山，保土必先保水"。治黄的根本在于对森林的治理，只有对症下药，才能有效遏制环境进一步恶化的问题。除此之外，梁希还着重强调造林在缓解生态恶化中的核心作用。"事实告诉我们，警诫我们，教导我们立即同大自然斗争——造林，不然，我们会被沙和水吞没。"生态治理的关键在森林，而森林治理的关键在造林。

2. 以协同联动促进林业发展

各要素的协同联动是实现系统整体价值的必要保证，彼此孤立的要素无法构成一个统一的系统。促进林业发展，不仅要建立系统内部各要素协同关系，同时还要注意系统与相互牵制、相互作用的外部环境之间的协同互动。任何脱离周围环境而孤立发展的事业都无法长期存在。梁希坚持用普遍联系的观点看待林业，在联系中寻找解决问题的方法，在协同联动中推动林业全面发展。

林业的发展离不开内部各项工作的协同推进。建国初期，我国森林正处于恢复阶段，梁希指出林业工作既要"保障农田的丰收，最好只种不伐"，又要"保证供应国家建设用材，不得不伐"。基于"种与伐"的矛盾关系，他提出了"普遍护林，重点造林，合理采伐与利用"的总方针，主张在造林、护林、采林、用林中建立协同联动关系，以造林、护林工作保证森林资源的永续利用，以采林、用林工作实现森林资源向工业产品的转化。

林业发展同样会受到外部环境的影响。因此，除了内部要素的协同联动，还要注意林业与外部环境的互动。森林作为人类生产生活资料的重要来源，具有一定的社会性，在对人类社会产生影响的同时也受到社会因素的反作用。在推进林业工作时，既要考虑到气候、土壤等自然因素，也要考虑到人口、政治等社会因素。梁希在《用唯物论辩证法观察森林》中写道："森林和周围一切条件即使是政治（也可以说，尤其是政治）也有密切的联系。我们如果要把它孤立起来，单独地研究栽培，不顾到一切环境，恐怕造林要失败的，即使一时造成，也要破坏的。"森林与社会息息相关，森林工作的展开受社会政治条件的制约。梁希还说："物产多，正需要我们来改良物种和制法。森林植物多，正好到处选出最经济最适合乡土树种来造林。山多，林业工作者才大有用武之地，哪怕是荒山。而人多正是伟大劳动力的来源，条件更好。"因此，要在充分把握环境条件的基础上充分利用一切有利条件发展林业。

3. 以动态发展视角看待森林问题

系统的发展是一个动态过程，随着时间的推移和环境的改变，系统会做出相应调整以适应这些改变。林业建设在实践中不断取得新突破，无论从任何角度来看，林业事业始终处于变动过程中。梁希以动态发展视角观察森林问题，将森林看作一项长期发展事业，是通过在过程中的不断积累而取得成效的事业。

任何事物的发展都不是一蹴而就的，一定是在过程中逐渐发展起来的。"新生的枝叶和树木，目前似乎无足轻重，而前程却是浩大，所以可贵。森林是百年大计，学森林的人必须目光远大，处处不要忘记大自然的发展过程，对于活生生有希望有前途的事物要注意，不要专顾眼前。"梁希认为，森林事业起于微小，再大的森林都是由微小的种子经历漫长的生长周期后形成的。如果无视发展的客观规律，在事物发展的最初阶段就不切实际地想要取得成果，必然会走向失败的结局。

4. 以开放的心态推动林业发展

任何系统的发展都需要与外界环境进行有规律的信息交流和物质传输，这种特性就是系统的开放性。梁希十分重视林业与外界的交流互动，主张通过技术引进、产业融合等方式加快林业发展步伐，迈上发展新高度。

在我国林化工业兴起之前，国内和西方发达国家的林产加工水平截然相反。当国内还停留在比较落后的手工操作层面时，西方发达国家已经通过大量试验创造出了先进的林化技术，即以化学手段对林产物进行加工。梁希在多年的留学学习中对国外技术进行了全面了解和深入研究，并将其引入国内。同时，他还展开多项科研试验，在国外相关技术成果的基础上加以改进创新。由梁希主持的桐油抽提、樟脑提取等试验，取得了很大的突破，使我国林产化学技术水平有了质的提升。

梁希在《林业展览馆参观以后》中提到，林业与农业和工业之间并不是相互矛盾、相互排斥的关系，而是相互促进、相互融合的关系，可以通过产业融合推动林业产业转型升级。就林业与农业而言，以大泉山为例。"把水利与森林和农业结合起来，把坡面治理和沟壑治理结合起来。"如此，既解决了粮食问题，又缓解了环境恶化。就林业与工业而言，可以通过发展木材工业、林产化学工业促进林业、工业共同发展。

梁希林业思想中系统观的当代启示

梁希立足于实际，从系统科学的角度观察林业发展规律。他的林业思想不仅是对林业问题的全面探讨，还包含了对生态治理的深刻思考。其中蕴含的整体观、协同观等系统逻辑，对当代以科学发展观推进生态文明建设具有重要的启示意义。

1. 以森林的永续利用推动林业的可持续发展

不论从生态循环角度还是经济社会发展角度来看，森林都处于关键地位。从环境方面来看，森林作为陆地生态系统，在维护生态平衡、保护生物多样性方面发挥不可替代的作用。从社会方面来看，森林为人类提供生活资料的生存环境，是人类种族得以延续至今的重要保障。梁希曾说："衣食住行都是靠着森林。国无森林，民不聊生！……我们若要教我们中国做东方的主人翁，我们若要把我们中国的春天挽回过来，我们万万不可使中国'五行缺木'！万万不可轻视森林！"梁希从全局视角出发，把人与森林看成是相互联系、相互作用的有机整体，森林促进人类社会不断向前发展，人类活动又反过来对森林产生积极或消极影响。可以说，森林的明天关乎人类的未来。

当前，我国的生态文明建设正处于关键阶段，林业的可持续发展对于打好生态文明建设持久战具有至关重要的意义，森林资源的永续利用是实现林业可持续发展的首要前提。因此，必须立足人与自然生命共同体，把握森林在生态治理和林业建设中的战略地位，重点推进造林、护林工作有序进行，在保证森林覆盖率的前提下合理利用森林资源，才能促进林业持续健康发展，实现生态文明建设的最终目标。

2. 在协同联动中全方位推动林业高质量发展

梁希在规划林业工作时，既主张造林、护林、采林、用林之间的协同互动，还强调外部环境，尤其是社会政治因素对林业的影响。想要实现林业高质量发展，既不能只把目光聚焦于内部某一环，也不能忽视外部环境可能产生的各种影响，要统筹兼顾林业与各生产部门、林业与生态系统的关系，以联动融合促进林业发展。

首先是内部协同。要以造林为根本，护林为保障，合理采伐利用。工作中要注意部门之间的相互配合，保证工作有序进行，形成推动发展的强大合力。其次是外部协同。外部协同又包括与其他产业的协同和与其他生态子系统的协同。关于产业协同，梁希曾在《三年来的中国林业》中写道："林业本身一部分属农，一部分属工；林业的目的又是一部分为农服务——保护农田水利；一部分为工服务——保证供应各种工业原料及建筑用材；而林业发展的力量，又是一部分依靠农民大众——造林，一部分依靠工人阶级——发展森林工业。"要加强构建林业与农业、工业的协同关系，在良性互动中实现共同发展。关于生态协同，梁希指出："森林与它的环境起着相互作用，所以它对于水、旱、风、沙等灾害有相当的控制能力，从而对农田水利有显著的作用。"正确把握森林其他生态系统的联系，建立山水林田湖草沙共同体，不仅是促进林草事业发展的有效途径，也是实现生态文明建设的重要方式。

3. 深刻把握林业发展规律和趋势，在动态平衡中促进林业长期健康发展

林业是一项长期性工程，不能因为短期内看不到成效就轻易放弃，要以长远眼光从当前的微小事物中把握未来总体趋势，时刻保持"敲林钟"的决心和恒心。梁希说过："林业工作是做不完的。"要树立永远在路上的心态，始终把林业置于动态发展过程中。同时，既要总结过去经验，又要分析当前现状，还要关注长远走向，做到因时而变，因势而动。

"森林是伟大的，悠久的，保安的，同时又是见效不速的事业。"一个森林群落从初生到成熟需要上百年，但一片森林的开采只需要几个月甚至几周就能完成。因此，要正确把握森林生长规律和林业发展规律，找准森林更新和森林采伐的平衡点，在动态平衡中不断取得发展。

4. 拓宽产业边界，加强产业融合

时代不断进步，科技不断创新，林业事业想要取得突破必须跳出舒适圈，以开放性思维加强与外界的交流互动，通过技术、信息等要素的传输交流保证自身活力。林学并非孤立发展的学科，林业也不是封闭发展的产业。林业建设，不仅要向内深入研究森林本身，探寻更深层次的发展规律，还要向外拓宽边界，在与其他领域的良性互动中推动林业转型升级。

在技术方面，梁希在林产化学领域的杰出贡献突出体现了利用先进技术发展林业的重要性。正如梁希在《自然科学工作者组织起来了》中提到的"今天要解决实际问题，对于林学以外的科学，还得请各方面的专家来指导"。将先进科学技术和方法融入到自身发展中，以先进技术突破发展困境，以技术创新带动产业升级。在产业交互方面，充分挖掘林业产业优势，找准林业与其他产业之间的契合点，通过林下经济、森林工业等融合型产业带动林业发展。

结语

林业在当代生态文明建设中承担着重要职责，不仅在生态治理中发挥关键作用，对国家建设同样具有重要意义。对梁希先生林业思想中的系统观念的深入探析，有利于以系统思维把握林业发展规律，以系统方法解决林业发展问题，科学把握林业与生态、林业与社会的辩证关系，对推进我国林业现代化建设和生态文明建设具有重要的参考价值。

梁希的林学思想实践
及其对国土景观保护的价值

许浩①② 吴迪②

①南京林业大学风景园林学院
②南京林业大学园林图像史学研究中心

梁希（1883—1958年），籍贯属浙江湖州，著名林学家、林业教育家，新中国林垦（业）部首任部长，我国林业事业发展的奠基人和现代林学教育的开拓者。当前关于梁希的研究普遍认同其在森林保护、林产化学、林业经营、森林生态、人文林学等研究方向中的奠基作用。但既有研究多为基于先生生平、思想实践或著述本身的研究范式，现实价值的提出也囿于政治、经济、文化等宏观范畴，缺乏将以上研究内容与当代特定研究领域相关联的研究。

一个时期以来，空间资源开发不合理、生态环境破坏等诸多"人地冲突"都是生态文明建设过程中亟须解决的问题。国土景观作为空间资源的特定分野，也亟须梳理并完善其理论结构，以支撑生态文明建设。在国土景观认知方面，武廷海等归纳总结出以城市为核心、山川为网络的"大国山河"国土空间景观体系。王向荣、林箐探究了国土景观演变的影响因素，提炼出"山—水—田—城"一体的中国传统国土景观。在国土景观保护方面，当今学者的研究主要涉及国土景观遗产保护、多样性保护及空间生态修复等内容。无论是国土景观的认知抑或保护，其内容和价值取向在梁希的林学思想与实践中均有体现。

本文以《梁希文集》为主要研究材料结合现有研究成果，运用文献分析方法，探究梁希林学思想与国土景观，二者在内容上的关联，进而探讨前者对当代国土景观保护的意义，也借此缅怀先生的伟大人格和丰功伟绩，传承弘扬梁希精神。

梁希林学思想与国土景观

梁希曾言："无山不绿，有水皆清，四时花香，万壑鸟鸣，替河山装成锦绣，把国土绘成丹青。"此句描绘出他理想中的国土景观。同时，梁希也频繁提及林与山、河、水利、农业、城市间的关系，而山、水、田、城恰是国土景观系统的重要组成部分。如此可见，梁希的林学思想在内涵、功能、审美、生态等方面均与国土景观规划的核心内容及价值取向并行不悖。

1. 保自然山水

我国丘壑纵横、山川密布的自然地理特征是形成国土景观独特性与多样性的自然基础。文明的孕育无不依托于自然山水环境，如仰韶和龙山文化大部分遗址均分布在黄河支流两岸的阶地和岗丘上。梁希也曾在《新中国的林业》中谈及山水之于国土之重，"全国86%的土地都在海拔500米以上，以'山国'名于世"，又言"生长在这样伟大的祖国的国土上，上登千仞冈，下瞰万里流，洋洋大观"。对于如何保护自然山水，实现可持续发展，梁希主要探讨了山水与林的关系。他认为"绿化"在护土固水中能发挥关键作用，告诫人们"林不茂，则水不利，风不调，雨不顺"，并倡导"要绿化中国的山，从而绿化中国的水"。

就山水保护个案而言，梁希在《西湖可以无森林乎》一文中，谈及西湖"美术化"美学意蕴和"天然化"生态场景时，强调了维护西湖森林资源对其自然山水审美的塑造具有建设性作用。他认为西湖："有山有水，美矣；而山无林荫，水无树影，可谓尽善矣乎？未也……盖除名庵古刹外，森林皆滥伐一空，名胜云何？"

2. 续水利建设

水利建设与农业灌溉、旱涝防治等紧密联系。古往今来，可考的水利工程项目数量庞杂，至早可上溯至鲧禹治水。其中人工开凿的河渠联系天然水系共同构成的水网，成为国土景观的重要组成部分，并与农业生产、经济文化往来息息相关。针对水患，梁希提出要以林木保持水土为础，人工设施营建为辅的整治方针。1955年10月，他在全国水土保持工作会议上指出："怎样避免径流？方法很多，最经济最有效的办法是造林……而森林改良土壤措施，则又是水土保持工作中的基本环节之一。"并建议"护林、造林、封山育林，把童山变青山，把浊流变成碧流，把水灾变成水利"。嗣后，梁希拟定了三点措施：禁止一切破坏水土保持的活动；国家造林；建立营林机构。根据措施内容可知，梁希认为续水利建设，国家造林具有示范作用，人民群众扮演重要角色，营林机构须配合水利工程建设一起展开水土保持工作。但梁希"以造林续水利"的思想并不是一概而论，他在《黄河流碧水，赤地变青山》中指出："在森林破坏到了极点，山地滥垦到了绝顶的地区，如果单靠造林来救治，收效是很迟的，那就必须投很多的资金，施行一系列水利工程。"同时，他又强调："有森林才有水利……必须注意水利和森林两个重要条件，而森林尤为治本之计。"

3. 兴农业生产

我国是农业大国，以农业生产为目的的土地利用方式是国土景观演变的重要驱动因素之一，如经先民的持久开发，黄河流域两岸湖泊宽广、薮泽密布的低地沼泽地区的水面不断萎缩，成为阡陌和城邑。故此，随着人们耕作技术的提升与生活需求上涨，农业区域进一步扩展，相应的天然植被就要退却消失。梁希也剖析了农业发展带来的利弊，提出"有森林才有水利，有水利才有农田"的观点，呼吁人们不要只看重农业带来的经济收益，而应更加重视林业的生态价值。他关注林业为农业带来的经济效益，认为发展林业能减轻自然灾害，保证农业丰收。为证明这一点，梁希总结了营造豫东防护林的积极影响："造林后已有60多万亩沙荒可以开垦为农田，15万亩薄地变成了麦田。荒凉了多年的沙地上，现已建立国营机械农场，用拖拉机进行耕作了。"可见，梁希的"以林兴农"的林学思想不仅能促进国土农业景观的发展，还能重塑地方生态系统，丰富生态涵养和提供生态产品。

4. 促城乡营建

中国古人择地而居，综合考虑地理环境、自然资源等因素，出于军事、防洪等目的营建城市，尽管尺度通常不大，但却是在宏观区域风景视野下进行的，讲究城市与近畿甚至远郊山水风景的空间关系。正因这样独特的开发方式，使得人工与自然融合，形成了我国"山—水—田—城"一体的国土景观，因此城乡营建是国土景观系统形成的关键环节。梁希在《让绿荫护夏，红叶迎秋》中写道："做到工厂如花园，城市如公园，乡村如林园。" 这是他心中关于城乡营建的美好夙愿。这一点在其林学思想中体现为：一是林木供给建设材料。1955年，他在《完成林业建设的五年计划……并减少农田灾害》中指出："工矿企业、交通、建筑以及日常生活处处都需用木材。"二是森林带来的经济收益可供给城乡营建所需物质条件。梁希比喻道："贮林于山，等于贮金于银行。"他在《森林在国家经济建设中的作用》中分析了森林对于农业和工业建设的作用，并谈论到森林副产品的经济价值，呼吁林业工作者"去研究、发掘、经营、改造和更新"，从而"增加财富"，间接促进城乡发展，为人民谋幸福。梁希"促城市营建"的林学思想，建立在保护国土生态环境的基础上，以达到"安保国土"的目的。

梁希林学思想与实践对当代国土景观保护的意义

1. 思想层面："美丽中国"思想的渊源

国土景观保护作为国土空间治理的关键环节，是在新时代"美丽中国"政策指引下诞生的，是"美丽中国"政策在国土资源保护工作上的延伸、细化与落实。2012 年，党的十八大报告中指出要"大力推进生态文明建设"并首次提出"美丽中国"的概念。十九大报告中，习近平总书记继续强调："加快生态文明体制改革，建设美丽中国。"建设"美丽中国"同时把生态文明建设放在突出位置，这一目标与内涵在梁希的著述中亦有体现。他在《人民日报》上发表的《让绿荫护夏，红叶迎秋》中写道："山青了，水也会绿；水绿了，百水汇流的黄海也有可能渐渐地变成碧海。这样青山绿水在祖国国土上织成一幅翡翠色的图案。"这里的"青山""绿水""碧海"共同构成了一幅"美丽中国"的愿景图，是梁希的"美丽中国"梦。他所提倡的以林"固山护水""续水利""兴农业"及"促城乡营建"的林学思想也都是源于对森林资源经济价值与生态价值的深刻理解。因此，梁希的林学思想可视为"美丽中国"思想的渊源，潜移默化地促进了国土景观保护理论与实践的产生。

2. 实践层面：国土景观保护实践的雏形

国土景观保护的目的在于解决现代化的土地开发和利用途径带来的大量问题，如雨洪灾害、空气污染、沙漠延伸、热岛效应等。在现代学科建设与多学科融合的背景下，国土景观保护的理论体系与内容得到完善，涵盖城市更新与治理、农林地置换调优、郊野地区管控、生态红线划定等。然而，在 20 世纪前半叶，国内保护意识淡薄、理论研究滞后的情况下，梁希却前瞻性地开展各类保护工作。为解决沙尘侵蚀土地、黄河泥沙堆积等问题，他率先垂范带领林业工作者与人民群众进行了历时弥久的水土保护实践。以河北为例，1950 年 3 月春发动造林开始至 1951 年底，冀西 50 多万亩的沙荒消灭了 25%，营造防护林带有效遏止了土地荒漠化。同时，1950 年至 1953 年，年迈的梁希四下黄河的重要支流流域考察山林荒废和水土冲失情况，并撰写考察报告以配合水利部的治黄计划。整体来看，梁希的水土保护实践是国土景观保护实践的雏形，为当代国土资源利用提供了历史借鉴。

结语

梁希林学思想中的"国土景观"理念，并不是如今学术范畴内的严格学术概念；而是于特定历史背景之下，从林业的角度出发，结合早期学术研究和探讨而产生的环境整治观念。基于此，本文通过对梁希先生著述的研读和分析，力求解释其历史观念和实践与当今"国土景观"学术研究在内容上的关联。

梁希林学思想中的空间治理与生态建设观点虽不能涵盖"国土景观"研究的全部内容，但两者亦有互通共融之处。在内容认知上，梁希林学研究中论述了林与山、水、农业、工业建设间的耦合关系，认知过程围绕"山—水—田—城"

展开，这一点与国土景观研究相符。在生态建设上，梁希认为林业的生态效益要高于经济与社会效益，森林既可以涵养水源，又能防洪涝。这与国土景观保护中构建绿色低碳发展方式的思路相符。在目标导向上，梁希渴望"替河山装成锦绣，把国土绘成丹青"，这也正是国土景观修复与保护旨在构建的宏伟蓝图。

现代国土景观理论与保护研究仍在完善与进步，梁希的林业思想对当今国土景观研究有着重要的借鉴意义。

梁希的科普思想及实践探析

黄红

南京林业大学博物馆档案馆

　　科学普及简称科普，是指利用各种传媒以浅显的、通俗易懂的方式、让公众接受自然科学和社会科学知识、推广科学技术的应用、倡导科学方法、传播科学思想、弘扬科学精神的活动。科普是提高公民素质和社会文明程度的重要路径。习近平总书记开创性地提出"科技创新、科学普及是实现创新发展的两翼，要把科学普及放在与科技创新同等重要的位置"。2022 年，国务院办公厅印发《关于新时代进一步加强科学技术普及工作的意见》，从国家层面把科学普及工作提高到了新的高度。

　　中国近代科学传播的主体力量在 1918 年之后开始形成。其时，中国科学社由美国迁至国内，大批留学生也学成归国。他们带回来了先进的科学知识，痛感于祖国的积贫积弱，积极开展科学研究和传播，梁希就是其中之一。梁希一生热心科学技术普及工作，创作了许多科普文章，宣传普及林业的重要性和森林、水土保持知识。梁希还是"中国科学工作者协会"的发起人之一，1950 年当选为中华全国科学技术普及协会主席。2003 年，在纪念梁希先生诞辰 120 周年暨梁希科技教育基金成立大会上，时任中国科学技术协会主席周光召在讲话中赞扬"梁希先生是原中华全国科学技术普及协会的主席，中国科学技术协会第一届副主席。他以一个科学家的渊博学识和政治责任感，满腔热情地投入祖国的科学普及工作，为中国科普事业发展和科技进步作出了开创性的贡献。"

目前学界有一部分关于梁希科普实践的回忆性文章，如《大地之梁——梁希传》第十一章"科普名家"；传记文学《中国林业的杰出开拓者——梁希》第十五篇"科普先驱"；其他一些纪念性文章中偶见一些零散的表述。

梁希的科普思想

作为深受科学精神浸润的科学家，作为林学传播的先行者、新中国科普事业的领导者，梁希对科学传播、科学普及有着深刻的理解。梁希担任了全国科普委员会主席后，"一直忠于职守，不做挂名领导"，百忙之中，仍亲自主持处理协会会务，领导规划科普宣传工作，提出了许多有关科普的真知灼见。

1. 科普对象："应该把科学交还给大众"

梁希认为"科学技术工作者必须随时把知识交给人民"，应该"把科学技术知识带到群众中去"。他提出："向劳动群众普及科学，是为了壮大我们的科学队伍，是为了结合千千万万人一道向科学进军。……工农劳动群众对科学家的普及工作，不但有提出的必要，而且有提出的权利。因为科学是大众的，科学家应该把它交还给大众。"由此可以看出，梁希认为科普的对象是广大的人民群众。

一方面，向人民群众普及科学，满足人民群众日益高涨的文化科学要求，"更好地把科学理论和广大劳动人民的生产实践结合起来，化为生产建设的实际力量。"另一方面，向人民群众普及科学，也"可以有效地总结广大群众从劳动中所创造的无限丰富的生产经验，从而使科学技术研究更加充实起来"，同时能够"加强工、农、知识分子联盟"。

他深知中国农村的落后现状，所以特别重视面向农民尤其是妇女的科普。在《农民需要科学翻身》一文中，提出"科学宣传应深入工厂和农庄"。农民需要科学才能翻身，有知识才有力量，有力量才有生产力。在《妇女有权利要求科学家普及科学》中写道："她们学了科学，不但能够大大提高工农业生产，还能够保护人民生命，增进儿童健康，削除旧社会遗留下来的一切封建迷信思想。"

2. 科普内容："百花齐放"

1956年党中央提出"向现代科学技术进军"的号召和"百花齐放，百家争鸣"的方针。梁希认为这一方针同样适用于科学普及工作。同年7月，他在《人民日报》上发表《在百花齐放百家争鸣的方针下做好科学普及工作》一文。他指出："最重要的问题，我以为只有两个。第一个问题是：用什么东西为人民服务，即科学普及工作的内容怎样？回答是'百花齐放'；第二个问题是：怎样做好科学普及工作？回答是'百家争鸣'。"

"百花齐放"，就是科普的内容要丰富、门类要多，"物理、数学、技术科学、医药卫生、地质、地理、化学、化工、生物、农、林、水利、气象，等等，分门别类，应有尽有。"他以科学家的独特眼光，对科学普及的工作范围和内容进行了形象而生动的描述——"开门七件事：油、盐、柴、米、酱、醋、茶，这里头都有科学；天上日、月、星、辰、风、云、雷、电都是科学；地上山、水、草、木、鸟、兽、虫、鱼都是科学；

春、夏、秋、冬，寒来暑往又是科学；只要人生还留一口气，这口气中就有科学"。

当然，针对不同的地区、不同的对象，科普的内容也应因地制宜，也就是"要结合地方的需要与可能，有重点地宣传"。他以内蒙古举例，"在内蒙古，畜牧在生产事业上占着极重要的地位，畜牧人才也多，而人民政府又执行着十分正确的'人畜两旺'的政策，我们就应该向畜牧兽医方面，多做科学普及工作。"

3. 科普方式："百家争鸣"

如何做到百家争鸣？就是对待科学问题要"公开讨论、自由发表意见、尽量提出批评"。梁希认为："科学普及文章和科学研究报告不同，它是写给非专业的人看的。必须深入浅出，写得通俗。而要保证文章通俗，不能凭作者一个人的看法，必须通过学组中多数人的评定，才比较可靠。"也就是要"争论""争辩""竞争"。

梁希还认为，科普需要艺术化、形象化，目的是让人容易懂。"在科学普及工作上，我以为这两句话都可以拿来作为金科玉律。因为，一方面科学技术普及协会的工作本身是科学，在一定范围内要有科学的严肃性；但是另一方面，我们的工作要普及，要说得人们容易懂，要引人入胜，叫大家听了或看了对科学发生兴趣。所以文字要写得轻松、灵活，配上美丽生动的图画。有时不妨把植物、动物、矿物'人格化'起来；土壤可以称妈妈；树木可以编军队，也可以进学校；鸟、兽、虫、鱼可以说话；如有必要，天上还可以走出'神仙'来。"

梁希的科普实践

梁希是一位真正理解科学真谛的科学家。他一生热心科学技术普及工作、亲自实践科学普及工作。

1. 林业科普的先行者

作为林业教育家和科学家，他写了很多生动活泼的科普作品，深入浅出地传播林业科学技术知识。毫无疑问，他是最早从事林业科普的科学家之一。《新中国科普70年》这样评价："科学家梁希讲林业，70多岁的人，不休息，'一棵树等于一个小水库'，一口气讲完，而且讲得很生动。"

纵观梁希一生，在其专业知识即林业的科普上，大致可以分为两个部分。一部分是向公众宣传推广林业科普知识。他先后撰写了《民生问题与森林》《西湖可以无森林乎》《造林在我们自己的国土上》等文章，宣传林业的重要性以及林业知识等。同时，梁希还经常翻译国外林化成果的专著及论文，向国人介绍国外最新的研究成果，如他先后翻译了《日本近来试行木炭汽车之成绩》《木材制糖工业》《木材防腐手册》等。

长期以来，人们对森林的认识更多的是向森林索取木材、林副产品等，以经济效益的高低来评价森林的价值大小。而少有人关心森林的生态效益。学贯中西的梁希，对于欧美、日本等林业发达国家重视林业生态的现象有着清楚的认识。梁希在担任林垦部部长后，不遗余力地向公众宣传森林所具有的多效益作用。他在《中国林业》《中国青年》《旅行家》等杂志发表20余篇文章，集中宣传森林对于治山、治水、治黄、治沙的生态作用，重点宣传水土保持的意义。1954年，梁希亲自编写了一个图文并茂的小册子《森林在国家经济建设中的作用》，通俗而又科学地论述森林在防旱防洪防风沙中的重要作用、森林主产物（木材）对工业建设的作用以及森林副产物在国民经济中的作用。这就把人们过去认识林业偏重经济效益，提高到了经济、生态和社会效益全面认识的高度。

如今生态成了最热门的话题，生态文明成了最新的倡导方向，梁希生前宣传的生态理念已在中国深入人心，尤其是对生态效益的关注度已远远超越了对经济效益的关注度。

2. 科普工作的领导者

1950 年 8 月梁希当选为中华全国科学技术普及协会主席。"协会的性质是一个科学技术工作者自愿结合起来，以业余时间从事科学技术宣传工作的群众团体"。新中国成立之初，林业建设困难重重。在繁忙的工作中，梁希仍抽出时间认真履行科普协会主席的职责，并亲自撰写文章，动员广大科技工作者积极参加科普工作。

他在《中国林业》《知识就是力量》等杂志上，连续发表了《科普协会的性质和方针》《科学普及工作的新阶段》《在百花齐放百家争鸣的方针下做好科学普及工作》《农民需要科学翻身》《妇女有权要求科学家普及科学》《广泛发展工会和科普协会的合作关系》《掀起科普工作高潮》《把科学技术知识交给人民——为＜世界科学＞而作》等一系列文章，对科普的重要性、作用发挥以及科普创作等进行全面阐述，对不同的人群开展科普，提出明确的要求。

梁希科普作品的特点

1. 家国情怀 使命感强

青年梁希受到"科学救国"思想的影响，认识到农业科学教育对中国社会发展更为重要。旧中国积贫积弱，童山濯濯，水灾频发。而"一般人很少知道林业的重要性"。怀抱林业救国的理想，梁希终生为林业鼓与呼。梁希发表的第一篇文章就与宣传和推广林业科普知识有关。1929 年，他在《民生问题与森林》一文中，他这样说："森林是人类的发祥之地""国无森林，民不聊生！""万万不可轻视森林"。在我国森林经历了长期破坏、日益减少的情况下，梁希怀揣着对祖国和人民的热爱之情，以强烈的使命感和责任感，不遗余力地宣传林业科学知识、提倡保护森林。

1946年，梁希发出了振聋发聩的敲击"林钟"号召，立下了让"黄河流碧水，赤地变青山"的铿锵誓言。它充分体现了梁希矢志祖国献身林业的崇高精神境界。终其一生，梁希始终践行着"为人民服务，万死不辞"的初心与诺言。《让绿荫护夏，红叶迎秋》一文是梁希住院期间为《人民日报》所写，也是他一生中最后一篇为林业事业而作的作品。他满怀深情地描绘中国的未来："绿色，这个词太美了，山青了，水也会绿；水绿了，百川汇流的黄海也有可能渐渐地变成碧海，这样，青山绿水在祖国国土上织成一幅翡翠色的图案。"

2. 谈古论今引人入胜

梁希认为，科普创作要"说得人们容易懂，要引人入胜"。他的科普作品就通常是谈古论今、引人入胜。

他在《西湖可以无森林乎》一文中，引经据典、谈古论今。他先是引用典故，再用诗一般的语言加以渲染，描绘了西湖美丽风光。此后，梁希笔锋陡转，指出森林皆砍伐一空，无异于西湖削去了发肤，徒让人"掩口而笑"罢了。其对比之绝，淋漓尽致；其痛彻之情，溢于言表。末了，指出西湖造林的迫切性，呼吁当局不要"斤斤于洋楼番馆"，而要广植苍松翠柏，恢复西湖"美术化、天然化、民众化"之美，还西子以本来面目。

梁希以议论文针砭时弊，普及森林与风景区的相关知识。从文学上看，全文似散似骈，清新优美，淋漓酣畅，充分显示了他的忧患心绪、渊博知识和文学功力。文章给人启迪，耐人寻味，发人深省。

3. 语言生动，感染力强

梁希受过国学熏陶，有着良好的文学功底，他把对森林的热爱之情，化作一篇篇充满理想主义的美文。他的科普作品文笔清新、生动活泼、情感丰沛，具有很强的感染力。

"无山不绿，有水皆清，四时花香，万壑鸟鸣，替河山装成锦绣，把国土绘成丹青""绿化，要做到绿荫护夏，红叶迎秋""青年，象征着一年的早春，一日的早晨；象征着万山的苗，万木的梢；又由于天真和纯洁，象征着百川的源，百壑的泉"……梁希用他的笔编织了一幅幅美丽的图画，引发了林业工作者的共鸣，成为激发林业工作者为我国林业事业不懈努力的精神力量源泉。

著名的高原生态学家徐凤翔在青年时代，一次偶然的机会，看到梁希先生的名句："让黄河流碧水，赤地变青山。"这充满诗意的号召和蓝图，彻底改变了徐凤翔的人生轨迹。她毅然弃"文"从"武"，以身许绿。1956 年，在《向高中应届毕业生介绍林业和林学》中，梁希通过正反事例，向高中应届毕业生介绍了林业和林学，使报考林学的人数倍增。由此可见，梁希的作品具有极强的感染力和号召力。

结语

梁希一生对林业思想、林业知识、水土保持等做了大量宣传，其持之以恒地宣传在他身后开花结果。党的十八大以来，以习近平同志为核心的党中央把生态文明建设纳入中国特色社会主义事业"五位一体"的总体布局，作为不断满足人民群众对美好生活需要的重要内容加以推进。生态文明建设离不开科学知识的普及和生态意识的提高。梁希的科普思想及实践对于今天我们做好科普特别是林草科普工作有着现实的指导意义。

梁希林业宣传观产生的历史背景、核心要义和实践启示

陈相雨　李雨洁

南京林业大学人文社会科学学院

引言

　　党的二十大报告指出，"要推进美丽中国建设，坚持山水林田湖草沙一体化保护和系统治理"，作为我国近代林学的杰出开拓者和新中国林业的奠基人，梁希先生毕生致力于实现"黄河流碧水，赤地变青山"的美丽中国愿景，为新中国的林业事业作出了不可磨灭的贡献。作为卓越的林业科学家、林业教育家和社会活动家，梁希先生一生矢志报国、奉献林业，开创了新中国林业建设的新篇章，为后人留下了极为宝贵的财富。既往研究从林业化学、林业教育、林业保护与自然保护区建设、林业多效益经营、森林防灾等方面系统阐述了梁希的林业思想，通过梳理相关史料与文集作品等，详细论述了梁希的生平贡献、爱国精神以及高尚道德情操的深刻内涵。已有研究对梁希的生平事迹、学术成就、历史贡献与品德精神等多方面进行了有益探索，但鲜有研究关注到梁希的林业宣传观。事实上，梁希最早就认识到林业宣传是林业发展必不可少的关键要素，一生非常重视林业科学传播、

林业科普、林业宣传动员等工作。他拥有丰富的林业科普实践经验并取得了颇具影响的成果，形成了具有系统性、时代性、人民性和前瞻性的林业宣传观，推动了我国林业事业的长足进步，对当下我国林业科普事业具有特殊借鉴意义。因此，通过系统深入研究梁希的林业宣传工作，深刻领会其宣传思想的核心要义，把握梁希林业宣传观的当代价值指引，从而为丰富完善有关梁希思想的研究理论体系，推进当前我国林业科普事业高质量发展与全社会生态意识提升提供重要理论与实践遵循。

梁希林业宣传观产生的历史背景

梁希的一生经历了由晚清到民国再到新中国三个风云激荡的时代，这样的社会变迁也造就了梁希林业宣传观的独特时代底色。立志科学报国，学成归来的梁希在目睹森林资源被严重破坏之时，发表多篇文章论述林业对于人类、社会之作用，向公众宣传林业科普知识；新中国成立后，梁希提议林业应独而为部，被任命为林垦部（后改为林业部）部长，并担任中华全国科学技术普及协会主席及中华人民共和国科学技术协会副主席。在此期间，他重视对于林业所发挥的多种功能效益的介绍，更加广泛宣传林业科普知识与林业思想，呼吁人民群众参与到植树造林的工作中来，致力于实现"绿化中国"的美好愿景。梁希的林业宣传观始终结合林业发展的实际国情，服务着林业发展的现实需要。

1. 森林资源锐减的严峻形势

近代以来，复杂的局势、频繁的战乱致使森林被严重毁坏，森林资源锐减。清末地方志曾记载陇东地区的"柏林苍翠，蔚然可观"到民国十五年已然"花木绝"，森林植被不复存在，虽未有具体数据进行直观对比，但透过自然景观的变化可以鲜明展现森林资源遭受毁坏的状况。清末以来，人口数量急剧增长，人们为解决生存所需出现了大量毁林开荒的现象，加之近代工业发展对于森林资源的需求达到空前程度，依靠自然力量进行森林恢复的速度远远赶不上对于森林的砍伐速度，森林环境承担了人类经济活动带来的巨大压力，梁希曾痛心言"在中国，什么人都看不起森林，前人不肯种树留给今人，今人又不肯种树留给后人，不顾将来，试问荒山荒到几时才了呢？"其次，频繁的战乱成为森林数量锐减的重要因素，现代战争武器以强大的破坏力摧毁了大量森林资源并致使森林火灾频发，加之帝国主义侵占掠夺珍贵的森林资源，肆意乱砍滥伐，而腐朽的统治导致林政管理形同虚设，国民政府虽多次颁布森林法令禁止砍伐山林树木，却不见成效，梁希曾多次对国民政府在林业上的腐败与不作为现象进行批判，试图以"林钟"之声唤起社会觉醒。然而，森林资源锐减最终导致旱涝灾害频发，据资料记载，民国时期曾至少出现过五次大旱灾，持续时间长达三年，影响范围甚广，并由此引发了鼠疫、蝗灾、瘟疫等。但当时在西方许多国家所达成的"旱灾水灾皆根源于没有森林"这一共识在国内却少有知晓，我国林业长期处于落后萎靡的状态。对此，梁希意识到宣传是建立共识、发展林业的关键因素。向民众普及林业知识、宣传森林建设与保护成为他一生奋斗努力的课题。

2. 新中国林业可持续利用与发展的紧迫需要

新中国成立之初，党和国家领导人高度重视林业建设。但在新中国成立之前，中国已成为一个贫林国家，当时的森林面积约占领土面积的 5%，寸草不生的荒山却达到 30 亿亩，我国的林业发展几乎从零开始。时任林垦部部长的梁希根据现实情况制定了林业工作的方针任务，并提出要辅助农民广植特用树木，林业知识的宣传对象更加广泛。与此同时，新中国成立之初，因帝国主义的封锁禁运以及社会主义建设的迫切需要，所有的木材都需要靠自己生产，对于森林经济效益较为重视，对于森林的生态作用以及社会效益等认识较为浅薄，综合利用开发森林资源的能力水平较低。这一历史时期赋予林业的特殊使命是支援国家建设，这也意味着保护和培育森林资源的力度是有限的。因此，梁希愈发重视对于林业资源多种效益的宣传，面向干部群众普及林业科学知识，以更加经济合理地使用木材，达成普遍护林的目的。随着林业发展逐渐步入正轨，梁希多次提出绿化中国的远景设想，要使绿化思想深入人心。在《新中国的林业》一文中他曾用优美的语言描绘这一美丽愿景，"无山不绿，有水皆清，四时花香，万籁鸟鸣，替河山装成锦绣，把国土绘成丹青"，大大鼓舞了群众广泛参与植树造林事业的热情。在梁希看来，治山治水治黄是林业人义不容辞的责任。新中国的成立为防灾工作提供了稳定的政治环境，梁希在多次实地调研的基础上，对治黄治水等工作做出了具体部署，在其中，他尤其重视对于治黄治水取得成果的宣传，突显林业资源所产生的生态效益，这无疑对林业宣传的全面发展起到了重要推动作用。

梁希林业宣传观的核心要义

梁希的林业宣传观，是在长久以来的林业科研、林业教育以及林业建设的丰富实践中形成并发展的，始终服务着林业发展的现实所需，着眼于林业发展的未来，致力于传播绿化思想，提升社会对于林业重要性的全面认识。他重视面向群众进行林业科普，提出群众路线是植树造林的一条光明大道；秉持严谨求真的科学态度，积极传播西方先进林业知识；以强烈的科学家使命责任擘画着林业事业长远、可持续发展的美好蓝图，兴办林业报纸刊物；以"为人民服务，万死不辞"

的坚定信念，为振兴林业矢志奋斗，全力推进林业科普工作更加广泛开展，开创了林业科普工作的新局面。

1. 面向人民群众开展宣传动员

坚持以人民群众为中心的理念贯穿着梁希宣传工作的全过程，他甫一开始就深刻认识到群众力量在推动林业发展中所起的重要作用。1931年在《对于浙江旧泉唐道属创设林场之管见》一文中，他提出："林政宜兼顾教育，使农民习得浅近智识，受相当教育，其子弟因此而起爱林之思，其父老亦因此减去畏官恶习，如是，则森林非独异于造，且易于保护矣。"依靠群众、动员群众参与林业建设始终是梁希宣传工作的重要组成。在1951年的《新中国的林业》一文中他指出，"人民的森林要靠人民来保护，人民的树种要靠人民来栽培。毛主席再三教导我们的群众路线就是发展新中国林业的途径。"为此，他撰写多篇文章极力推动林业科普知识的传播、林业政策的宣传，专门面向工人、农民、妇女、青年、林业工作者等重点人群介绍林业应用知识与林业发展的重要性，提出"必须广泛进行宣传教育，使政策成为群众的实际行动""随时随地都要对干部对群众进行宣传""要注意培养妇女儿童的模范，使其成为群众造林运动的带动者"，在新中国林业人才短缺的情况下，他亲自为中学生作报告，呼吁青年学子加入林业队伍，投身绿化荒山、征服黄河，替祖国改造大自然的事业中来。让林业发展始终服务于人民群众所需也是梁希进行林业宣传的重要内容，他认识到依靠群众必须首先要想尽一切办法处理好群众利益与林业发展之关系，为此他着眼于林业发展的长远意义，多次论述林业对于治山、治水、治沙的重要作用，以通俗易懂的优美笔触描绘绿化祖国的理想蓝图，传播林业生态理念，"大家都在自己建造的大公园里工作学习、锻炼休息，快乐地生活"，唤起人民群众对美好生活环境的向往，大大提高群众广泛参与植树造林的积极性。

2. 知识传播和科学普及相融合

梁希的学者身份赋予了其宣传内容更加浓厚的科学色彩，他极为重视知识传播的及时性、准确性与实效性。作为我国林产化学学科的创建人，梁希学成归国后长期从事林产化学方面的教学与研究，学术造诣精深。在当时，西方先进的林业科学研究实践与国内林业研究的空白形成了鲜明对比，因而，引进国外林业科学经典，翻译国外最新林化研究成果成为梁希进行的重要科普活动。为保证知识内容的精确性与科学性，他亲自在实验室试验，以务实求真的精神传播先进林业科学内容，拓宽了国内林化研究的范围，为更多人了解参与林业建设提供可能。同时，梁希在研究总结我国的林业生产与科研经验的基础上，创造性吸收转化国外先进林业科技成果，组织进行了诸如松脂采脂试验、紫胶培育发展、改进樟脑质量产量、木材干馏、木素定量以及桐油油提等研究实验，所主持的一系列林化试验填补了多项国内外林化研究的空白，逐步构筑起我国特色林化研究体系；在担任林垦部部长期间，多次组织开展关于林化实用方法的宣传培训活动，将高深的学理内容转化成为群众所能掌握的具体方法，将科学精神与专业理论融入林业知识的普及传播之中，以科学理论指导科普实践，大大促进了林业资源利用率的提升，推动林业科普内容实现高质量成果转化。

3. 建设林业宣传主渠道主阵地

梁希十分重视林业宣传的渠道建设，将学会与报刊建设作为林业宣传的重要阵地。他在科研教学之余除编写教材讲义之外，大力兴办林业报刊，并提出"先进诸国，每一林业机关，皆有一定期刊物""无报便无会""学报是学会的命脉"等宣传刊物建设对于林业发展的重要作用。他先后主持《林学》《中华农学会报》《中华农学会通讯》的编辑工作，负责编辑《新华日报》的《自然科学》副刊，协助创办《科学新闻报》，并在新中国成立后提议创办了《中国林业》杂志，以报纸刊物作为普及林业科学知识、传播林业科学文化、宣传林业精神的重要传播载体。除此之外，梁希积极参与中华林学会和中华农学会的学术活动，并参与发起成立"中国科学工作者协会"，希冀以此团结起广大科技工作者。在新中国成立之初，党中央开始组织科普工作，中华全国科学技术普及协会应运而生，梁希被推选为协会主席。他重视利用各种机会与渠道宣传科普工作的性质方法，在报刊杂志上发表多篇文章普及宣传林业科学知识，并提出要建设更多的宣传阵地，利用好讲演、广播、小册子、电影等渠道开展林业科普工作，号召广大林业工作者都要成为很好的宣传者。在梁希的努力下，林业宣传的主渠道主阵地建设逐步完善，更多的林业工作者也参与进林业科普宣传工作中来，初步构建了渠道多元的林业宣传格局。

4. 注重宣传形式和手段创新

1956 年，梁希在《在百花齐放百家争鸣的方针下做好科学普及工作》一文中提到："我们的科学之花，必须做到有声有色，必须做到百花齐放。"事实上，在梁希的林业宣传工作中也一直以"有声有色"为创作核心，努力使林业科学的内容形式贴近现实生活、贴近群众需要。首先，在林业科普工作中，梁希注重通过广播、歌曲、演讲、文章、漫画、报刊、讲演、展览等丰富多样的形式展现科普宣传内容，其中，中国第一部森林电影《白山黑水话森林》在林业部的推动下于 1954 年出品发行，他还亲自编写了《森林在国民经济中的作用》漫画科普小册子，使林业科普内容更加生动，实现了更加有效的林业知识传播。其次，梁希不断探索创新易于群众理解接受的宣传手段，将融入趣味性传播内容之中。在1929 年发表的《民生问题与森林》中，梁希用群众所熟知的"五行"深刻阐释了森林对于社会发展的重要作用，呼吁群众"万万不可轻视森林"，把森林比作与西北风沙斗争的武器以此彰显森林的生态作用，并多次提出林业工作者在植树造林的宣传动员中要讲究工作的方式方法，"要举行宣传周、利用各种会议说明植树造林的重要性。要用算细账、挖穷根或参观实例等方法去说服农民"，以贴近生活的朴实叙事争取林业科普工作的广泛开展。最后，对于成功典型的示范宣传也是梁希从事林业宣传工作的重要方法，他注重总结并宣传推广各地造林成功经验，并提出："哪里出现英模，哪里的林业工作就得到开展，但英模不是自己生产出来的，而是从深入的工作中培养出来的。"梁希认为，除了对于典型英模的宣传外，必须也要表扬积极的科普工作者与积极的科学知识学习者，只有这样，才能为推动林业科普事业持续发展注入不竭动力。

243

梁希林业宣传观的实践启示

梁希的林业宣传观既蕴含着丰富的学理价值，又兼具科学人文精神，他的宣传实践经历了由传统林业到现代林业发展转型的重要阶段，以人民性理念、系统性布局、时代性责任和前瞻性目光，极大推动了我国林业科普事业的发展，时至今日仍旧闪烁着启迪的光芒，为当下的林业科普工作与生态文明理念传播提供了重要的实践启示。在新时代，应充分理解并践行梁希林业宣传观，使其在开展高质量林业科普，推进生态文明建设进程中焕发新的价值活力。

1. 坚持以人民为中心，站稳宣传思想的人民立场

以人民为中心是新闻宣传必须坚持的工作导向，习近平在 2013 年 8 月 19 日的全国宣传思想工作会议中指出："坚持人民性，就是要把实现好、维护好、发展好最广大人民根本利益作为出发点和落脚点，坚持以民为本、以人为本。"践行以人民为中心的宣传导向要求林业科普宣传工作既要满足服务群众的实际所需，又要服务生态建设的大局，最终使林业宣传的工作成果惠及人民群众。一方面，要坚持将服务群众科普需求与服务引导群众科普需要相结合。要从实际出发，传播群众所需、易于理解的林业科学知识方法，促进公众科学文化素质的提升，坚持正确舆论导向，持续开展对于林业发展成就以及先进典型事迹的宣传，使人民群众更加清晰认识到自身在林业建设发展中的重要主体作用，强化林业宣传的根基。另一方面，要紧紧围绕"发展人民的林业"这一中心，以林业科普为契机，广泛宣传林业对于社会发展的重要作用，培育公众的绿色发展意识与科学精神，鼓舞人民群众参与到林业建设与生态文明建设中来，将美丽中国建设转化为群众的自觉行动，推动林业科普全面融入社会发展的各领域，使人民成为林业发展的建设者与受益者。

2. 坚持问题导向，为破解时代难题提供精神力量

坚持问题导向是深刻把握科普发展规律的内在体现。纵观梁希的林业宣传实践，在不同阶段的科普重点和实施方法等始终呼应着时代发展之需，问题导向在他的宣传思想中得到了充分体现，这也启示着当下从事林业宣传工作要具备问题意识，增强林业科普实效。一方面，要充分把握当下林业发展的重点问题，全面把握新时代林业发展的方针政策，面向重点议题开展林业宣传工作。随着生态文明建设的持续推进，当下的林业科普工作更加关注整体的生态发展，宣传重

心也转变成为实现"双碳"目标和生态文明建设服务，因此要做好林业科普的重大主题报道，筑牢全民生态意识，以高质量林业科普服务林业事业发展。另一方面，要深入调研掌握当下林业发展的现实难题，特别是对于植树造林、森林防火、林业生态保护等关键议题的调研，注重发挥科学家群体的权威作用，结合林业发展实际经验，将专业学术成果转化为解决林业发展热点、难点问题的行动指南，积极培育公众应用林业专业知识处理实际问题的能力，实现理论与实践的紧密结合，增强林业科普工作的实效，为破解时代难题提供精神力量。

3. 坚持走好群众路线，努力构建大宣传格局

《关于新时代进一步加强科学技术普及工作的意见》中明确提出要"加快形成全社会共同参与的大科普格局"，大科普格局的形成聚焦于提升公众科学素质，而一以贯之践行群众路线则是推动林业大科普格局形成的重要途径。在实际宣传中必须牢牢把握群众路线，从林业科普的内容建设、渠道建设、社会参与等方面精准发力，努力构建林业大科普格局。首先，林业科普的话语内容必须贴近群众，科学话语本就与群众生活存在天然鸿沟，因此，必须创新话语形式，深耕优质内容，用通俗话语解读林业科学内容，打破林业专业知识的壁垒，要注重科学性与艺术性的结合，以群众喜闻乐见、便于接受的方式宣传林业科学内容，弘扬林业科学精神。其次，加强林业宣传的渠道建设，使科普内容能够及时广泛触达公众。在注重传统渠道建设的同时不断拓宽林业科普的新媒体渠道建设，打造全方位、多层次的林业科普传播矩阵，形成线下林业科普基地、科技场馆等与线上多种科普渠道的联动发展，实现多元传播渠道的有机结合，有效增加林业科普内容的曝光率，提升科普传播与群众的有效互动。

最后，要重视林业科普中的社会参与，发挥科研人员在林业科普中的主力军作用，优化科普信息的高质量供给，加强林业科普信息资源的共建共享，通过多元参与形成林业科普合力，满足不同人群的科普需求，充分调动群众的主人翁意识，使其既是林业科普信息的接收者，又是传播林业知识的积极践行者。

4. 坚持与时俱进，推动林业宣传高质量发展

科学的发展是永无止境的，这也决定了科普工作必须要紧跟时代的步伐。坚持林业宣传的与时俱进，不仅要宣传最新的林业科学知识，还要紧扣时代发展脉络，更新林业宣传的思维理念与策略方法。首先，需要加强林业宣传的顶层设计，立足林业事业的长远发展看待科普工作，加强对于林业科普工作的规划统筹，研判分析林业发展中可能遇到的问题，始终保证林业宣传与林业发展的同步。其次，需要及时转变林业宣传理念，秉承大科普理念与用户思维看待林业宣传工作，树立知识传播与价值引领并重的林业宣传理念，积极探索契合当下传播生态的林业科普机制，以公众需求为导向，持续在精品内容打造、宣传形式创新、多元主体参与以及传播渠道建设等方面精准发力，巩固并发展林业大传播格局。最后，要抓住技术机遇，重视运用新技术开展林业科普宣传，加快数字科普建设的进程，以数字赋能林业科普的宣传阵地建设，通过智能技术搭建线上虚拟体验空间，实现林业宣传立体化，加强对于林业工作者新技术应用能力的培训，增强林业宣传的核心竞争力，为推动林业宣传高质量发展服务。

总之，梁希林业宣传观的形成有着独特的历史背景，体现出系统性、时代性、人民性和前瞻性特点。梁希林业宣传观的核心要义，包括面向人民群众开展宣传动员、将知识传播与科学普及相融合、建设林业宣传主渠道主阵地、注重林

业宣传形式和手段创新等方面。虽然梁希林业宣传观是时代的产物，体现着时代的烙印，但其中蕴含和折射的启示，对做好当下的林业宣传和生态文明传播都具有深刻的意义。当前，在学习贯彻习近平生态文明思想的新阶段，面对新的发展任务，我国林业宣传事业需要坚持以人民为中心，站稳宣传思想的人民立场；坚持问题导向，破解时代难题；坚持走好群众路线，努力构建大宣传格局；坚持与时俱进，推动林业宣传高质量发展。

梁希的美丽中国之梦

姬昕贺　李飞

北京林业大学马克思主义学院

　　党的十八大以来，以习近平总书记为核心的党中央积极推进生态文明发展战略，努力建设美丽中国。建设美丽中国，核心就是要按照生态文明的要求，通过生态、经济、政治、文化及社会建设，实现生态良好、经济繁荣、政治和谐、人民幸福。习近平总书记强调，走向生态文明新时代，建设美丽中国，是实现中华民族伟大复兴的中国梦的重要内容。近代以来，无数先辈都曾经为实现中华民族伟大复兴的中国梦而努力奋斗，其中，著名林学家、近代中国林业的重要开拓者梁希先生，就用一生在践行振兴林业、绿化中国。他畅想着，新中国"要做到绿荫护夏，红叶迎秋"，"山青了，水也会绿；水绿了，百川汇流的黄海也有可能渐渐地变成碧海。这样，青山绿水在祖国国土上织成一幅翡翠色的图案。"他期盼着，天青水碧，绿草如茵，绵延森林，在新中国的大地上能够出现这样的美景。

　　梁希先生提出的"绿化"愿景远大，"绿化，要做到栽培农艺化，抚育园艺化；绿化，要做到木材用不完，果实吃不尽，桑茶采不了；绿化，要做到工厂如花园，城市如公园，乡村如林园……这样，中国960万平方公里的国土全部成一大公园，大家都在自己建造的大公园里工作、学习、锻炼、休息，快乐地生活。"他的"绿化中国梦"，与当前的"美丽中国"理念不谋而合、精神相通，追求的都是环境之美、时代之美、生活之美、社会之美、百姓之美的总和。为了实现"黄河流碧水，赤地变青山"，梁希这一生，放弃军事事业专攻林业，东渡日本，远赴德国，国外求学多年，归国既教书育人、培养林业人才，又勇于担当，担任新中国首任林垦部部长，以亲身实践推动中国林业发展的同时，也为美丽的"绿化中国"之梦奉献了所有。

两浙看山

中华民族自古以来就有尊重自然、热爱自然的优良传统，也有着丰富的天人合一、仁民爱物、以时禁发等生态伦理和保护思想。然而近代以来，伴随西方列强的侵略和掠夺、国内战争的频发，林业和生态环境遭到严重破坏。梁希先生对林政不修、生态环境破坏尤为忧心。1929年，担任浙江大学农学院森林系教授一职的梁希正是意气风发之时，受到当时的浙江省建设厅厅长邀请考察浙江林业情况。本就是浙江湖州人的他义不容辞，投入了极大的热情与精力，希望能够为两浙地区的生态建设与人民致富略尽绵薄之力。不曾想，实际情况却给了他当头一棒。梁希更是在《两浙看山记》中直白地写道："浙江无林业可言。"

首先是荒山问题。从于潜县、孝丰地区、绍兴地区到天台地区，"绝无乔林，其荒可知""林木荡然""左右前后，一树不留"……这些触目惊心的文字皆为梁希亲笔所写，作为读者都心痛不已，更遑论亲眼所见的梁希？其次是泛滥的水灾，曹娥江下游水灾泛滥，"每年秋季必发水"，周边万亩耕地被悉数淹没。皆因上游地区围山造田，岩石山土裸露在外，水土流失严重。其三是民间放火烧荒、围山造田的问题。当地耕地有限而人口日增，人民又思想观念落后，毫无保护环境的意识。为了生活，民间便不断放火烧山，围山造田，希望能够开垦出更多的耕地来。"山无论高下，岭无论平险，悉数垦为农地，无复茂林修竹。"无论县城周边还是山顶山脚，皆是农田。民众不知，毫无顾忌地垦荒，也是导致当地荒山遍地、水灾泛滥的根源。梁希感慨，再这样下去，不说林业，就是农业，也会在短短几十年后付之一炬。

　　"上有天堂，下有苏杭"。江南两浙本是风景如画、山清水秀之地，而今变成如此模样，梁希痛心疾首。而作为两浙名片的西湖，也在这场摧残森林的灾难中褪色。"然则西湖之缺点何在？曰：在无森林！……至于近二十年，乔木日减，别墅日增，危楼高阁，了无遮掩。"千年来，西湖能引得无数文人骚客为之折腰、如痴如狂，是因西湖山水名胜相映成趣，三秋桂子、十里荷花、六桥烟柳、三竺风光。而今的西湖却是"山无林荫，水无树影，可谓尽善矣乎？未也"，失了森林的西湖，再无秋山黄叶之画，云影山光之景，西湖不再是西子，索然无味矣。

　　这次的考察之旅，让梁希清晰地看到了旧中国林业的废弛以及生态问题的严峻。森林资源的缺乏，灾害的频发，生态环境的退化，两浙地区只是全国的一个缩影。然而身处旧中国的他心有余而力不足，空有一身本领而无法施展。若无良好的生态环境，谈何林业？谈何农业？谈何人民幸福？新中国建立后，梁希担任首任林垦部部长，一方面，在全国范围内积极推进植树造林，绿化中国；另一方面，倡导森林保护，禁止毁林开荒与围山造田等行为，避免生态环境的恶化。

正如习近平总书记所说，我们要"像保护眼睛一样保护生态环境，像对待生命一样对待生态环境"，无论是绿化祖国，还是建设美丽中国，需要的是大家一以贯之的生态环保理念和持续不断的生态保护实践。

东北看林

习近平总书记强调，绿水青山就是金山银山。"两山"理念，既是对生态保护和经济发展的形象化表达，也深刻地揭示了保护生态环境就是保护生产力、改善生态环境就是改善生产力的科学理念。作为知名林学家，又是首任林垦部部长，梁希先生深知森林在涵养水源、保育土壤等方面的重要生态功能，更清楚林业发展对于新中国初期国民经济稳定和发展的重要性。如何在保护森林资源的基础上发展林业经济是他的使命，也是重要的责任。他在考察东北地区时指出，黑龙江地区的森林是中国大森林资源的主要分布地之一，尤其是其中的"大兴安岭、小兴安岭、长白山、完达山、张广才岭的大森林抚育着三江平原、松嫩平原、松辽平原和呼伦贝尔大草原，是东北粮仓和内蒙古牧场的天然屏障"，对于保持生态平衡、涵养水源、保障农牧业生产起着至关重要的作用。因此，依托着工业、农业与农牧业的东北经济想要发展，保护大森林是重中之重。但在新中国成立初期，诸多因素在不断危害着东北的森林资源。一是乱砍滥伐的恶风盛行。"前后 11 个月时间就发生 3390 多起毁林事件，破坏树木 48600 多万株，损失成林 280 万立方米。"相关数据让梁希先生寝食难安，不顾身体奔赴现场调查研究，最终拟定了一系列保护政策，责令各地严格执行。在梁希先生的积极擘画下，在林垦部和各级地方政府的努力下，不到一年时间，严重破坏森林资源的现象近乎绝迹。二是山火对于大森林的危害。据统计，1950 年全国森林损失中，以面积论，火灾占 99.26%，东北和内蒙古的损失则全部属于火灾。面对山火带来的巨大损失，梁希建言献策，党和政府也高度重视，中央与地方一心，通过开展护林防火教育，出动飞机巡护，增援救火物资，积极发动群众等措施，实行护林与生产相结合政策，一年后东北防火成绩显著，火灾损失同比减少了 99%，东北森林资源迅速得到了有效保护。

保护的同时，如何合理利用东北森林资源，有力支持国家经济发展也是重中之重。梁希认为，国家经济的发展，工业化的建设，必然带来森林采伐量的增加，造林就要跟上工业发展的步伐。为此，梁希提出了东北地区在一般造林以外的迹地更新。工业用材的供应是一个长期的过程，所以采伐必须结合抚育更新。面对红松不易天然更新、落叶松老树伐倒后稚树不易继续生长等林业界难题，梁希主张一面采伐，一面播种。不但完成了更新工作，也激发了工人们的积极性。针对东北的森林工业，梁希提出了采伐、木材工业与林产化学三个重要任务。为了东北农业能够持续快速发展，梁希等林垦部领导在充分听取专家意见的基础上，决定在东北地区建立了防护林带，最终与山东的海岸林带、华北的海岸林带、苏北的海岸林带连成一片，变成一座"绿色长城"，阻挡盐风、改良碱地。正是在梁希领导的林垦部的规划和设计下，新中国初期的东北林业，在注重造林、保护的基础上，在农业增产、工业收益、人畜健康安全、供应民需用材等方面发挥重要作用，有力地支持了国家和区域的经济建设和工农业发展，真正做到了"人不负青山，青山定不负人"。

冀西看沙

梁希先生倡导大林业思想。他很早就认识到森林在生态环境治理中的重要作用，"森林不仅是观瞻问题，而且是国民经济问题，并且是国土保安问题""造林就是保持水土的最有效而且最紧急的方法""发展林业……还能减轻自然灾害""森林与它的环境起着相互作用，所以它对水、旱、风、沙有相当的控制能力"。基于以上认识，他在新中国建立初期，就积极推进通过植树造林来开展环境治理和灾害防治。

　　曾经，冀西地区沙荒严重，严重影响人民生产生活。新中国建立后，梁希决定实地考察冀西沙荒，着手进行环境治理。他考察后发现，当时与其说冀西是沙荒，不如说是沙灾。原本 11 万亩良田已全部被黄沙淹没，新乐县新种的作物也因为风沙减产六成。人民日夜面对飞沙走石，眼里鼻里、吃饭碗里都是黄沙，供人喝水的水井也在一年内被埋没 55 口。冀西的黄沙，吃掉了农作物、吃掉了水洼地，再放任不管，当地的民众也会被黄沙吞没。此前冀西沙荒造林局的同志，已经联合当地群众开始种植防风固沙林。梁希在考察过后，明确了植树造林是治理沙荒的唯一方法，于是决定扩大防护林面积。在《1950 年春季冀西沙荒造林总结》中可以看到，冀西七县 3 月发动春季造林运动，完成防风防沙林、防洪林、一般栽树建设，并连同造林局直接投资的公司合作林场造林，共计完成植树 797.26 万株。这比 1949 年七县造林数量多出了两倍之多，冀西造林治沙工作在得到中央林垦部的肯定和支持后取得了很大成就。

　　梁希看到了治沙的成功经验，决定推动冀西七县发挥示范作用，让河北省在永定河地区也成立了沙荒造林局，推动防护林的营造，并在永定河上游营造水源林保护水源，使得永定河下游的大兴、固安、永清和安次四县的风沙地得到了庇护，造福了当地人民。1978 年开始启动了三北防护林工程。三北防护林工程的进一步实施，使得我国的沙化土地在

1999—2004 年实现年均缩小 1283 平方公里。防护林保护的不仅仅是土地不被风沙淹没，更是在这片土地上生活的成千上万个家庭。

冀西沙荒造林的成功极大地鼓舞了梁希，这让他相信，中国的沙漠化问题是可以通过植树造林战胜的，中国人民的幸福生活是可以通过自己的双手挣来的，也更让他坚定了植树造林、治山治水的思想理念。梁希的大林业思想，至今仍对我们有启发作用。当前，在习近平总书记"坚持系统治理，推进山水林田湖草沙一体化保护和修复"的方针指导下，我国的生态保护和治理工作取得了举世瞩目的成就。塞罕坝实现了美丽的高岭再美丽，而阿克苏也出现了绿色的山坡重披绿，甚至于库布其这样的"死亡之海"如今都荡漾着浓浓的绿色生机。在新时代，感受着生态文明建设显著成效的同时，我们也会追忆，新中国初期梁希先生和同事们坐着无蓬马车奔行在黄沙之中，看到的，除了远处的树林，拼搏的人民，还有他的"绿化中国"之梦。

美丽中国：绿化之梦的实现

梁希的一生，是林业的一生。在梁希的学习和工作中，振兴林业、绿化中国是他毕生为之奋斗的信念与理想。他总是在坚信着，坚信在新中国，这是可以实现的理想。民国时期，梁希曾在《＜林钟＞复刊词》中写道："不怕林钟碌碌无名，只怕林钟寂寂无声；宁可林钟百击而不灵，不可林钟经年而不鸣。"以鼓舞所有以林业建设为理想的人。遗憾的是，由于旧中国内忧外患的社会环境和不思民生的国民政府，梁希没法施展自己的抱负。新中国建立初期，在党和政府的支持下，在梁希先生孜孜以求的努力下，林业获得了长足的发展，但限于当时的社会现实和经济条件，梁希先生未能在生前实现自己的"绿化中国"的梦想。新时代以来，在以习近平同志为核心的党中央的领导下，我们正一步步朝着中华民族的伟大复兴迈进，美丽中国也在一步步变为现实。梁希先生的梦已经成为中华民族所有人共同的梦，相信在不久的将来，"绿化中国"之梦将盛开于美丽之中国。

浅析梁希林业思想的主要特点

李岩

国家林业和草原局科学技术司

习近平总书记深刻指出："抓生态文明建设，既要靠物质，也要靠精神。"新中国林草事业经过70余年艰辛发展，孕育产生了塞罕坝精神、三北精神、右玉精神等许多具有鲜明林草特色的精神，梁希先生作为新中国林业事业的奠基者、新中国首任林垦部部长，提出了一系列事关中国林草事业长远发展的重要论述，形成了梁希林业思想，它是林草精神的重要组成部分，是穿越时空的经典理论，是全体林草人的共同思想财富，对林草事业行稳致远具有重要指导意义。

梁希林业思想具有高度的科学性

梁希先生始终坚持马克思主义生态观，他认为，林业是新中国经济建设的一环，是国民经济不可缺少的一个重要部分，如果林业跟不上工业、农业及其他建设事业发展的需要，则整个国民经济发展都会受到影响，若要把中国的春天挽回过来，万不可轻视森林，万万不可使中国"五行缺木"。梁希先生高度重视协调处理各自然要素之间的关系，他认为，中国水、旱、风、沙灾害之多，就是吃了荒山的亏，为什么水害与水利参半？就是因为水中多沙，水中多沙则是因为山土被雨水冲刷，根源是没有森林。他始终认为，治河必先治山，保水必先保土，有森林才有水利，有水利才有农田，植树造林是保水保土最有效且最经济的办法。只有少垦山，多造林，以田养林，以林护田，土蓄水，水养树，树保土，才能够稳定地提高耕地单位面积产量，这是发展农业的根本。

山水林田湖草沙是生命共同体，是相互依存、紧密联系的统一的自然生态系统，要把系统观念贯穿到林草事业发展全过程，把握好全局和局部的关系、政府和市场的关系、当前和长远的关系，统筹治水和治沙、治水和治林、治水和治田、治山和治林，坚持系统治理和一体化保护，加强治沙、治水、治山全要素协调和管理，从生态系统整体性出发，统筹兼顾，整体施策，多措并举，增强各项措施的关联性和耦合性，因地因时制宜，分区分类施策，着力培育健康稳定、功能完备的森林、草原、湿地、荒漠生态系统，保持生态系统原真性、完整性，全方位、全地域、全过程开展生态文明建设。

梁希林业思想具有鲜明的人民性

梁希先生认为，新中国的林业是人民的林业，人民的森林要人民来保护，人民的树种要人民来栽培，人民有必要绿化全中国、有能力绿化全中国、更有迫切的愿望绿化全中国。他指出，林业是离不开群众的，如果不依靠群众而要搞好林业，那是不可想象的。林业工作者在工作一开始就必须首先很好的学习如何贯彻正确的群众路线，单纯的任务观点与生硬的命令主义，对林业事业的发展都是有害的，那种想要不经过思想发动，甚至用强迫命令完成造林任务的想法是错误的。要善于组织和发动群众，学会做群众工作的方法，了解群众的思想情况和当前的困难问题，多和群众商量，在结合群众利益的原则下，先进行宣传教育，继之以细密组织，加之以技术指导，使群众自觉自愿地行动起来。

发展依靠人民、发展为了人民，发展成果由人民共享，这是林草事业发展的出发点和落脚点。良好的生态环境是最普惠的民生福祉，是最公平的公共产品，绿水青山是人民幸福生活的重要内容，随着我国主要矛盾的转化，人民群众对优美生态环境需要越来越迫切，环境就是民生、青山就是美丽、蓝天也是幸福。人民群众对美好生态环境的需要就是我们的奋斗目标，要牢固树立以人民为中心的发展思想，坚持生态惠民、生态利民、生态为民，让百姓生活切实感受到林草事业发展带来的实实在在的效益。要广泛深入开展全民义务植树活动，充分激发广大群众投身林草建设的积极性、主动性，使爱绿、植绿、护绿成为全体人民的思想共识和自觉行动，全民动手，共同参与，让中华大地天更蓝、山更绿、水更清，环境更优美。

梁希林业思想具有丰富的实践性

梁希先生高度重视理林草资源的永续发展，提出了林业正确的发展方针——以普遍护林为主，同时有计划、有步骤、有重点地走群众路线进行造林工作，完成护林、造林、森林经理、森林利用任务。伐木后必须配合造林，要有计划、有步骤、有重点地进行大面积造林，林业工作者不能完全依靠大自然的恩惠，生长得慢的要使它快，生长得快的要使它好，以期森林生生而不息。要经济地合理地使用木材，尽量地利用森林副产品，以期林业工业化。长江以南各省份气候温和，雨量充沛，必须积极地营造用材林，在黄河中游要配合黄河水利工程，按照规划营造水土保持林，在气候条件许可下，营造油桐、杜仲、油茶等特用经济林。梁希先生认为，林业工作不是林业部门一家的事情，单打独斗是不行的，每个林业工作者必须是一个很好的宣传者、组织者与技术指导者。搞好林业必须要尊重与依靠党委政府，主动仔细地汇报情况，同时依靠劳模、领导、党团军政、学校，把他们的力量结合起来，形成一条统一战线。

森林和草原对国家生态安全具有基础性、战略性作用，要全面完整准确贯彻新发展理念，坚持稳中求进工作总基调，立足我国环境资源禀赋和发展实际，统筹事业发展和生态安全，加快构建以林长制为统领的林草资源保护发展新格局，建立健全以党政领导负责制为核心的保护发展森林草原资源目标责任体系，构建党政同责、属地负责、部门协同、源头治理、全域覆盖的保护发展林草资源长效机制，探索各类"林长+"协作模式，深入推动林业、草原、国家公园"三位一体"融合发展，加快建设以国家公园为主体的自然保护地体系，科学开展大规模国土绿化行动，加强野生动物植物资源保护，充分发挥林草"四库"作用，协同推进降碳、减污、扩绿、增长，提升生态系统多样性、稳定性、持续性，以林长制推动林长治。

梁希林业思想具有鲜活的艺术性

梁希先生对林业工作怀有极大的热忱，他用优美的文字，富有诗意的语言描绘着新中国的林业事业，抒发着对社会主义祖国，对林业工作的无限热爱。他形容中国林业像一个朝气蓬勃、前途有无限光明的孩子，森林经理就是彻底地检查一番，林政就是教育他要懂规则、守纪律，扶他走上正轨；护林就像保护孩子，造林在于医治这孩子的疾病，森林利用则在于教导孩子加入生产，发挥力量，显扬才能，为社会致用。他指出，新中国的林人是新中国的艺人，我们要用造林来迎接新中国的春天，绿化全中国的山，山青了水也会绿，百川汇流的黄海也有可能渐渐地变成碧海。这样，青山绿水在祖国国土上就会织成一幅翡翠色的图案。

林草兴则生态兴，绿色是生命的象征，是大自然的底色。全体林草工作者要深刻认识生态文明建设是利国利民利子孙后代的重要工作，像保护眼睛一样保护生态环境，像对待生命一样对待生态环境，以对党、对历史、对人民高度负责的精神，以功成不必在我的胸怀，传承林草精神，热爱林草事业、献身林草事业，胸怀"国之大者"，不断提高政治判断力、政治领悟力、政治执行力，极端热忱、极端负责任地做好林草各项工作，站在中华民族永续发展根本大计的高度，建设望得见山、看得见水、记得住乡愁的美丽中国，让子孙后代在享有丰富物质财富的同时，又能遥望星空、看见青山、闻到花香。

梁希先生教导林草人要努力、要奋进、要有志气，尽管摆在面前有许多很重要、很复杂的问题，但决不能向困难低头，要提起精神来，鼓起勇气来，挺起胸膛来，打钟，打林钟，一直打到黄河流碧水，赤地变青山，把祖国的河山打扮得更美丽，更可爱，更庄严雄伟，永远风调雨顺，成为永无灾难的一个国家。

梁希先生已离开我们 65 年了，但梁希先生的林业思想一直指引着我们前进，梁希先生的精神一直激励着我们攀登。在新时代新征程上，我们要不忘初心、牢记使命，传承好梁希林业思想，坚定不移地用习近平生态文明思想武装头脑、指导实践、推动工作，努力建设人与自然和谐共生的现代化，以林草事业的高质量发展推动经济社会高质量发展，让绿色成为美丽中国最鲜明、最厚重、最牢靠的底色，替河山装成锦绣，把国土绘成丹青，不断开创新时代生态文明建设的新局面。

梁希先生千古！

生态美学视域下的
梁希山水诗赏析

——以《巴山诗草》为例

沈远哲

北京林业大学马克思主义学院

梁希先生曾说,"新中国的林人,同时也是新中国的艺人。"这表明梁希不但注重林业科学的发展,同时也关注人文林学和精神文艺上的建设。梁希自幼打下了坚实的国学基础,一生写了大量的旧体诗词。在保留下来的 130 余篇诗作中,包含大量在考察山水的过程中写作的山水诗,这些山水诗中结合了社会风貌,寄托了个人理想,体现出诗人极高的文学造诣与美学意趣。

梁希先生山水诗的代表作之一——《巴山诗草》,是他于抗战期间在四川所作的二十多首诗的合集,以探索人与自然的审美关系为基点,涉及人与社会、人与宇宙、人与自身等多重审美关系,蕴含着丰富的生态美学思想。本文基于加塔利的"三重生态学"思想,从传统视角下"狭义"的自然生态维度向"广义"的"自然—社会—精神"三维合一模式发展,在生态美学视域下从人与自然、人与社会、人与自我三个层面对梁希的《巴山诗草》进行分析与鉴赏,探析《巴山诗草》的社会与文学价值,以期为当今的生态美学研究乃至生态文明建设提供借鉴。

人与自然：物我契合

在自然生态维度方面，生态美学建基于自然的生态智慧，强调在机器式审美范式下彰显自然生命进程和生态公平，从自然生态中汲取智慧，从自然的生命进程中获取启示，以此来反思我们对自然的认知和对自然的价值观。《巴山诗草》在意象与视听感的结合中体现出诗人既有对自然山水的直观审美，又有借诗歌体裁展现出的含蓄蕴藉之美，建构了一种物我契合、心物合一的自然整体观。

1. 敬重自然

自然美是生态美的核心组成部分，也是在体悟生态美时能最先感知到的部分。梁希十分注重对自然景观的欣赏与体悟，在诗中流露出对于自然万物的美的感受。《巴山诗草》对自然山水进行了大量的、基于诗人感官的直接描绘，如"群山万木气萧森"着重描写了龙泉周边群山环绕，山上树木葱茏的景象，给人以幽寂凄清的直观印象；"江烟碧似天边水，山石红于日暮霞"，江上的烟霭不细看就像天边的流水般朦朦胧胧，山石色彩姝丽灿若日暮时分的晚霞，这并不是诗人所见景观的简单堆砌，而是自然之美、生态之美，是诗人在不带目的的观照自然中获得的审美体验；"绿荫缭绕短垣中"则描绘出了短墙边绿树成荫，富有生趣的自然植物与人工短墙交相呼应，共同构成了一幅色彩和谐、颇有意趣的图画；"蟋蟀栖岩鸟在枝"则是对自然生灵的细致刻画，"栖"和"在"看似静态，却有振翅欲飞之感，动静交织，体现出诗人用物我平等的眼光对周围环境细心观察、用心体会，对自然界中的万物都有敬畏、欣赏与热爱之意。梁希的诗中意象丰富，写尽身边景物，即使是常见的景物也能在诗歌中展现出独特的意趣。在梁希的笔下，万物平等、和谐相处，是生态美学观所倡导的自然和谐观和自由存在论的生动展示。

2. 走进自然

感知自然的生态美不仅要求人作为一个主体去欣赏，更注重人与自然在环境中的和谐共生共融。梁希并不停留于对自然景观的描绘，而是更多地带上了自身的人生感悟，是对诗人生命意志和生命情趣的诗意表达。如"花向七重天外笑"，"花"本身是不带情感的自然景物，但诗人在此处由花朵灿烂盛开之景，与自身的情感相通，将花朵开放拟人为"笑"；"冷杉杉木各称雄"并不是冷杉与杉木真的在比试高低，而是长势喜人、争相竞发，在诗人看来，冷杉、杉木等树木都充满着勃勃生机，映射出内心对于树木茂密、自然和谐之景的喜爱之情；"夜半凄凉蟋蟀声"，蟋蟀的鸣叫总能让人产生说不清道不明的愁绪，月光都仿佛随着蟋蟀鸣声流淌尽了，表达出诗人内心的孤寂凄清。诗人在审视自然的过程中，将自然与自身生命联结，在接受自然带来的生命体验时，也将自身情感外化于自然，真正达到了一种"心物合一"，也就是生命的本真境界。《巴山诗草》契合了生态美学将人类的存在理解为"生态存在"的命题，实质上是将人与自然视为同一体，要求个体与整体在美之中相互包容。只有在这种生态美学视角下，人类才能真正抱有对自然的感怀之心，与自然融为一体。

人与社会：时空交错

在社会生态维度方面，生态美学重建了人类社会和谐与社会公正。社会生态也可以说是人类社会与自然环境的交互关系，在这种关系中以公正为基础追求和谐的理想社会状态；生态美学强调了"群体爱欲"原则，认为人类社会需要遵循爱和共情的原则，以此来实现社会生态的健康发展。《巴山诗草》契合了这样的生态观，诗人在描绘追忆感怀的古人遗风、祥和乐道的现今风貌与孜孜追求的理想社会景观时，都蕴含着对于社会与自然的深入思考，诗人将人与社会视为自然中的统一体，达到一种和谐美好的理想境界，实质上就是诗人为自己建设的精神家园。

1. 当地风貌与远方景观

梁希的诗中除了自然景观，也展现出了当时的社会风貌和时代特征。"今朝说是鱼虾市，圩里人烟一瞬稠"描写的是锦江的苏码头旁，由于人们听闻今天有鱼虾集市，都来赶集，人潮涌动、熙熙攘攘的一派热闹场景；"点点芦花浅浅湾，田家桑竹两三间。乐山人说江南好，我说江南似乐山"，不仅展现出乐山郊外浅溪芦花、田间桑陌炊烟袅袅的景象，还将乐山与远方的江南相对比，意在突出乐山风光之美、人们生活之乐，充满了怡然自得的山野气象。梁希用饱含欣喜的诗句描绘了所见所想的温馨美好的社会情状，和谐的人居景观之美，并将自身融入其中，描绘了祥和的美好社会画卷，都是生态美学在社会生态维度的展现，也从侧面隐喻诗人对良好社会生态的追寻。

2. 古人事迹与今人慨叹

梁希考察了历史古迹，借由缅怀古人古事抒发自身感慨与人生理想，由此可管窥梁希的人生抱负。"儿女别来如许大，忽惊身世太匆匆"，梁希所见的绿荫缭绕的短垣并没有改变，但物是人非，回首望去惊觉白驹过隙，感慨宇宙的无垠、自身经历的浮浮沉沉。人就像时间长河中的一粒沙，个人的生命长度是有限的，但宇宙、自然永恒无垠，焉得不生出无限慨叹；"汉晋风流无异此，不知何处范长生"，诗人游观青城上清宫，遗迹颇具有魏晋风流倜傥的名士遗风，但已无处寻觅范寂的踪迹，隐含对往昔风流轶事的追忆和向往。古人事迹和今人慨叹的结合，奇妙地重叠了时间长河，完成了生态美学中人文景观与精神世界的一次交互。

人与自我：追寻理想

在精神生态维度方面，生态美学基于精神生态智慧，重塑了精神价值体系。生态美学强调精神生态是人类精神与自然环境的相互关系，需要建立在多元价值和艺术化生存的基础上《巴山诗草》中结合了直抒胸臆与借景用典的两种表现手法，从不同的角度展现诗人对于人生目标和理想人格的追求。

1. 寄情山水，借景托志

梁希在诗中表达对自然的热爱，实际上也是表达对自身生命的热爱，以物"兴"情，山水就是诗人内在精神的外化。梁希在山水中表达自觉人格的理想追求，如"居士分明香里过，不知何处木犀（樨）花"，他是真的要寻找香气的源头——木樨吗？并不是，而是像黄庭坚那样"闻木樨香"，去除凡俗的功名利禄，体会自然之本真。生命之道就如生活之美、如木樨花香飘溢，无处不在。木樨香否需要自己去感受，真正的生命之美也需要自己去体悟。诗人的山水并不仅仅见山是山、见水是水，而是"见山还是山"，浸染了诗人丰富的人生际遇和独特的生命感悟。

2. 淡泊宁静的个体价值

寄情山水的最终目的其实是抒发胸臆，在自然之间追寻、实现淡泊宁静的个体价值。梁希在诗里集中体现了对自觉人格的理想追求。论语有云，"智者乐水，仁者乐山"，山水寄托了诗人们的人格精神。"我亦欲随思邈去，可堪与世久浮沉"，孙思邈终身不仕，悬壶济世，诗人又何尝不想隐于山林，摆脱功名利禄的束缚，过上自由闲静的生活呢？诗人对淡泊闲适生活的追求，也就是对自身内在超越性的人生境界的追求，以此来真正地体悟生命的本真之思。梁希曾描绘过自己的理想："无山不绿，有水皆清，四时花香，万壑鸟鸣，替河山装成锦绣，把国土绘成丹青。"在他的人生理想中，有祖国河山，有科技飞跃，有教书育人，却没有沾染丝毫的污浊利禄，梁希高洁的精神永远是后人追求的旗帜。

结语

1. 自然生态美与精神生态美结合，培育生态人格

生态人格基于对工业文明的反思，是建立在生态理念基础上的必然选择。与"单向度"人格相比，生态人格强调整体性和系统性，将人、社会和自然看作一个相互关联、相互作用、协调发展的生态整体。梁希的《巴山诗草》结合了自然的生态美与人的精神美，所反映出的和谐自然观、大同社会观、淡泊人生观，是我们建构生态美学理论体系的又一丰富的思想资源。梁希的诗文为在文明与异化的二律背反中挣扎的现代人提供了一种人与自然和谐共生的生活方式，促使我们培育伦理精神，建立健全人格、追求人生理想，契合当前以人民为中心、推动社会可持续发展的新时代特色。

2. 追求"诗意地栖居"的精神家园

"诗意创造首先使居住成为居住，诗意创造真正使我们居住。"荷尔德林和海德格尔诸人所倡导的"诗意地栖居"是一种精神追求。栖居是指人的生存状态，诗意是指通过诗歌获得心灵的解放与自由，诗意地栖居就是诗意地生活。诗意地栖居源于对生活的理解与把握，尤其是内心的安详与和谐，并不在于生活在何处，只要内心充盈安宁，无论何处都能成为人心所向往的精神家园。梁希的山水诗中借景物与历史人物抒情，体现出对"诗意地栖居"的追求，展现了一个令人向往的、能够真正追求内心宁静的精神家园，也促使我们在物欲横流的当代，追求一种美好的人与自然和谐相处的生存状态，为当代生态文明建设添砖加瓦。

参考文献

本多静六 . 森林效用论 [J]. 程鸿书 , 译 . 新译界 ,1907(4):77–78.

本会简章 [J]. 中华农学会丛刊 ,1919(2).2–3.

本会启事 [J]. 中华农学会报 ,1929(67).

本会记事 [J]. 中华农学会报 ,1930(75–76).

本会记事 [J]. 中华农学会报 ,1933(116).

本会第十九届年会大事记 [J]. 中华农学会报 ,1936(153)146–150.

本会记事 [J]. 中华农学会报 ,1940(168).

曹顺仙 、魏振华 . 梁希的价值追求与美丽中国梦 [J]. 南京林业大学学报 (人文社会科学版),2014,14(01):49–54.

陈嵘 . 中华农学会成立二十周年概况 [J]. 中华农学会报 ,1936(155)9.

陈嵘 . 中华农学会成立十五周年之经过 [J]. 中华农学会报 ,1932.

程跻云 . 关于绿化泰山问题的探讨 [J]. 山东林业科技 ,1984(03):1–8.

第十八届年会纪要 [J]. 中华农学会报 ,1935(139)66–69.

恩格斯 . 马克思恩格斯选集 : 第 4 卷 [M]. 北京 : 人民出版社 ,1995.

樊宝敏 . 中国林业思想和政策史 [M]. 北京 : 科学出版社 ,2009.

范冬萍 . 系统观念的方法论价值和实践意义 [J]. 人民论坛 ,2023 (16):82–86.

傅先庆 . 林业社会学 [M]. 北京 : 中国林业出版社 ,1990.

高鹏 . 生态人格 : 生态文明建设的新型人格诉求 [J]. 南京林业大学学报 (人文社会科学版),2022(06)70–79.

葛天民 . 报告 : 日本林业纪要 [J]. 农学 ,1925,2(7):148–189.

广东省社会科学院历史研究室 . 孙中山全集 : 第一卷 [M]. 北京 : 中华书局 ,1981.

桂长林 . 中国科技成就概览 [M]. 合肥 : 合肥工业大学出版社 ,2011.

郭建民 . 科学巨匠 . 章鸿钊 [M]. 石家庄 : 河北教育出版社 ,2001.

侯波 . 梁希的群众林业建设思想及其当代意蕴 [J]. 南京林业大学学报 (人文社会科学版),2014,14(01):73–78.

胡文亮 . 梁希与中国近现代林业发展研究 [M]. 南京 : 江苏人民出版社 ,2016.

胡运宏 . 梁希的人文林学思想及其当代价值 [J]. 南京林业大学学报 (人文社会科学版),2014,14(02):75–84.

胡文亮 、王思明 . 梁希 "大林业思想" 探析 [J]. 中国农史 ,2012,31(01):114–121.

胡运宏 . 梁希的人文林学思想及其当代价值 [J]. 南京林业大学学报 (人文社会科学版),2014,14(02):75–84.

胡友峰 . 自然的人化与生态美学的理论构建 [J]. 中国高校社会科学 ,2022(05):144–154.

胡志红 . 西方生态批评研究 [M]. 北京 : 中国社会科学出版社 , 2006.

黄阿火 . 以系统观念推进新时代 "大思政课" 建设 [J]. 福州大学学报 (哲学社会科学版),2023,37(03):1–6.

黄河水利委员会黄河志总编辑室 . 黄河大事记 [M]. 郑州 : 黄河水出版社 ,2001.

黄河志编纂委员会 . 黄河规划志 [M]. 郑州 : 河南人民出版社 ,2017.

黄河志编纂委员会 . 黄河志 · 卷 8 · 黄河水土保持志 [M]. 郑州 : 河南人民出版社 ,2017.

季良纲 . 大地之梁——梁希传 [M]. 杭州 : 浙江科学技术出版社 ,2021.

荆世杰 . 梁希的人生智慧与道德品格魅力解析 [J]. 南京林业大学学报 (人文社会科学版),2014,14(02):69–74+84.

刘海龙 .2014. 梁希的林业发展观及其时代价值 [J]. 南京林业大学学报 (人文社会科学版), 2014,14(01):69–72.

刘和平 . 中国近现代史大典 : 下 [M]. 中共党史出版社 ,1992.

刘燕歌 . 浅析梁希林业思想及其实践活动 [J]. 河南大学 ,2011.

刘玉芹 .(1919—1948) 西方农学译介考 [J]. 中华农学会报 ,2017(01):40–45.

李范五 、于学军 . 我对林业建设的回忆 [M]. 北京 : 中国林业出版社 ,1988.

黎集 . 中国森林学导师梁希先生 [J]. 科学时代 ,1948,3(5)16–19.

李桂花 、陈诗棋 .2023. 生态文明建设的美学基础 [J]. 城市与环境研究 ,2023(01):33–44.

李晖，许等平，张煜星 . 中国传统森林观浅议 [J]. 北京林业大学学报 (社会科学版),2011,10(02):18-24.

李青松 . 开国林肯部长 [M]. 北京 : 中国林业出版社 ,2014.

李青松 . 中国作协创研部 .2012 年中国报告文学精选 [C]. 武汉 : 长江文艺出版社 ,2013:337-348.

李万源 . 物理与生物医学的哲学新论 [M]. 北京 : 中国传媒大学出版社 ,2009.

李盛方，朱怡，向东文，等 . 基于国土空间生态景观修复的工矿废弃地改造研究 [J]. 湖北农业科学 ,2021,60(22):107-116.

桂长林 . 中国科技成就概览 [M]. 合肥 : 合肥工业大学出版社 ,2011.

罗玉川，李范五 . 怀念我们尊敬的梁希先生 . 梁希纪念集 [C]. 北京 : 中国林业出版社 ,1983.

梁希 . 黄河流碧水，赤地变青山——为五省 (区) 青年造林大会而作 [J]. 新黄河 ,1956(03):19-21.

梁希 . 两浙看山记 [J]. 中华农学会报 ,1931(89):5-31.

梁希 . 民生问题与森林 [J]. 林学 ,1929.

梁希 . 目前的林业工作方针和任务——1949 年 12 月 18 日在林业座谈会上的报告 [J]. 全国林业业务会议专刊 ,1950.

梁希 . 青年们起来绿化祖国 [J]. 科学大众 ,1956(03):97.

梁希 . 森林专号弁言 [J]. 中华农学会报 ,1934(129-130)1.

梁希 . 用唯物论辩证法观察森林 [J]. 群众 ,1941(6)5-6.

梁希 . 有关水土保持的营林工作 (中华人民共和国林业部梁希部长在全国水土保持工作会议上的报告)[J]. 新黄河 ,1955(12):17-22.

梁希 . 在 1950 年华北春季造林总结会议上的报告 [J]. 中国林业 ,1950(2).

梁希 . 在小兴安岭南坡林区森林施业案审查会议上的讲话 [J]. 林业调查设计 ,1955(9-10)

梁希 . 造林在我们自己的国土上 [N]. 广播周报 ,1939:163.

梁希纪念集编辑组 . 梁希纪念集 [M]. 北京 : 中国林业出版社 ,1983.

梁希文集编辑组 . 梁希文集 [M]. 北京 : 中国林业出版社 ,1983.

马翠风 . 章鸿钊画传 [M]. 北京 : 地质出版社 ,2016.

马勇 . 章太炎讲演集 [M]. 河北人民出版社 ,2004.

募集基金特别启事 [J]. 中华农学会报 ,1922(3,4):60.

齐建立，闵志仁，杨德新 . 林业可持续发展战略对策初探 [J]. 林业勘查设计 , 2006,(01):17-18.

人民日报 . 全面推行林长制守住自然生态安全边界 [N]. 人民日报 ,2021-1-13(14).

任泉香，侯甬坚 . 清至民国陇东森林分布的变迁及林业发展概况 [J]. 中国历史地理论丛 ,2004(02):25-33+160.

任维，王向荣 . 温州传统人居环景景观体系研究 [J]. 中国园林 ,2021,37(10):30-35.

孙周兴 . 海德格尔选集 [M]. 上海三联书店 , 1996.

汤志钧 . 康有为政论集 : 上册 [M]. 北京 : 中华书局 ,1981.

王贺春，李青松 . 中国林业的杰出开拓者——梁希 (传记文学)[J]. 浙江林业 ,1999(02)37-40.

王贺春，李青松 . 中国林业的杰出开拓者——梁希 (传记文学)[J]. 浙江林业 ,1998(04)36-37.

王金香 . 梁希森林防灾思想简论 [J]. 古今农业 ,1999(04)53-60.

王礼先 . 中国水利百科全书 : 水土保持分册 [M]. 北京 : 中国水利水电出版社 ,2004.

王全权 . 梁希生态美学思想探微 [J]. 南京林业大学学报 (人文社会科学版),2014,14(01):62-68.

王栻 . 严复集 : 第 3 册 [M]. 北京 : 中华书局 ,1986.

王维 . 梁希林业思想初探 [D]. 北京 : 北京林业大学 ,2010.

王希群，秦向华，何晓琦，等 . 中国林业事业的先驱和开拓者 [M]. 北京 : 中国林业出版社 ,2018.

王向荣，林箐 . 国土景观视野下的中国传统山—水—田—城体系 [J]. 风景园林 ,2018,25(09):10-20.

王向荣 . 自然与文化视野下的中国国土景观多样性 [J]. 中国园林 ,2016, 32(09):33-42.

王小保 . 生态、美学与社会 [J]. 中外建筑 ,2023(05)3.

王英，储峰 . 坚持系统观念的实践路径 [J]. 前线 ,2023,(07):13-16.

吴觉农 . 中国茶叶改革方准 [J]. 中华农学会报 ,1923(37):30.

武廷海，郑伊辰 . 传承大国山河规画传统 : 新时代开展国土景观规划的基本任务 [J]. 中国园林 ,2022,38(09):29-33.

习近平 . 高举中国特色社会主义伟大旗帜 为全面建设社会主义现代化国家而团结奋斗——在中国共产党第二十次全国代表大会上的报告 [J]. 党建 ,2022,419(11):4-28.

习近平 . 论党的宣传思想工作 [M]. 北京 : 中央文献出版社 ,2020.

习近平 . 论坚持人与自然和谐共生 [M]. 北京 : 中央文献出版社 ,2022.

新华社 . 习近平在内蒙古巴彦淖尔考察并主持召开加强荒漠化综合防治和推进"三北"等重点生态工程建设座谈会时强调勇担使命不畏艰辛久久为功努力创造新时代中国防沙治沙新奇迹 [N]. 中国绿色时报 ,2023-6-7(1).

新华社 . 中共中央办公厅、国务院办公厅印发《关于全面推行林长制的意见》[N]. 中国绿色时报 ,2021-1-12(1).

熊大桐 . 中国近代林业史 [M]. 北京 : 中国林业出版社 ,1989.

徐国祯 . 森林的系统观与整体管理 [J]. 系统辩证学学报 ,1995, (02):61-65.

徐洁 . 论生态人格的内涵及其培育 [J]. 当代教育科学 ,2020(01)19-23.

许绍楠 . 缅怀梁希教授 . 梁希纪念集编辑组 . 梁希纪念集 [C]. 北京 : 中国林业出版社 ,1983:82-84.

徐桐 . 国土景观遗产系统的认知框架 . 风景园林 ,2022,29(04):12-19.

杨绍陇 . 论梁希精神 [J]. 南京林业大学学报 (人文社会科学版),2014,14(01):55-61.

杨绍陇 . 南林名师传略 : 第一卷 [C]. 北京 : 中国林业出版社 ,2022.

曾道荣 . 自然书写 : 中国当代诗歌的历史嬗变与伦理选择 [J]. 南京邮电大学学报 (社会科学版),2019(3).

张红太 . 习近平生态文明思想的系统特征探析 [J]. 华北水利水电大学学报 (社会科学版),2020,36(05):93-97.

张惠青 . 加塔利生态智慧对生态美学的理论贡献 [J]. 社会科学 ,2019(10)176-185.

张惠青 . 论生态美学的三个维度——兼论加塔利的"三重生态学"思想 [J]. 文艺理论研究 ,2019,39(01):38-46.

张鉴安、董惠民 . 湖州古今名人录 [M]. 杭州 : 浙江古籍出版社 ,1989.

张钧成 . 梁希先生对我国林业建设的贡献 [J] 北京林学院学报 ,1983(4):68-71.

张培、刘秀莲 . 从生命伦理到存在美学——论海德格尔思想的隐秘书写 [J]. 湖北理工学院学报 (人文社会科学版),2023,40(01):38-44+51.

赵世瑜、孙冰 . 市镇权力关系与江南社会变迁——以近世浙江湖州双林镇为例 [J]. 近代史研究 ,2003(2).

赵晓华 . 孙中山与"救灾义勇军" [N]. 北京日报 .2008-6-2(19).

浙江省湖州市南浔区双林镇志编委会 . 双林镇志 [M]. 北京 : 方志出版社 ,2018.

中华人民共和国林业部 . 中国林业的杰出开拓者——梁希 [M]. 北京 : 中国林业出版社 ,1997.

中办国办印发《关于新时代进一步加强科学技术普及工作的意见》[N]. 人民日报 ,2022-09-05(001).

中共南京林业大学委员会 . 南京林业大学报 [J].1999(214).

中共中央文献研究室 . 根治黄河水害和开发黄河水利的综合规划 [C]// 建国以来重要文献选编 : 第 7 册 . 北京 : 中国文献出版社 ,2011.

中共中央宣传部 . 习近平新时代中国特色社会主义思想学习纲要 [M]. 北京 : 学习出版社人民出版社 ,2023.

中共中央宣传部中华人民共和国生态环境部 . 习近平生态文明思想学习纲要 [M]. 北京 : 学习出版社人民出版社 ,2022.

中国科普研究所科普历史研究课题组 . 新中国科普 70 年 [M]. 北京 : 北京出版集团公司北京人民出版社 ,2019.

中国科学技术协会 . 中国科学技术专家传略 : 农学编林业卷 1[M]. 北京 : 中国科学出版社 ,1991.

中国林学会 . 梁希文选 [M]. 北京 : 中国林业出版社 ,2017.

中国林学会 . 中国林学会成立七十周年纪念专集 [M]. 北京 : 中国林业出版社 ,1987.

中国中共党史人物研究会 . 中共党史人物传 [J]. 中国人民大学出版社年版 ,2017(65)129-175.

中华农学会章程 [J]. 中华农林会报 ,1920(10):26.

中华农学会第三次年会报告 [J]. 中华农学会报 ,1920(2,1).

中华人民共和国国务院水土保持委员会办公室 . 水土保持图片集 [M]. 北京 : 水利电力出版社 ,1958.

中华人民共和国水利电力部黄河水利委员会 . 水土保持 : 上 [M]. 北京 : 科学普及出版社 ,1958:3.

周慧明 . 梁希教授解放前在教学科研方面的业绩 [J]. 林业科学 ,1983(04)434-436.

邹秉文 . 吾国新学制与此后之农业教育 [J]. 农业丛刊 ,1922,1(2):5.

图书在版编目（CIP）数据

黄河流碧水，赤地变青山：梁希先生诞辰140周年纪念文集/中国林学会组织编写.
—— 北京：中国林业出版社，2024.3
ISBN 978-7-5219-2463-3

Ⅰ.①黄… Ⅱ.①中… Ⅲ.①梁希（1883-1958）- 纪念文集 Ⅳ.① K826.3-53

中国国家版本馆 CIP 数据核字 (2023) 第 227718 号

策划编辑：吴卉　黄晓飞
责任编辑：张佳　黄晓飞　倪禾田
书籍设计：DONOVA
电话：(010) 8314 3552
出版发行：中国林业出版社（100009，北京市西城区刘海胡同 7 号）
E-mail：books@theways.cn
网址：http://www.cfph.net
印刷：北京富诚彩色印刷有限公司
版次：2024 年 3 月 第 1 版
印次：2024 年 3 月 第 1 次印刷
开本：787mm×1092mm 1/16
印张：17.5
字数：210 千字
定价：88.00 元